Pink · Kompetenz im Konflikt

Konzept und Beratung der Reihe Beltz Weiterbildung

Prof. Dr. *Karlheinz A. Geißler*, Schlechinger Weg 13, D-81669 München.
Prof. Dr. *Bernd Weidenmann*, Weidmoosweg 5, D-83626 Valley.

Ruth Pink

Kompetenz im Konflikt

Schwierige Situationen im Training meistern

Beltz Verlag · Weinheim und Basel

Ruth Pink ist Diplom-Politologin und Lehrbeauftragte an der Technischen Universität München. Seit 1989 ist sie als selbstständige Trainerin und Coach tätig mit Zusatzausbildungen in Gruppendynamik und Konfliktcoaching. Ihr Kundenstamm umfasst Medien- und Energieunternehmen, Versicherungen, Banken/Sparkassen sowie öffentliche Institutionen. Als Expertin für Kommunikations-, Kreativitäts- und Konfliktmanagement gibt sie ihr Know-how in Train-the-Trainer-Seminaren und Einzelcoachings an Kolleginnen und Kollegen weiter.

Lektorat: Ingeborg Sachsenmeier

www.beltz.de
Herstellung: Klaus Kaltenberg
Satz und Druck: Druckhaus »Thomas Müntzer«, Bad Langensalza
Umschlaggestaltung: glas ag, Seeheim-Jugenheim
Umschlagabbildung: PantherMedia GmbH, München
Printed in Germany

ISBN 978-3-407-36436-4

Inhaltsverzeichnis

Kapitel 4
Konflikte im Seminarumfeld

Kapitel 5
Konflikttheorien als Lösungsmodelle für die Praxis

Kapitel 6
Schnelle Hilfen für Trainer in Konfliktsituationen

Vorwort

»Lösungsorientierte Kommunikation und Menschenführung«, »Krisen als Chancen sehen«, »Konfliktklärung im Team«, »Konfliktmanagement«, »Mit Konflikten konstruktiv umgehen«, »Konfliktcoaching für Trainer« – so oder ähnlich lauteten die Seminarankündigungen von Weiterbildungsanbietern im Frühjahr 2006. Der Umgang mit Konflikten boomt. Überall finden sich gut gemeinte Ratschläge und Anregungen, wie Trainer mit Konflikten im Seminar souverän umgehen können. Hier setzt dieses Handbuch an. Es wendet sich an Seminarleiter, Dozenten und Referenten, erfahrene Profis sowie Neueinsteiger im Trainingsgeschäft, die an konkreten Hilfestellungen für schwierige Berufssituationen interessiert sind. Ziel dabei ist es, die Sensibilität gegenüber dem individuellen Trainingsstil zu erhöhen und Möglichkeiten aufzuzeigen, wie Trainer mit beruflichen Konflikten professionell umgehen können. Der Inhalt dieses Buches ist ein Novum in *zweierlei* Hinsicht:

- Erstens: Die Mehrzahl der Train-the-Trainer-Bücher konzentriert sich auf das Problemfeld »Trainer und Seminargruppe«. Ich gehe darüber hinaus und zeige ein »Vierer-Konfliktkreuz« auf, das den Umgang mit Co-Trainern, Teilnehmern, Auftraggeber und Hotelmanagement umfasst. Denn Meinungsverschiedenheiten mit Auftraggebern, Störungen vor Ort durch Hotelangestellte oder fehlende Absprachen zwischen zwei Trainerkollegen – all dies kann gleichermaßen zu Konflikten im Seminar führen beziehungsweise den Seminarverlauf empfindlich stören. Das vorliegende Buch liefert Anregungen, wie Sie als Trainer mit diesen unterschiedlichen Herausforderungen erfolgreich umgehen können.
- Zweitens: Im deutschen Sprachgebrauch wird häufig zwischen Problem, Konflikt und Krise *nicht* unterschieden, obwohl diese Begriffe unterschiedliche Spannungspotenziale beinhalten. Das Handbuch zeigt daher das Entstehen und die Entwicklung *verschiedener Problemstufen* in Seminaren und gibt Anregungen zur Deeskalation von Konflikten. Hierbei dient vor allem das Erklärungsmodell von Friedrich Glasl als theoretischer Background.

Wie können Trainer mit diesem Handbuch arbeiten?

Sachbücher müssen unterschiedlichen Anforderungen gerecht werden: Manche Leserinnen und Leser wünschen sich vor allem Fallbeispiele mit entsprechenden Verhaltenstipps, andere legen mehr Wert auf ein fundiertes theoretisches Fachwissen, wiederum andere wollen rasche Hilfestellungen ohne jeglichen »Schnörkel«. Als Autorin kann ich es sicherlich nicht allen recht machen, allerdings versuche ich viele Ansprüche zu berücksichtigen. Daher finden sich in jedem Kapitel konkrete Fallbeispiele aus der Praxis. Sie ziehen sich als roter Faden durch das Buch und verdeutlichen, welche Seminarkonflikte es überhaupt gibt und wie Trainer damit umgehen können. Alle Beispiele in diesem Buch spiegeln realistische Seminarsituationen wider, die ich entweder als Trainerin persönlich erlebt habe oder die Trainerkollegen bewältigen mussten.

Wer sich überwiegend für Konflikttheorien interessiert, dem sei das erste und fünfte Kapitel ans Herz gelegt. Meine Absicht war, theoretische Erklärungsmodelle lediglich als »Ring« um die Kernkapitel des Buches zu legen und mich nur auf einige ausgewählte Theorien zu konzentrieren. Die Hauptkapitel zwei, drei und vier umfassen das bereits erwähnte Vierer-Konfliktkreuz und bieten sicherlich allen Trainerinnen und Trainern gute Hilfestellungen in brenzligen Seminarsituationen.

Und last but not least: Obwohl es im Umgang mit Konflikten zwar selten schnelle Lösungen gibt, möchte ich dennoch Trainerinnen und Trainern Hilfestellungen anbieten, auf die sie rasch zurückgreifen können, wenn sie sich in schwierigen Situationen befinden. Im sechsten Kapitel finden Sie die wichtigsten Fragen zusammengefasst, die mir in Train-the-Trainer-Seminaren von Kolleginnen und Kollegen gestellt werden – und von mir kurz und knapp beantwortet werden. Außerdem kann das Abschlusskapitel zusätzlich als Anreiz dienen, den einen oder anderen Buchabschnitt noch einmal zu lesen.

Allen Leserinnen und Lesern wünsche ich erhellende Augenblicke und – trotz des konfliktbeladenen Inhalts – ein intensives Lesevergnügen!

Kapitel 1
Die K-Spirale: Konflikte, Krisen, Katastrophen und Kriege

Das erste Kapitel beginnt mit zwei Short Storys, die den Berufsalltag einer Trainerin beziehungsweise eines Trainers beschreiben. Dabei wird jeweils ein Drama in fünf Akten geschildert, das verdeutlicht, in welchen Seminarphasen welche Konfliktfelder stecken können. Ferner stehen die verschiedenen Konfliktstufen und Eskalationsspiralen im Zentrum dieses Kapitels. Die wichtigsten Fragen dabei sind: Welche Konfliktstufen und Konfliktstile gibt es überhaupt? Auf welcher Stufe kann ich als Trainer wie deeskalieren? Wie gehe ich bisher mit Konflikten um?

Der Trainingsalltag: Pannen, Pech und Dramen

Konflikte lösen ungute Gefühle und Assoziationen aus, manchmal sogar Horrorvorstellungen. Kein Wunder, dass viele Menschen ihnen lieber aus dem Weg gehen, sie zu vermeiden suchen oder bewusst »unter den Teppich kehren«. Kein Fluchtweg ist jedoch zu weit, kein Teppich dick genug, um ihnen auf Dauer zu entkommen. Für jeden Trainer und für jede Trainerin ist daher das Erkennen und Bewältigen von Konflikten wichtig, um erfolgreich Seminare durchführen zu können. Dass es jedoch nicht immer einfach ist, Streitpunkte offenzulegen und zu klären, zeigen die beiden folgenden Dramen (meine Vorschläge zur Lösung beider Fälle finden Sie auf S. 38f. und 61f.).

Beispiel A

Akt 1: Problemfall: Schwieriger Teilnehmer
Wir befinden uns in einem Kreativtraining. Zielgruppe sind Journalisten, die neue Kreativtools kennenlernen möchten, insgesamt sind es 14 Personen aus verschiedenen Redaktionen, Zeitdauer des Trainings zweieinhalb Tage. Als Problem stellt sich heraus, dass ein Teilnehmer bereits nach der ersten Übung gegenüber der Trainerin und der Gruppe deutlich zum Ausdruck bringt, dass er ein schnelleres Tempo wünsche und die eben vorgestellte Technik bereits kennt. Die Mehrzahl der Gruppe reagiert auf diese Bemerkung unruhig, manche entgegnen dem Teilnehmer leicht aggressiv, dass aber die Übung für sie neu sei. Die Trainerin gibt dem Teilnehmer zu verstehen, dass man ja noch zu Beginn des Seminars sei und weitere Techniken und Tools folgen würden. Sie versucht den Journalisten davon zu überzeugen, dass er im weiteren Trainingsverlauf sicherlich noch viele Anregungen erhalten würde, von denen er in seiner Arbeit profitieren könne.

Akt 2: Vom Problem zum Konflikt
Der erste Seminartag endet mit einer Blitzlichtrunde, bei der der Teilnehmer wiederum seinen Unmut äußert und darauf verweist, dass er bislang noch nichts Neues dazugelernt hätte. Alle außer ihm bestätigen entweder das Gegenteil oder äußern sich differenzierter, beispielsweise dass eine bestimmte Übung ihnen mehr als andere gebracht hätte. Zwei Teilnehmer sprechen in

der Gruppe den »Besserwisser« an und meinen, »er solle sich doch nicht so aufführen«, mit der Folge, dass sich der Mann beim Abendessen nicht mit der Gruppe an einen Tisch setzt. Der Trainerin gibt er in einem Gespräch unter vier Augen zu verstehen, dass er sich mehr Hilfe von ihr für seine Anliegen wünsche. Die Trainerin erwidert ihm, dass sie ihre Aufgabe darin sehe, möglichst alle Teilnehmer zu unterstützen. Für eine Einzelberatung stünde sie gerne zur Verfügung – jedoch nicht während des Seminars.

Akt 3: Von der Krise zum Rauswurf
Am zweiten Seminartag platzt nach dem Mittagessen die Bombe. Der streitbare Teilnehmer verkündet zum wiederholten Male lauthals im Seminar, dass er wieder nichts gelernt hätte und sich wünsche, dass sich die Trainerin stärker an seinem Wissensstand orientieren solle, sofern sie dazu überhaupt in der Lage wäre. Die Seminarleiterin erwidert ihm, dass sie es als ihre Aufgabe erachte, Ansprechpartnerin für alle zu sein, und erläutert die Unterschiede zwischen Training und Einzelcoaching. Der Teilnehmer bleibt bei seiner Auffassung. Darauf gibt ihm die Trainerin zu verstehen, dass sie nicht gewillt sei, unter solchen Bedingungen mit ihm weiterzuarbeiten. Er möge bitte seinen Koffer packen und das Seminar sofort verlassen. Der verdutzte Teilnehmer steht auf, ruft empört, dass dies noch Konsequenzen für die Trainerin haben werde, denn er werde sich beim Auftraggeber beschweren. Dann verlässt er den Seminarraum. Die Reaktion der Gruppe zeigt ein diffuses Bild: Manche applaudieren und lachen, andere schütteln den Kopf, andere stehen auf und verlassen wortlos den Raum.

Akt 4: Konfliktbewältigungsstrategien
An eine Weiterarbeit ist erst einmal nicht zu denken. Das Verhalten der Trainerin konzentriert sich nun auf folgende Schritte: Sie schlägt der Gruppe eine Pause von 20 Minuten vor und kündigt an, dass sie danach über den weiteren Seminarablauf diskutieren möchte. Nach der Pause sitzt sie mit nunmehr 13 Teilnehmern zusammen und lässt alle zu Wort kommen. Auf ein Flipchart hat sie zwei Fragen ausgeschrieben, zu denen jeder Stellung beziehen soll:

- Wie beurteile ich den Rauswurf des Teilnehmers?
- Wie geht es mir emotional mit dieser Situation?

Die Diskussion ergibt, dass alle sehr aufgewühlt sind. Die Mehrheit von zehn Personen findet die Verabschiedung des Teilnehmers richtig; eine Teilnehmerin äußert die Befürchtung, dass die Trainerin »mit allen Wassern gewaschen sei«, und sie hoffentlich nicht die Nächste sei, die den Raum verlassen müsse; zwei Teilnehmer finden das Verhalten der Trainerin völlig überzogen. Die Trainerin lässt nach dem Gespräch über die weitere Seminararbeit abstimmen: Soll das Training wie ursprünglich geplant weiterlaufen, verkürzt werden oder noch über den Fall X (Rauswurf des Teilnehmers) ausführlich gesprochen werden? Die Abstimmung ergibt neun Stimmen für Weiterarbeit, zwei Stimmen für Verkürzung und drei Stimmen für eine weitere Aufarbeitung des Vorfalls. Die Trainerin verweist auf die Mehrheit der Stimmen und führt das Training wie geplant weiter.

Akt 5: Konfliktklärung
Am Ende dieses Seminartages ruft die Trainerin den Auftraggeber an und bittet auf Anrufbeantworter um Rückruf, der auch zwei Stunden später erfolgt. Sie schildert den Fall und ihr Verhalten, die Reaktion der Gruppe und das geplante weitere Vorgehen. Der Auftraggeber reagiert ruhig und sachlich. Er bittet die Trainerin um eine Beurteilung aller Teilnehmer zu dem Rauswurf – und zwar mit einer schriftlichen Stellungnahme als Ergänzung in den Resonanzbögen. Das Seminar endet nach zweieinhalb Tagen mit einer zufriedenen Seminargruppe. Der Auftraggeber wertet die Beurteilungen der Teilnehmer aus und vereinbart mit der Trainerin ein Klärungsgespräch. Die Zusammenarbeit wird fortgesetzt.

Das folgende Drama hat ein Kollege vor etwa zehn Jahren erlebt. Hintergrund: Verkaufsschulung für zwölf Außendienstmitarbeiter, fünftägige Schulung von Montagvormittag bis Freitagmittag, Ort: Berlin-Mitte in einem Seminarhotel.

Beispiel B

Akt 1: Müde Teilnehmer
Die ersten zwei Seminartage sind gut verlaufen. Am dritten Tag betritt der Trainer motiviert und gut gelaunt morgens um 8:30 Uhr den Seminarraum. Vier Personen sind bereits anwesend. Der Trainerkollege merkt, dass die vier sehr ruhig sind, einer legt den Kopf auf die Tischplatte und merkt nur an: Gestern war es spät. Ein anderer: Gestern? Du meinst heute Morgen! Und zum Trainer gewandt, sagt er: Ob die anderen heute noch erscheinen, wage ich zu bezweifeln.

Akt 2: Unpünktlichkeit von Teilnehmern
Es ist mittlerweile 9:15 Uhr: Die Seminargruppe besteht immer noch aus vier Personen. Der Trainer weiß nun, dass am Vorabend kräftig gefeiert wurde – viel Alkohol war dabei im Spiel. 9:20 Uhr: Zwei Teilnehmer be-

treten den Raum und werden lachend begrüßt. Der Trainer kündigt an, an der Rezeption die Zimmernummern der Restgruppe zu erfragen und diese wecken zu lassen. Gesagt, getan. Der dritte Seminartag startet schließlich mit sechs Personen, die geweckten Teilnehmer lassen sich Zeit, der letzte kommt kurz vor 11:00 Uhr in den Raum. Der Trainer kocht innerlich und kann sich »spitze Bemerkungen« nicht verkneifen.

Akt 3: Verweigerung der Mitarbeit
Auch nach dem Mittagessen wird die Mitarbeit der Gruppenmitglieder nicht besser. Obwohl nun alle anwesend sind, sieht der Referent in müde, gähnende Gesichter. Drei Personen bemühen sich redlich den Ausführungen des Trainers zu folgen. Auch ein anvisiertes Verkaufsgespräch in Form eines Rollenspiels kommt zustande, endet allerdings in einer Lachsalve der Gruppe, worauf die beiden engagierten Teilnehmer der Restgruppe sowie dem Referenten deutlich sagen, dass sie für eine weitere Mitarbeit nicht mehr zur Verfügung stehen.

Akt 4: Aggressionen und Drohungen
Der Trainer findet nun deutliche Worte. Er verweist darauf, dass es schließlich um die Karriere jedes Einzelnen gehe und dass er diesen Vorfall dem Auftraggeber melden werde. »Was, Sie wollen uns verpetzen?«, ruft ein empörter Teilnehmer. Der Rest der Gruppe lacht und schüttelt den Kopf. Einer bemerkt: Jawohl, Herr Lehrer, und behält die Anrede »Herr Lehrer« bis zum Seminarende am Freitagmittag bei. Die nachfolgenden Tage sind vor allem durch den Referatsstil des Trainers geprägt, der sein Programm abspult, auf Fragen der Teilnehmer zwar eingeht, aber keine aktivierenden Methoden mehr einsetzt.

Akt 5: Eskalation und Ende des Konflikts
Am fünften und letzten Seminartag, der mit dem Mittagessen um 13:00 Uhr enden sollte, wird der Trainer von der gesamten Gruppe scharf angegriffen. Sein pädagogisches (Un-)Geschick wird dabei ebenso kritisiert wie der »verschulte« Ablauf des Seminars. Die Wellen schlagen hoch, es wird laut diskutiert und wild durcheinandergeredet. Der Trainer beendet schließlich vorzeitig das Seminar, verzichtet allerdings auch darauf, Resonanzbögen auszuteilen, weil er sie als unbrauchbar ansieht. Noch bevor der letzte Teilnehmer den Raum verlassen hat, telefoniert er mit dem Auftraggeber und schildert den Ablauf der vergangenen Tage. Dieser hört erstaunt zu und verlangt unverzüglich einen schriftlichen Seminarbericht. Nach

einer Woche erhält der Trainer einen Brief des Personalvorstandes, in dem ihm mitgeteilt wird, dass der Trainer seine Befugnisse verletzt habe und keine weitere Zusammenarbeit mehr geplant sei. Ein Face-to-face-Gespräch würde sich hiermit erübrigen. Das Honorar wird umgehend überwiesen; die Versuche des Trainers, ein Klärungsgespräch mit dem Auftraggeber herbeizuführen, scheitern.

Übung

Im zweiten Kapitel stelle ich auf den Seiten 38f. und 61f. einige Konfliktbewältigungsstrategien vor, wie Trainer sich in solchen schwierigen Seminarsituationen verhalten können. Bevor Sie jedoch meine Anregungen lesen, sollten Sie zunächst selbst folgende Fragen bezüglich der beiden Dramen beantworten.

Wie beurteilen Sie das Krisenmanagement der Trainerin in Beispiel A beziehungsweise des Trainers in Beispiel B?

....

....

....

....

....

Was hätten Sie als Trainer beziehungsweise Trainerin anders gemacht?

....

....

....

....

....

Vom (Seminar-)Konflikt zum (Seminar-)Krieg: Definitionen, Merkmale, Unterschiede

Konflikte entstehen dann, wenn zwei oder mehrere Parteien (Einzelpersonen oder Gruppen) unvereinbarte Vorstellungen, Wünsche und Ziele haben oder zu haben glauben. Zu einer Konfliktsituation gehören mindestens zwei Personen, die sich um etwas streiten. Der Streit ist dabei das äußere Erscheinungsbild des Konflikts. In einer Partnerschaft stellt die offene Zahnpastatube oft das Sinnbild eines »typischen« Paarkonflikts dar. Der Streit darüber, wer wie lange die Tube offen lässt, kann zu einem handfesten Rosenkrieg eskalieren.

Konflikte entstehen oft aus Banalitäten

Die Tatsache, dass Konflikte aus Banalitäten entstehen und in Zerstörung enden können, zeigt die folgende Geschichte von Gerhard Zwerenz besonders eindringlich:

Nicht alles gefallen lassen
Wir wohnten im dritten Stock mitten in der Stadt und haben uns nie etwas zuschulden kommen lassen, auch mit Dörfelts von gegenüber verband uns eine jahrelange Freundschaft, bis die Frau sich kurz vor dem Fest unsre Bratpfanne auslieh und nicht zurückbrachte. Als meine Mutter dreimal vergeblich gemahnt hatte, riss ihr eines Tages die Geduld, und sie sagte auf der Treppe zu Frau Muschg, die im vierten Stock wohnt, Frau Dörfelt sei eine Schlampe. Irgendwer muss das den Dörfelts hinterbracht haben, denn am nächsten Tag überfielen Klaus und Achim unseren Jüngsten, den Hans, und prügelten ihn windelweich. Ich stand grad im Hausflur, als Hans ankam und heulte. In diesem Moment trat Frau Dörfelt drüben aus der Haustür, ich lief über die Straße, packte ihre Einkaufstasche und stülpte sie ihr über den Kopf. Sie schrie aufgeregt um Hilfe, als sei sonst was los, dabei drückten sie nur die Glasscherben etwas auf den Kopf, weil sie ein paar Milchflaschen in der Tasche gehabt hatte.
Vielleicht wäre die Sache noch gut ausgegangen, aber es war just um die Mittagszeit, und da kam Herr Dörfelt mit dem Wagen angefahren. Ich zog mich sofort zurück, doch Elli, meine Schwester, die mittags zum Essen heimkommt, fiel Dörfelt in die Hände. Er schlug ihr ins Gesicht und zerriss dabei ihren Rock. Das Geschrei lockte unsre Mutter ans Fenster, und als sie

sah, wie Herr Dörfelt mit Elli umging, warf unsre Mutter mit Blumentöpfen nach ihm. Von Stund an herrschte erbitterte Feindschaft zwischen den Familien.
Weil wir nun Dörfelts nicht mehr über den Weg trauten, installierte Herbert, mein ältester Bruder, der bei einem Optiker in die Lehre geht, ein Scherenfernrohr am Küchenfenster. Da konnte unsre Mutter, waren wir alle unterwegs, die Dörfelts beobachten. Augenscheinlich verfügten diese über ein ähnliches Instrument, denn eines Tages schossen sie von drüben mit einem Luftgewehr herüber. Ich erledigte das feindliche Fernrohr dafür mit einer Kleinkaliberbüchse, an diesem Abend ging unser Volkswagen unten im Hof in die Luft. Unser Vater, der als Oberkellner im hochrenommierten Café Imperial arbeitete, nicht schlecht verdiente und immer für den Ausgleich eintrat, meinte, wir sollten uns jetzt an die Polizei wenden. Aber unserer Mutter passte das nicht, denn Frau Dörfelt verbreitete in der ganzen Straße, wir, das heißt, unsre gesamte Familie, seien derart schmutzig, dass wir mindestens zweimal jede Woche badeten und für das hohe Wassergeld, das die Mieter zu gleichen Teilen zahlen müssen, verantwortlich wären. Wir beschlossen also, den Kampf aus eigner Kraft in aller Härte aufzunehmen, auch konnten wir nicht mehr zurück, verfolgte doch die ganze Nachbarschaft gebannt den Fortgang des Streites.
Am nächsten Morgen schon wurde die Straße durch ein mörderisches Geschrei geweckt. Wir lachten uns halbtot, Herr Dörfelt, der früh als Erster das Haus verließ, war in eine Grube gefallen, die sich vor der Haustüre erstreckte. Er zappelte ganz schön in dem Stacheldraht, den wir gezogen hatten, nur mit dem linken Bein zappelte er nicht, das hielt er fein still, das hatte er sich gebrochen. Bei alledem konnte der Mann noch von Glück sagen – denn für den Fall, dass er die Grube bemerkt und umgangen hätte, war der Zünder einer Plastikbombe mit dem Anlasser seines Wagens verbunden. Damit ging kurze Zeit später Klunker-Paul, ein Untermieter von Dörfelts hoch, der den Arzt holen wollte. Es ist bekannt, dass die Dörfelts leicht übel nehmen. So gegen zehn Uhr begannen sie unsre Hausfront mit einem Flakgeschütz zu bestreichen. Sie mussten sich erst einschießen, und die Einschläge befanden sich nicht alle in der Nähe unserer Fenster. Das konnte uns nur recht sein, denn jetzt fühlten sich auch die anderen Hausbewohner geärgert, und Herr Lehmann, der Hausbesitzer, begann um den Putz zu fürchten. Eine Weile sah er sich die Sache noch an, als aber zwei Granaten in seiner guten Stube krepierten, wurde er nervös und übergab uns den Schlüssel zum Boden. Wir robbten sofort hinauf und rissen die Tarnung von der Atomkanone. Es lief alles wie am Schnürchen, wir hatten den Einsatz oft genug geübt,

die werden sich jetzt ganz schön wundern, triumphierte unsre Mutter und kniff fachmännisch das rechte Auge zusammen. Als wir das Rohr genau auf Dörfelts Küche eingestellt hatten, sah ich drüben gegenüber im Bodenfenster ein gleiches Rohr blinzeln, das hatte freilich keine Chance mehr, Elli, unsre Schwester, die den Verlust des Rockes nicht verschmerzen konnte, hatte zornroten Gesichts das Kommando »Feuer!« erteilt. Mit einem unvergesslichen Fauchen verließ die Atomgranate das Rohr, zugleich fauchte es auch auf der Gegenseite. Die beiden Geschosse trafen sich genau in der Straßenmitte.
Natürlich sind wir nun alle tot, die Straße ist hin und wo unsre Stadt früher stand, breitet sich jetzt ein graubrauner Fleck aus. Aber eins muss man sagen, wir haben das Unsre getan, schließlich kann man sich nicht alles gefallen lassen. Die Nachbarn tanzen einem sonst auf der Nase herum.
(Zwerenz 1972, S. 7ff.)

Während diese Geschichte von Gerhard Zwerenz zeigt, aus welchen Banalitäten Konflikte entstehen und welchen absurden Verlauf sie nehmen können (von lächerlich anmutenden Spielchen bis hin zum gezielten Vernichtungsschlag), bringt die nachfolgende Anekdote Konflikte zwischen einem Ehepaar deutlich zum Ausdruck:

Eine Geschichte aus Persien: Wie entsteht ein Krieg?
»Pedar Joun, erklär mir bitte, wie ein Krieg zu Stande kommt«, fragte ein kleiner persischer Junge seinen Vater. »Das will ich dir gern erklären«, sagte der Vater. »Stell dir einmal vor, Persien schickt seine Truppen nach China.« In diesem Augenblick mischte sich die Mutter ein: »Wie kannst du dem Kind einen solchen Unsinn erzählen. Wann hat jemals Persien gegen China Krieg geführt?« »Liebe Frau«, versuchte der Vater zu erklären, »ich wollte nur an einem Beispiel erklären, wie ein Krieg entsteht.« »Durch deine Beispiele, die nie stimmen, bringst du bloß das Kind durcheinander. Außerdem ist es eine Lüge, dass Persien Krieg gegen China geführt hat.« »Was, du bezeichnest mich als Lügner!«, fuhr der Vater auf. »Ich nehme mir die Zeit und versuche dem Kind etwas zu erklären, und du meckerst daran herum. Wenn du meinst, du könntest es besser erklären, dann mach du es doch. Du weißt doch immer alles besser.« »Das ist ja unerhört, wie du mit mir sprichst. Ich werde nie mehr etwas sagen, dass du es nur weißt.« In diesem Augenblick unterbrach der Sohn das Streitgespräch seiner Eltern und sagte: »Liebe Eltern, ihr braucht mir nicht mehr zu erklären, wie ein Krieg entsteht. Ich kann es mir gut vorstellen.« (Peseschkian 1998, S. 12)

Kurzdefinitionen

Was ist das überhaupt – ein *Konflikt*? Im Duden steht dazu »Zusammenstoß, Zwiespalt, Widerstreit«. Konflikte entstehen dann, wenn zwei oder mehrere Parteien (Einzelpersonen oder Gruppen) unvereinbarte Ziele haben (oder zu haben glauben) und dies ihre Einstellung und ihr Verhalten gegenseitig negativ beeinflusst. Konflikte sind demnach »Spannungszustände«, die sich durch verborgene oder offene Gegensätzlichkeit kennzeichnen. Konfliktpotenziale gibt es auf allen Ebenen des gesellschaftlichen, politischen und wirtschaftlichen Lebens. In der deutschen Sprache benutzen wir die Worte »Problem« und »Konflikt« oft synonym, obwohl es zwischen diesen Begriffen Unterschiede gibt.

Ein Konflikt ist »mehr« als ein Problem

Probleme sind Schwierigkeiten beziehungsweise schwierige Situationen, die es zu bewältigen gilt. Ein Trainerkollege meinte einmal dazu: »Probleme sind Aufgaben, die es zu lösen gilt.« Konflikte hingegen stehen auf der Hierarchiestufe über den Problemen, denn sie sind »größere Probleme«. Konflikte sind schwerwiegender in Substanz und Ausmaß. Oft handelt es sich dabei um einen Streit zwischen Personen, in dem sich mindestens zwei unvereinbare Positionen gegenüberstehen. Wie vieles, so hat natürlich auch ein Konflikt positive Seiten. Ohne Konflikte sind Reformen undenkbar. Sie bilden eine soziale Gegebenheit, die Situationen ändern und kreative Prozesse, sogar Innovationen auslösen können. Das Erlebnis, gemeinsam durch harte Zeiten gegangen zu sein und Schwierigkeiten bewältigt zu haben, kann Menschen zusammenschweißen, ihren gegenseitigen Respekt und ihre Toleranz fördern.

Im Begriff *Krise* wird die mittel- oder längerfristige zeitliche Perspektive eines Konflikts erkennbar. Im Gegensatz zum »normalen Streit«, der als Konflikt rasch beendet werden kann, handelt es sich bei einer Krise um einen langwierigen Prozess. Wenn Paare in Beziehungskrisen stecken, sind meist viele Probleme und Konflikte vorausgegangen. Manche suchen dann Hilfe und Unterstützung in Eheberatungsstellen und Paartherapien. Wenn es in Unternehmen kriselt, dann stehen oft Arbeitsplätze auf dem Spiel. Wenn Firmen beispielsweise fusionieren, kann eine Krisenintervention sinnvoll sein. Im politischen Umfeld ist uns der Begriff »Krisenstab« vertraut. Da tagen ranghohe Politiker mit verschiedenen Beratern und Experten, um ihr Verhalten in Krisensituationen (Terroranschläge, Entführungen) besser koordinieren zu können.

Katastrophen sind uns vor allem in Form von Naturkatastrophen bekannt. Selbstverständlich können wir auch private Katastrophen erleben – Menschen, die uns lieb und wichtig sind, werden durch Unfälle jäh aus dem Leben gerissen. Ein Hausbrand kann unser Eigentum und unsere Existenz zerstören und zu Recht als persönlicher Schicksalsschlag und als Katastrophe gewertet werden. Eine Katastrophe ist etwas, das unverhofft, plötzlich und mit voller Wucht und Gewalt über uns hereinbricht. Während sich Krisen langsam entwickeln und oft unbemerkt bleiben, konfrontieren uns Katastrophen unmittelbar und entstehen plötzlich »aus dem Nichts«.

Kriege – egal, ob es sich um Bürgerkriege oder Weltkriege handelt – sind die letzte Stufe im Eskalationsprozess. Kriege vernichten nicht nur Menschen und ihre Kulturen, Kriege vernichten auch immer die Natur und damit unsere natürlichen Lebensgrundlagen. Kriege können das Ende der Zivilisation bedeuten, was sie jedoch stets erreichen, ist die Ent-Menschlichung des Gegners und die Etablierung von Feindbildern (siehe die Zwerenz-Geschichte).

Konfliktformen und Konfliktparteien im Seminar

Wenn ich in Train-the-Trainer-Seminaren frage: Wie beurteilen Sie als Seminarleiter Konflikte? Was verbinden Sie damit?, kristallisieren sich meist zwei Antworten heraus: Die einen finden Konflikte generell problematisch und wünschen sich, im Trainingsalltag möglichst selten damit konfrontiert zu werden. Andere neigen dazu, bei Meinungsverschiedenheiten im Seminar sogar noch die Stimmung anzuheizen und Konflikte zu schüren, weil sie das »Salz in der Seminarsuppe« sind, wie ein Trainerkollege es formulierte. Einigkeit besteht jedoch in einem Punkt: Konflikte gehören im Trainingsgeschäft einfach dazu. Sie sind Bestandteil unseres Lebens und damit auch unseres Berufsalltags. Die Sichtweise auf Konflikte und der Umgang damit ändert sich jedoch spätestens dann, wenn wir sie entweder als lästige Störung oder eher als Motor einer spannenden Entwicklung betrachten. Was ein Konflikt im Einzelfall für einen Trainer bedeutet, hängt von seiner individuellen Bewertung ab. Es ist bekannt, dass die persönliche Beurteilung einer Situation geprägt wird durch unsere Biografie, Lebenserfahrung und die aktuelle Befindlichkeit. Diese Faktoren fokusieren sich in einer »individuellen Konflikttheorie«, die unser Verhalten in einer Seminarsituation entscheidend beeinflusst.

In meiner langjährigen Tätigkeit als Trainerin habe ich noch keinen einzigen Kollegen beziehungsweise noch keine Kollegin erlebt, die angstfrei ihrer Tätigkeit nachgegangen sind. Konfliktpotenziale schlummern im Seminargeschäft überall. Die Angst vor Schwierigkeiten hat auch ihre Berechtigung, denn wir erleben die Auswirkungen von Konflikten meist als Reibungsverlust, Stress, Verwirrung, Streit und Demotivation. Furcht kann jedoch auch lähmen, umso wichtiger ist es zu erkennen, wann und was konkret in uns Ängste auslöst. Daher ist es für Trainerinnen und Trainer, die konstruktiv mit Konflikten um-

Reflexion über das eigene Konfliktverhalten ist hilfreich

gehen möchten, unumgänglich, das eigene Konfliktverhalten sowie die persönliche Konfliktbiographie zu reflektieren. Wenn beispielsweise ein Trainer gegenüber einem »Vielredner« im Seminar aggressiv reagiert, ist es wichtig, die Ursachen des Verhaltens zu analysieren. Das ist vielleicht in der jeweiligen Situation nicht immer möglich, jedoch sollte diese »persönliche Nabelschau« spätestens in der Seminarnachlese stattfinden. Umgekehrt sollte sich ein Trainer kritisch fragen, warum es ihm leichtfällt oder sogar Freude bereitet, sich Konflikten mutig in den Weg zu stellen oder sie sogar (bewusst) zu schüren. Die so erworbene Selbsterkenntnis ermöglicht es, das persönliche Konfliktverhalten objektiver zu bewerten und gegebenenfalls zu ändern.

Die Entscheidung, wie man situativ mit Konflikten umgeht, hängt selbstverständlich auch vom Schwierigkeitsgrad des Problems ab – geht es zum Beispiel darum, einen einzelnen Teilnehmer im Redefluss zu stoppen, oder geht es darum, mit dem »Aufstand« einer ganzen Seminargruppe fertig zu werden (siehe zweites Kapitel).

Wie wirkt sich die »K-Spirale« (Konflikt, Krise, Katastrophe, Krieg) im Seminaralltag aus? Gleich vorweg: »Kriege« im Training sind mir nicht bekannt, gleichwohl Probleme und Konflikte. Je nach persönlicher Empfindung und Erfahrung erleben viele Trainer Konflikte auch als tief greifende Krisen oder Katastrophen. Ich konzentriere mich in diesem Buch vor allem darauf, wie man in einem Training (zweites und drittes Kapitel) beziehungsweise im Seminarumfeld (viertes Kapitel) Konflikte erkennen und damit umgehen kann. Dass Probleme zu Konflikten eskalieren können, ist nichts Neues. Interessant ist jedoch, in welcher Seminarphase dies geschieht und welches Ausmaß der Konflikt annimmt. Dabei kann der Teufel im Detail schlummern, denn die *Auslöser von Konflikten* sind zahlreich. Zum Beispiel können dies sein:

Es gibt verschiedene Auslöser für Konflikte

- unterschiedliche Interessen am Thema (Interessenkonflikte),
- unterschiedliche Wertvorstellungen und Ziele (Zielkonflikte),
- Sympathien –Antipathien (Beziehungskonflikte),
- Geschlechterdifferenz (Frau-Mann-Konflikte),
- Inländer – Ausländer (kulturelle Konflikte),
- Bildungsunterschiede (Verteilungskonflikte),
- alt – jung (Generationenkonflikte),
- formelle und informelle Hierarchien (Macht- und Rollenkonflikte).

In all diesen Bereichen schlummern Konfliktpotenziale, die entweder *offen oder versteckt* zutage treten. »Ich liebe Konflikte, die offensichtlich sind, ich hasse Konflikte, die latent vor sich hin schlummern«, so äußerte sich in einem Train-the-Trainer-Seminar ein Kollege. Davon einmal abgesehen, dass die »Liebe zu Konflikten« sicherlich nicht von vielen Kollegen geteilt wird, wird hiermit deutlich zum Ausdruck gebracht, dass ein Seminarleiter Konflikte, die *offen* zutage treten, durchaus schätzen kann. Wenn offene Konflikte klar auf dem (Seminar-)Tisch liegen, dann können sie nicht nur benannt, sondern auch bearbeitet werden. Anders sieht es bei *latenten Konfliktherden* aus: Sie tauchen auf, dann wieder ab, verschwinden in einem undurchsichtigen Nebel oder sind nur in Umrissen erkennbar. In solchen Momenten ist es für einen Trainer meist nicht einfach, eine Entscheidung darüber zu treffen, ob er beispielsweise den nicht offensichtlichen Konflikt offen ansprechen soll. Die Frage, die sich in diesem Zusammenhang stellt, lautet: Kann ich als Trainer meiner Wahrnehmung trauen? Anders als beim offenen Konflikt, der rasches Handeln erfordert, ist es beim unterschwelligen Konflikt ratsam, abzuwarten und die weitere Entwicklung zu beobachten. Dieses Verhalten ist nicht mit »Konflikte aussitzen« zu verwechseln. Der Trainer hat ja einen Vorteil: Er ahnt etwas, und dies schärft seine Wahrnehmung – nicht mehr, aber auch nicht weniger. Hilfreich kann in einer solchen Lage übrigens der Co-Trainer sein (siehe drittes Kapitel). Falls der Tandem-Partner den persönlichen Eindruck bestätigt, dann findet man vielleicht auch gemeinsam eine Erfolg versprechende Vorgehensweise, um den Konfliktherd ausschalten zu können.

Es ist meist leichter, offene Konflikte zu bearbeiten als gegen latente Konflikte vorzugehen

Konflikte zwischen zwei Personen oder zwei Lagern sind die häufigste Form der Auseinandersetzung, die Trainer erleben. In jeder schwierigen Seminarsituation ist es daher unumgänglich zu diagnostizieren, zwischen welchen *Personen beziehungsweise Parteien* sich überhaupt der Konflikt abspielt.

Konflikte zwischen Einzelpersonen: Darunter fallen Unstimmigkeiten, Streitereien zwischen zwei Teilnehmern oder zwischen einem Teilnehmer und dem Trainer oder zwischen Trainer und Co-Trainer. Manchmal sind die Ursachen offensichtlich, bisweilen aber auch nicht. Wenn zwischen zwei Personen die »Chemie« einfach nicht stimmt und eine ausgeprägte Antipathie vorherrscht, nutzt es wenig zu sagen: »Rauft euch zusammen!« Der reine Appell an die Vernunft reicht meist nicht aus. Hilfreicher sind in solchen Fällen konkrete Regeln, an die sich beide halten. Dabei können Kleinigkeiten bereits Wunder bewirken. So kann beispielsweise ein Trainer die Streithähne in zwei unterschiedliche Arbeitsgruppen aufteilen und somit deren Kontakt auf das Nötigste reduzieren.

Konflikte zwischen Gruppierungen: Jede Gruppe setzt sich aus Teilgruppierungen zusammen. Konflikte zwischen diesen »Grüppchen« können sich auf unterschiedliche Art und Weise äußern. Oft konkurrieren die jeweiligen Gruppenleader um die Meinungsbildung. In einem Führungstraining erlebte eine Trainerin dieses Fiasko: Nachwuchskräfte solidarisierten sich und griffen die Gruppe der erfahrenen, alteingesessenen Führungskräfte an. Schnell kam es zu einem Wortgefecht, das viele interne Streitereien und latente Konflikte zutage brachte. Eine Fortführung des Trainings war nicht mehr möglich; die Trainerin entschied sich, zur Konfliktklärung beizutragen, indem sie beiden Lagern eine Konfliktmoderation anbot.

Konflikte zwischen einem Individuum und einer Gruppe: Es kommt immer wieder vor, dass in Seminaren eine Einzelperson ein willkommenes Feindbild für den Rest der Gruppe darstellt. Was in Unternehmen und Institutionen oft als »Mobbingopfer« bezeichnet wird, entspricht im Seminarbereich dem »Prügelknaben« oder »schwierigen Teilnehmer«. Entscheidend ist dabei, wie sich der Seminarleiter zu dieser Person verhält. Denn ein Trainer sollte eine möglichst objektive Haltung gegenüber *allen* Teilnehmern einnehmen und sich bemühen, den Konflikt zwischen Einzelnen und der Gruppe rasch zu lösen. Im zweiten Kapitel gibt es dazu Beispiele und Lösungsoptionen.

Konflikte zwischen Einzelpersonen und/oder Gruppe und der Außenwelt: Konflikte durch Störungen von außen sind lästig, aber in der Regel noch am raschesten zu beheben. Oft handelt es sich dabei um Unmutsäußerungen oder Streit zwischen Gruppenmitgliedern und Seminarhotel. Gründe können beispielsweise unpünktliche Essenszeiten sein, ein mehrfacher Raumwechsel und dergleichen mehr. Im vierten Kapitel wird dieser Konfliktherd ausführlich beschrieben.

Konflikte innerhalb einer Person: Einen Konflikt mit sich selbst, muss die betreffende Person mit sich alleine ausmachen. Der Widerstreit der Gefühle und der Gedanken läuft meist unbemerkt ab – was Vor- und Nachteile hat. Wenn ein Trainer innere Konflikte mit sich austrägt, sollte er darauf achten, dass dies möglichst unbemerkt bleibt. Seine Aufgabe ist es ja, den Lernprozess der Gruppe zu fördern. Dazu gehört auch, das eigene Ego während des Trainings in den Hintergrund stellen zu können. Gegenüber einem Teilnehmer, der seine inneren Konflikte zum Seminarthema macht, muss sich jedoch der Trainer anders verhalten. Hier muss versucht werden, die Lernblockaden des Teilnehmers zu überwinden, indem man ihm Mut zuspricht und konkrete Hilfestellungen anbietet, zum Beispiel seinen Konflikt in einem Rollenspiel reflektiert oder am Flipchart visualisiert und bearbeitet.

Die Dramaturgie von Konflikten: Das Stufenmodell von Glasl

Dr. Friedrich Glasl, Dozent an der Universität Salzburg, Mediator und Fachbuchautor widmet sich in seinem überarbeiteten Standardwerk »Konfliktmanagement« (2004) vor allem drei Themen:

- Konfliktdiagnose,
- Dynamik der Eskalation und
- Strategien der Konfliktbehandlung.

Konflikte sind für ihn an sich nichts Schlimmes. Bedrohlich werden sie allerdings dann, wenn sie sich verhärten beziehungsweise eskalieren. Sein Modell der neun Eskalationsstufen verdeutlicht, wie das eigene Verhalten und die Reaktion des Gegenübers die jeweiligen Handlungsspielräume immer mehr einschränken. Der Übergang von Stufe zu Stufe – in der Grafik als Treppenmodell dargestellt – kann auch als Abgleiten von einem Regressionsniveau zu einer weiteren, noch niedrigeren Stufe verstanden werden.

Die neun Stufen der Konflikteskalation nach Friedrich Glasl

Stufe 1 –Verhärtung: Belanglose Reibereien und unterschiedliche Standpunkte verhärten sich und prallen aufeinander. Dies führt zwar zu Verkrampfungen und Irritationen im Dialog, dennoch besteht die Überzeugung, dass die Spannungen durch Gespräche lösbar sind. Noch gibt es keine starren Parteien oder Lager.

Stufe 2 – Polarisation und Debatte: Nun beginnt die Lagerbildung, die nach und nach die Gesprächsatmosphäre verändert. In den jeweiligen Gruppen findet zunehmend eine Polarisation im Denken, Fühlen und Wollen statt. Man versucht, die Gegenseite einerseits durch bessere Argumente zu schwächen, andererseits durch eine Schwarz-Weiß-Position die eigene Überlegenheit überzeugend darzulegen.

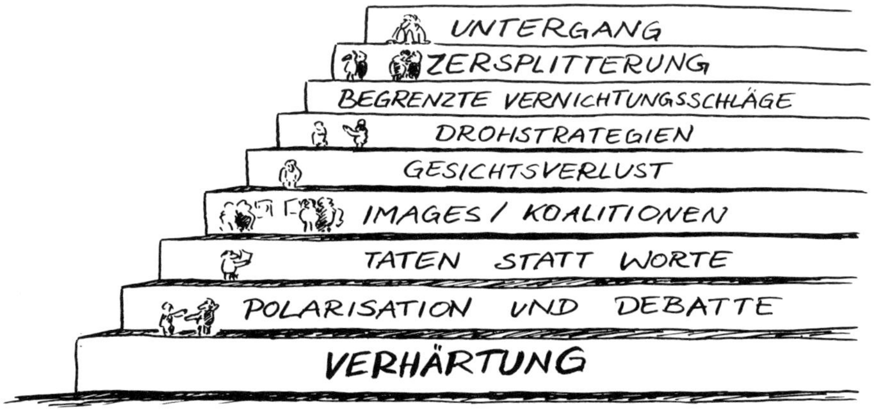

Stufe 3 –Taten statt Worte (Aktionen): Die dritte Stufe wird durch den Übergang vom Dialog auf die Handlungsebene bestimmt. Die Überzeugung, dass »Reden nichts mehr hilft«, gewinnt an Bedeutung, und man beginnt, die Gegenseite mit vollendeten Tatsachen zu konfrontieren.

Stufe 4 – Images/Koalitionen: Der soziale Konfliktrahmen wird erweitert. Es findet eine Werbung um Anhänger statt. Die Konfliktparteien stigmatisieren und bekämpfen sich, indem sie sich vor allem Stereotypen und Klischees bedienen sowie Gerüchte gezielt streuen.

Stufe 5 – Gesichtsverlust: Der Konflikt wird immer stärker in der Öffentlichkeit ausgetragen. Es kommt zu öffentlichen und direkten (verbotenen) Angriffen und Enthüllungen, die auf den Gesichtsverlust des Gegners abzielen. Keine Seite ist mehr dialogwillig.

Stufe 6 – Drohstrategien: Drohungen und Gegendrohungen gehören ab dieser Stufe zur Tagesordnung. Drohgebärden gehören ebenso dazu wie radikale Aussagen. Durch Ultimaten wird die Konflikteskalation beschleunigt.

Stufe 7 – Begrenzte Vernichtungsschläge: Die Feindbilder haben sich endgültig verfestigt. Aktionen werden nun in Form »begrenzter Vernichtungsschläge« durchgeführt. Das Motto zählt: Der Gegner soll massiven Schaden erleiden, auch wenn ich selbst Schaden ertragen muss.

Stufe 8 – Zersplitterung: Die Zerstörung und Auflösung des feindlichen Systems wird als Ziel intensiv verfolgt. Noch glauben die Gegner, dass eine Seite den Sieg davontragen kann, indem zum Beispiel das feindliche Lager durch hintergründige Strategien gespalten beziehungsweise dessen Machtzentrum vernichtet werden kann.

Stufe 9 – Gemeinsam in den Abgrund: Es kommt zur totalen Konfrontation: Das Vernichten des Gegners wird zum Preis der Selbstvernichtung in Kauf genommen.

Neun Konfliktstufen oder drei Konfliktphasen als Orientierung

Während sich Friedrich Glasl auf insgesamt neun Stufen konzentriert, reduziert der Augsburger Organisationspsychologe Oswald Neuberger diese Stufen auf insgesamt *drei Konfliktphasen.*

- Laut Neuberger ist die *erste Phase* durch Reibereien und mehr oder weniger heftige Debatten geprägt. Die Beteiligten polarisieren sich zunehmend und bilden Gruppen, die versuchen sich gegenseitig durch unterschiedliche Strategien zu überzeugen beziehungsweise zu überrumpeln. Durch demonstrative Aktionen einer der beiden Konfliktparteien weitet sich der soziale Rahmen aus. Das ursprüngliche Konfliktfeld wird erweitert.
- Dies leitet die *zweite Phase* ein: In diesem Zeitraum geht es zunächst um die Verbesserung des eigenen Image. Zu diesem Zweck wird versucht, neue Verbündete zu finden und gleichzeitig die Gegenseite zu diffamieren. Drohungen und Angriffe beider Seiten läuten dann bereits die dritte Phase ein.
- *Dritte Phase:* Auf dieser Stufe werden die Vernichtungsschläge, die vorab nur angedroht wurden, tatsächlich nach und nach umgesetzt. Man versucht den Gegner zu schädigen, wo es nur geht. Massive Diffamierungskampagnen werden gestartet mit dem Ziel, als klarer Sieger aus dem Kampf hervorzugehen. Meist sind mittlerweile viele Gruppen und Lager entstanden, die sich gegenseitig bekriegen und eigene »Ghettokämpfe« ausfechten. Die Freund-Feind-Lager sind zum Teil sehr unübersichtlich und zersplittert, mit der Folge, dass jederzeit aus den verschiedenen Brandherden ein großes unkontrollierbares Flächenfeuer entstehen kann. Die Eskalation erreicht dann den Höhepunkt, wenn ein Krieg aller gegen alle ausgebrochen ist.

Grundsätzliche Lösungsoptionen für die jeweiligen Stufen und ihre Bedeutung für den Seminaralltag

Glasls Buch ist keine leichte Lektüre. Wer sich von ihm »Goldene Regeln der Konfliktbearbeitung« verspricht, wird enttäuscht. Nahezu akribisch behandelt er nicht nur die verschiedenen Phasen auf 80 Buchseiten, sondern auch die

Wendepunkte in der Eskalation. Für ihn besteht keinerlei Zweifel, dass Konflikte von Stufe 1 bis Stufe 3, teilweise noch bis zu Stufe 4, durch Konfliktmoderation lösbar sind. Spätestens jedoch ab Phase 5 (Gesichtsverlust) wird eine Destruktivität in Gang gesetzt, die nahezu alle Beteiligte mitreißt und den Konflikt eskalieren lässt.

Konflikte verharren oft viele Jahre auf den ersten drei Eskalationsstufen

Die Organisationspsychologin Dr. Astrid Schreyögg weist in diesem Zusammenhang darauf hin, dass *Konflikte insbesondere in Organisationen* oft jahrelang auf den ersten drei Stufen verharren. Massive Störungen werden gewissermaßen »eingefroren«. Dass dies zu Lasten der Effizienz und des Betriebsklimas geht, ist zwar offensichtlich, doch weder Management noch Mitarbeiterinnen und Mitarbeiter sehen sich in der Lage, den meist über Jahre entstandenen Konfliktknoten zu entwirren.

Der Konfliktforscher und Organisationspsychologe Gerhard Schwarz geht hier sogar noch einen Schritt weiter, indem er nachzuweisen versucht, dass Kontroversen innerhalb einer Organisation mit jeweils den Mustern ausgetragen werden, die dem Reifegrad des Systems entsprechen. Das bedeutet: Je primitiver die Form der Konfliktbewältigung ist (zum Beispiel Flucht oder bedingungslose Unterwerfung), desto schwerer fällt es Institutionen oder Unternehmen, nachhaltigere Konfliktlösungen einzuführen, wie beispielsweise faire Kompromisse oder Win-win-Lösungen.

In schwierigen Situationen sind Ruhe, Besonnenheit und Gelassenheit besonders wichtig

Wichtig für Sie als Trainer ist: Bemühen Sie sich, schwierigen Seminarsituationen mit einer gewissen Gelassenheit zu begegnen. Sie können als Kursleitung Konflikte nicht immer vermeiden, jedoch deren Eskalation unterbinden. Dazu müssen Sie allerdings auf die Metaebene gehen und herausfinden, auf welcher Stufe sich die Störung befindet. Wenn Sie brenzlige Situationen wahrnehmen, dann sollten Sie mit einer Konfliktklärung (beziehungsweise -lösung) nicht zögern. Wenn Meinungen nicht mehr nur geäußert werden, sondern sich *zu Standpunkten verhärten* (Stufe 1: Meinungen prallen aufeinander, Lager bilden sich), ist die Beschreibung der Konfliktwahrnehmung die erste und wichtigste Intervention. Dabei sollten in dieser Phase vor allem folgende Fragen im Zentrum stehen: Wer ist am Konflikt wie beteiligt? Wer hat welche Interessen, Ziele, Wünsche? Geht es um Sachen oder Personen?

Bei *Polarisierungen und Debatten* (Stufe 2) lohnt es sich, die verschiedenen Positionen der Beteiligten zu visualisieren und Raum für die Auseinandersetzung zu geben. Dies kann zum Beispiel in Form einer »Amerikanischen Debatte« geschehen. Es handelt sich dabei um eine Rhetorikübung, die die Pro- und Contra-Standpunkte argumentativ zu untermauern versucht und die beiden Lager dazu bringt, sich mit den Argumenten der Gegenseite intensiv auseinanderzusetzen.

Übung: Die Amerikanische Debatte

Die beiden Pro- und Contra-Gruppen bereiten sich jeweils in getrennten Räumen 20 bis 30 Minuten auf den Schlagabtausch vor. Im Plenum sitzen sich beide Seiten gegenüber. Der Ablauf der Amerikanischen Debatte sieht folgende *drei Schritte* vor:

- Jede Seite trägt abwechselnd ein Argument vor, das die eigene Position untermauert. Dabei muss man noch nicht auf die Argumente des Gegenübers eingehen. Wichtig ist lediglich, dass möglichst alle Argumente »auf den Tisch kommen« und gehört werden. Dies dauert zehn bis maximal fünfzehn Minuten (Trainer achtet auf die Zeit).
- Ab der zweiten Runde soll versucht werden, auf die Argumente der Gegenseite gezielt einzugehen. Eine Person der Pro-Seite spricht dabei jemand vom Contra-Lager an. Dieser muss das vorgetragene Argument entkräften oder widerlegen. Mehrfache Durchgänge ermöglichen einen gezielten Schlagabtausch zwischen den Gruppenmitgliedern. Auch hier wird ein Zeitrahmen von zehn bis fünfzehn Minuten angesetzt.
- In der dritten Runde wird in beiden Gruppen ein Redner bestimmt, welcher die schlagkräftigen Argumente der jeweiligen Seite nochmals zusammenfasst. Zusätzlich muss er während seines Vortrags verdeutlichen, welche Äußerungen der Gegenseite die eigene Position ins Wanken gebracht beziehungsweise entkräftet haben. Beide Redner halten ein dreiminütiges Statement.

Ziel dieser Methode ist es, kontern zu lernen und gemeinsam Argumente zu entwickeln und gezielt einzusetzen. In der anschließenden Auswertung (es empfiehlt sich, die Debatte mit Video aufzuzeichnen oder die wichtigsten Aussagen auf Flipchart oder Pinnwand zu visualisieren) wird beiden Seiten meist bewusst, dass viele Argumente Scheinargumente waren und Stereotypen und Plattitüden vor allem in der ersten Runde vorherrschten. Je intensiver und ernsthafter man jedoch auf die Position der anderen Seite eingehen *musste* (zweite Runde), umso eher konnte man deren Argumente nachvollziehen und umso leichter war es dann, eigene Vorstellungen zu revidieren (dritte Runde). Die Amerikanische Debatte erfüllt damit vor allem den Zweck, Konflikte zu versachlichen und starke Polarisierungen aufzuheben.

Konfliktübungen wie die Amerikanische Debatte dienen dazu, Konflikte zu versachlichen

Übrigens: Diese Debattenform gibt es in mehreren Varianten. So lassen sich beispielsweise Teilnehmer, die nicht an der Auseinandersetzung beteiligt sind, als Beobachter in Runde 1 und 2 einsetzen. In der dritten Runde agieren sie als Jury und bewerten die Schlussargumente der beiden Redner.

Sollten trotz verschiedener Übungen und Interventionen die Eskalation voranschreiten und auf *Stufe 3 (Taten statt Worte)* vollendete Tatsachen geschaffen werden, hat der Trainer oder die Trainerin folgende Möglichkeiten:

- Letzter, eindringlicher Appell an alle Seminarteilnehmer, an der Konfliktlösung aktiv mitzuwirken, indem man sachlich die möglichen Konsequenzen aufzeigt, sollte der »Kampf« fortgeführt werden.
- Rat und Unterstützung von außen holen (zum Beispiel Auftraggeber informieren).
- Beendigung des Seminars.

Checkliste für Trainer:
So vermeiden Sie die Eskalation von Konflikten

In Stufe 1:
- Schildern Sie Ihre Wahrnehmung (Beschreibung des Konflikts).
- Unterscheiden Sie dabei Symptome und Ursachen.
- Strukturieren Sie den Prozess mit Fragen.

In Stufe 2:
- Visualisieren Sie die jeweiligen Interessen und Ziele der Konfliktparteien (Unterschiede offenlegen).
- Finden und betonen Sie Gemeinsamkeiten.
- Arbeiten Sie mit verschiedenen Übungen, um Kontroversen und Standpunkte zu verdeutlichen (zum Beispiel »Amerikanische Debatte«).
- Treffen Sie klare Vereinbarungen, möglichst im Sinne von Win-win-Lösungen.

In Stufe 3:
- Letzter, eindringlicher Appell an die Streitparteien.
- Rat und Unterstützung von außen holen (eventuell durch Auftraggeber).
- Seminar beenden.

Wenn Reden nichts mehr hilft, ist eine Konfliktlösung im Rahmen einer Seminarveranstaltung zum Scheitern verurteilt. Ein Workshop, der als »Ort der Begegnung« wesentlich vom Reden und Zuhören geprägt ist, findet seine natürliche Grenze, wenn Einzelpersonen oder Teilgruppen, sich bis zum Letzten bekriegen möchten. Will man den Streit sogar bewusst in die Öffentlichkeit tragen (Stufe 4 beziehungsweise Stufe 5), kann ein Trainer dies nicht verhindern. Das bedeutet: *Konfliktlösung im Seminar kann nur auf den ersten drei Eskalationsstufen erfolgen.* Alles andere spielt sich außerhalb der Einflusssphäre des Trainers ab.

Konfliktprophylaxe ist bereits im Vorfeld eines Trainings möglich

Das Reduzieren von Konflikten ist allerdings bereits im *Vorfeld* eines Trainings möglich, auch wenn dies nicht einfach ist und einigen Aufwand erfordert. Denn wenn Trainer zum ersten Mal in einem Unternehmen oder einer Institution tätig sind, stoßen sie stets auf ein Geflecht gewachsener Strukturen, die auf den ersten Blick nicht erkennbar und je nach Größe der Firma oder Organisation auch nicht leicht durchschaubar sind. Der Trainer bekommt lediglich Einblicke in einen Teilabschnitt des Unternehmens, zum Beispiel in die Presse- oder Forschungsabteilung oder in den Marketingbereich. Hinzu kommt, dass in den jeweiligen Fachabteilungen auch unterschiedliche Ansprechpartner mit ihren individuellen, zuweilen auch eigenwilligen Ansichten sitzen. So möchte die Gleichstellungsbeauftragte einer Landeshauptstadt in einem Führungskräftetraining andere Blickwinkel auf Managementaufgaben und -stile vermittelt bekommen als der Hauptverhandlungsführer einer Gewerkschaft, der seine Mannschaft für die anstehende Runde der Tarifverhandlungen durch ein spezielles Training briefen möchte. Die Konfliktpotenziale, die durch unterschiedliche Erwartungshaltungen entstehen können, sind entsprechend groß und verdeutlichen noch einmal, wie wichtig klärende Gespräche bereits in der Anfangsphase sind (siehe dazu viertes Kapitel).

Die häufigsten Konfliktstile und ihre Auswirkungen

Jeder Mensch neigt zu einem bestimmten Konfliktverhalten

Wenn Menschen nicht miteinander auskommen, muss sich daraus nicht zwangsläufig ein Konflikt oder eine Krise ergeben. Kleinere Streitereien und Reibereien sind oft schnell vergessen. Man trägt dem anderen nichts nach. Konfliktträchtig wird es jedoch dann, wenn verbale Attacken und/oder Handgreiflichkeiten passieren und die Situation ernst wird. Dann wird offenbar, welchen Konfliktstil die Beteiligten (oft unbewusst) pflegen. Jeder Mensch geht mit Problemen anders um, dennoch gibt es bestimmte Ausrichtungen, die für die eigene Reflexion hilfreich sind. Wie wir verschiedene Persönlichkeitsanteile in uns vereinigen (siehe drittes Kapitel), so verkörpert jeder Mensch auch einen bestimmten »Konflikttypus«, das heißt, wir neigen mehr oder weniger zu einem bestimmten Konfliktverhalten. Dabei können wir vor allem vier Stile unterscheiden.

Durchsetzen: Die Befriedigung eigener Interessen steht im Vordergrund. Man will sich unbedingt durchsetzen – egal wie. Der Gesprächspartner soll »klein beigeben« und als Verlierer aus dem Konflikt herausgehen. Diese Einstellung ist übrigens in vielen Führungsetagen vertreten. Der Stärkere siegt, der Große frisst den Kleinen. Was bleibt, sind Scherben, Unmut und Demotivation. Die Grundhaltung, die hierbei zum Ausdruck kommt, lässt sich auf die Formel bringen: Ich bin o.k. – Du bist nicht o.k.

Vermeiden: Man geht Konflikten aus dem Wege und hofft, dass andere Verantwortung für Entscheidungen übernehmen, die man eigentlich selbst treffen müsste. Man traut dem Gesprächspartner aber auch keine konstruktive Konfliktlösung zu. Hinzu kommt, dass man sich erst gar nicht mit Konflikten auseinandersetzen möchte, weil man sich nicht vorstellen kann, wie Konfliktlösungen aussehen, die beide Seiten zufriedenstellen. Die Grundhaltung, die hierbei zum Ausdruck kommt, lässt sich auf die Formel bringen: Ich bin nicht o.k. – Du bist auch nicht o.k.

Anpassen: Die Bedürfnisse anderer sind höher einzuschätzen als die eigenen. Man meint vielleicht auch, der andere sei besser, klüger, erfahrener, stärker. Harmoniebedürfnis und Nachgiebigkeit statt Konfliktaustragung stehen im Zentrum des persönlichen Denkens und Handelns. Jemand, der ständig nachgibt, trägt jedoch dazu bei, den Konflikt am Leben zu halten, da er ihn weder löst noch auf eine gemeinsame Konfliktlösung hinarbeitet. Die Grundhaltung, die bei der völligen Anpassung zum Ausdruck kommt, lässt sich auf die Formel bringen: Ich bin nicht o.k. – Du bist o.k.

Kooperieren: Man achtet sowohl auf die eigenen Interessen als auch auf die Bedürfnisse anderer. Oft führt diese Haltung zu Kompromissen (jeder/jede gibt in wesentlichen Streitpunkten nach). Statt »faulen Kompromissen« sollte man gemeinsame Lösungsideen suchen. Ideen, Wünsche und Erwartungen von allen fließen dann in den Diskussionsprozess ein und können völlig neue Perspektiven eröffnen. Die Grundhaltung, die hierbei zum Ausdruck kommt, lässt sich auf die Formel bringen: Ich bin o.k. – Du bist o.k.

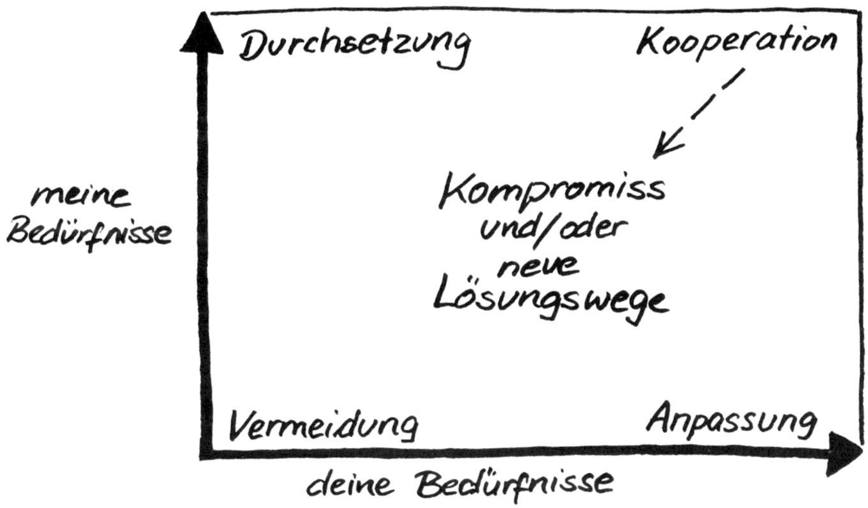

Übungen für Trainer: Wie bewältige ich bisher Konflikte?

Rein theoretisch sind Konflikte vermeidbar, wenn man davon ausgeht, dass sich Menschen mögen und verstehen, sich gegenseitig informieren, Entscheidungsprozesse akzeptieren und sich in ihren beruflichen Zielen einig sind. Diese Prämissen gehen jedoch an der Realität vorbei. Zwischenmenschliche Konflikte wird es zwar immer geben, die Frage ist nur, ob wir Menschen mit ihnen *konstruktiv* umzugehen lernen. Im Weltmaßstab betrachtet, tragen wir nämlich mittel- und langfristig dazu bei, unsere eigene Zivilisation zu zerstören, sollte unser »globales Konfliktmanagement« nicht funktionieren.

Konflikte sind stets mit vielen Emotionen verbunden

Es wurde bereits erwähnt, dass die Art und Weise, wie Erwachsene mit Konflikten umgehen, sehr stark von ihrer bisherigen Lebenserfahrung abhängt. Wir alle kennen Situationen, in denen wir bewusst oder unbewusst Konflikten aus dem Weg gegangen sind, sie vielleicht sogar geleugnet haben. Viele kennen sicherlich auch typische Gewinner-Verlierer-Situationen, wie beispielsweise: Vorgesetzte setzt autoritär die Meinung durch, Eltern bestrafen ihre Kinder, bei einer wirtschaftlichen Fusion schluckt das Großunternehmen die kleine Firma usw. Die Erfahrung, dass andere »mächtiger« sind, als man selbst ist, löst viele Emotionen aus – Angst, Unmut, Bitterkeit, Trotz, Wut. Wenn sich jedoch Menschen respektieren und beide Seiten gewillt sind, eine »Win-win-Situation« herzustellen, können Ärger oder Hass verschwinden, Kompromisse entstehen oder völlig neue Lösungen gefunden werden, an die niemand zuvor gedacht hat. Dies setzt jedoch viele Gespräche und die Kommunikationskompetenz aller Beteiligten voraus.

Zu Beginn dieses Kapitels wurden zwei dramatische Beispiele vorgestellt und Sie als Leser dazu aufgefordert, diese beiden Fälle zu beurteilen (s. S. 14). Im Folgenden haben Sie die Möglichkeit, über einzelne Konfliktherde im Seminar weiter nachzudenken und dazu eigenständige Lösungen festzuhalten. Widmen Sie sich nun den folgenden Übungen und lassen Sie dabei Ihr *individuelles Konfliktverhalten* kurz Revue passieren.

- Es entwickelt sich ein Streit zwischen zwei Teilnehmern im Seminar.
- Ein Teilnehmer will bei einer Seminarübung partout nicht mitmachen.

- Ein Seminarteilnehmer stellt die Kompetenz des Trainers in Frage.
- Spielerische Übungen werden von der Mehrzahl der Teilnehmer als »Kindergarten« bezeichnet.
- Eine Teilnehmerin verlässt kurz nach Beginn des Seminars wortlos den Raum und kommt nicht wieder zurück.

Meine Anregungen dazu finden Sie auf Seite 35.

Übung: Wie reagiere ich in folgenden Konfliktfällen?

Notieren Sie nun zu den jeweiligen Konfliktfällen Ihre eigenen Ideen.

1. Konfliktfall:
Es entwickelt sich ein Streit zwischen zwei Teilnehmern im Seminar.

Meine Lösung dazu lautet ...

....

....

....

....

....

2. Konfliktfall:
Ein Teilnehmer will bei einer Seminarübung partout nicht mitmachen.

Meine Lösung dazu lautet ...

....

....

....

....

....

3. Konfliktfall:
Ein Seminarteilnehmer stellt die Kompetenz des Trainers in Frage.

Meine Lösung dazu lautet ...

4. Konfliktfall:
Spielerische Übungen werden von der Mehrzahl der Teilnehmer als »Kindergarten« bezeichnet.

Meine Lösung dazu lautet ...

5. Konfliktfall:
Eine Teilnehmerin verlässt kurz nach Beginn des Seminars wortlos den Raum und kommt nicht wieder zurück.

Meine Lösung dazu lautet ...

Anregungen

Meine Antworten sind hier kurz und knapp zusammengefasst. Auf derartige Konfliktsituationen wird im zweiten, dritten und fünften Kapitel ausführlicher eingegangen.

- Zu 1.: Nachfragen und herausfinden, ob der Streit mit Seminar(inhalten) zu tun hat oder privater Natur ist. Konfliktklärung im Seminar, eventuell ergänzende Pausengespräche mit den beiden Teilnehmern. Bei der Vorbereitung von Übungen in Arbeitsgruppen die beiden Teilnehmer in unterschiedliche Gruppen aufteilen.
- Zu 2.: Nachfragen, um die genauen Gründe zu erfahren. Den Nutzen der Seminarübung für die Gruppe und den entsprechenden Teilnehmer klar darstellen. Allerdings bei einem starkem Widerstand unbedingt die Ablehnung akzeptieren.
- Zu 3.: Ruhig und sachlich bleiben. Herausfinden, welche Trainerkompetenz kritisiert wird (Fach-, Methoden-, Sozial- oder Selbstkompetenz), Beleidigungen »unterhalb der Gürtellinie« nicht akzeptieren und dies auch deutlich artikulieren.
- Zu 4.: Keine Übungen einer Seminargruppe aufdrängen, auch wenn sie vom Trainer »gut gemeint« sind. Widerstand akzeptieren. Alternativen wählen, die weniger spielerisch wirken.
- Zu 5.: Sich nicht zu sehr irritieren lassen. Kurz nachfragen, ob jemand weiß, was mit der besagten Teilnehmerin los ist. Ansonsten das Seminar wie geplant weiterführen.

Die »Vier-Minuten-Übung«

(Negative) Gefühle erleben wir nicht nur, wir können sie auch durch-leben, ihnen mehr Gewicht geben oder Bedeutung nehmen. Dass dies nicht von heute auf morgen geht, liegt auf der Hand. Es braucht viele »Vier-Minuten-Übungen«, um zu wissen, wo unsere Gefühle »sitzen«, welche körperlichen Auswirkungen sie auf uns haben (zum Beispiel Kopf- oder Rückenschmerzen, Schlafstörungen) und wie man zu den eigenen Emotionen Abstand gewinnt. Wer sich jedoch selbst besänftigen kann, kann auch Konfliktsituationen souveräner bewältigen.

Übung: Konflikte und Gefühle – Vier Fragen in vier Minuten

In der vorhergehenden Übung war vor allem Ihre verbale Kompetenz in problematischen Fällen gefragt. In der Auseinandersetzung mit Konfliktsituationen ist allerdings auch die bewusste Reflexion über die eigenen Gefühle wichtig. Negative Gefühle lassen sich leichter ändern, wenn man sie aufmerksam registriert, beobachtet und sich mit ihnen mental auseinandersetzt. Stellen Sie sich bitte folgende Fragen, geben Sie sich *pro Frage eine Minute* Zeit, um sie zu beantworten – dies sollte in schriftlicher Form geschehen.

Spüren Sie überhaupt Ihre negativen Gefühle? (Ärger, Wut, Trauer ...?)

....

Wo sitzen diese Gefühle körperlich (im Bauch, im Rücken, in der Schulter)?

....

Was können Sie tun, um dieses Gefühl noch zu verstärken?

....

....

Was können Sie tun, um dieses Gefühl abzumildern?

....

....

Eine weitere Möglichkeit, besser mit negativen Gefühlen zurechtzukommen, sind Entspannungstechniken wie Yoga oder autogenes Training. Darüber wird im fünften Kapitel mehr zu lesen sein. Nun konzentrieren wir uns erst einmal auf Konflikte zwischen Trainer und Gruppe beziehungsweise zwischen Trainer und einzelnen Teilnehmern.

Kapitel 2
Konflikte im Seminar

„Einstimmig abgelehnt!"

Im zweiten Kapitel stelle ich schwierige Situationen vor, denen Trainer häufig ausgesetzt sind. Probleme mit der Seminargruppe oder mit einzelnen Teilnehmern bestimmen den Seminaralltag und werden daher auch von vielen Trainern, Referenten und Moderatoren als zentrales Konfliktfeld wahrgenommen. Unter Berücksichtigung der verschiedenen Seminarphasen zeige ich Erfolg versprechende Interventionsmethoden auf. Außerdem gebe ich Anregungen, wie die Sprache eines Trainers als Deeskalationsinstrument eingesetzt werden kann.

Konflikte zwischen Trainer und Gruppe

Gruppendynamik, Gruppenkonflikte und Gruppenarbeitsformen

Konflikte mit Gruppenteilnehmern kennen sicherlich viele Trainer aus ihrer Berufspraxis. Nicht immer muss es dabei so extrem zugehen, wie in den beiden Seminardramen im vorhergehenden Kapitel. Im Fallbeispiel B (s. S. 12f.) tritt dabei ein typischer Gruppenkonflikt und Albtraum (fast) jeden Trainers zu Tage: Die Mehrheit der Teilnehmer revoltiert gegenüber der Kursleitung. Aus einer anfänglichen Müdigkeit, gepaart mit Unpünktlichkeiten zu Seminarbeginn, entwickeln sich Missverständnisse und gegenseitige Beleidigungen, die schließlich zu einem vorzeitigen Seminarende führen. Diese Eskalation hat zur Folge, dass der Trainer keine Nachfolgeaufträge erhält, ja sogar der Auftraggeber auf ein klärendes Gespräch verzichtet. Nun stellen sich in diesem Zusammenhang einige spannende Fragen:

- Was hätte der Trainer anders machen können?
- Wann hätte die Deeskalation beginnen können?
- Hätte man den Konflikt überhaupt lösen können?

Zunächst sieht alles nach einem guten Seminarverlauf aus, denn erst am dritten Tag wurde ein Konflikt offensichtlich. Die Gruppe war müde, viele kamen zu spät, weil am Abend vorher kräftig gefeiert wurde. Kein Wunder, dass unser Trainer sich darüber innerlich ärgert, doch statt seinen Unmut sofort nach außen zu tragen, wäre es sinnvoller gewesen, diplomatischer vorzugehen. Die verbalen Spitzen gegenüber verspäteten Teilnehmern hätte er vermeiden können, indem er beispielsweise sagt: »Ich habe schon gehört, dass gestern kräftig gefeiert wurde. Ich hoffe, dass dies Ihr bisheriges Engagement im Seminar nicht beeinträchtigt. Wir diskutieren gerade folgenden Punkt ...« Spätestens nach dem Mittagessen wäre es sinnvoll gewesen, einige aktivierende Methoden einzusetzen, um die Müdigkeit der Gruppe aufzufangen.

Trainer sollten allerdings dabei bedenken, dass nicht nur eigene Vorschläge gefragt sind, sondern sie auch mit den Teilnehmern ein Arrangement zur

Weiterarbeit finden müssen. So hätte der Trainer aus Fall B beispielsweise nach dem Mittagessen sagen können: »Eine Fortsetzung des Seminars scheint mir nicht sinnvoll zu sein, wenn drei Viertel der Gruppe müde und unkonzentriert sind. Ich schlage vor, eine längere Mittagspause einzuplanen. Wer hat noch weitere Vorschläge?« Unabhängig davon, auf was sich Trainer und Gruppe einigen – wichtig ist, dass eine klare Vereinbarung formuliert wird, der sich alle auch verpflichtet fühlen, etwa: Wir treffen uns wieder um 17:00 Uhr im Seminarraum und arbeiten bis 20:30 Uhr.

Trainer sollten mit der Seminargruppe sinnvolle Arrangements der Zusammenarbeit finden

Eine Verweigerung der Zusammenarbeit sowie Aggressionsausbrüche hätten also durchaus verhindert werden können, falls der Trainer bereit gewesen wäre, von seinem geplanten Ablauf abzuweichen, und Vorschläge offen diskutiert worden wären.

Das Abspulen eines Seminarprogramms wird bestraft, wenn die Mehrzahl der Gruppe die Zusammenarbeit verweigert. Ungeschickt und konfliktverschärfend war auch die Entscheidung des Trainers, keine Feedbackbogen zu verteilen. Damit wurde den Teilnehmern ein Instrumentarium verweigert, das dazu dient, ihren Ärger schriftlich ausdrücken zu können.

Hinzu kommt, dass der Trainer durch den Verzicht auf die Resonanzbogen den Auftraggeber ebenfalls brüskiert. Dieser erhält zwar einen schriftlichen Seminarbericht des Trainers, nicht jedoch dokumentierte Äußerungen der Teilnehmer. Ob diese Tatsache mit zum Zerwürfnis zwischen Trainer und Kunde beigetragen hat, kann nur vermutet werden. Dass der Auftraggeber ein klärendes Gespräch mit dem Trainer verweigert, ist sicherlich bedauerlich. Der Konflikt wurde einseitig beendet, ohne ihn zu klären.

Fazit: Man hätte durchaus diesen Konflikt lösen können, da es verschiedene Interventionsmöglichkeiten im Seminarverlauf gab. In jeder Konfliktsituation ist es für Trainer wichtig, sich selbst auf die Metaebene zu begeben und den Konflikt von außen zu betrachten, um zunächst einmal die verschiedenen Interessen aller Beteiligten erfassen zu können. Dazu gehört auch, Abstand zu sich und den eigenen, inneren Gefühlen zu gewinnen. Trainer sollten sich stets um eine Balance zwischen Stoffvermittlung (Thema), Gruppeninteressen und individuellen Interessen bemühen. Eigene Trainervorschläge zur Lösung kritischer Seminarsituationen sind notwendig, doch gilt es ebenso, die Ideen der Gruppe einzufordern. Wenn dies gelingt, dann kann jedes Konfliktfeuer gelöscht werden und wird somit keinen Flächenbrand wie im geschilderten Fallbeispiel erzeugen. Um generell besser Konflikte einschätzen und lösen zu können, möchte ich einige grundlegende Gruppenprinzipien in Erinnerung rufen.

Trainer müssen auf eine Balance zwischen den verschiedenen Interessen der Teilnehmer und dem Seminarthema achten

Was passiert, wenn Mensch auf Mensch trifft? Was läuft in Gruppen ab?

»Für den ersten Eindruck gibt es keine zweite Chance!« Untersuchungen über Körpersprache beweisen, wie entscheidend der erste Eindruck ist, wenn sich Menschen begegnen. Innerhalb kurzer Zeit entscheiden wir uns, ob uns jemand sympathisch ist oder nicht. Die »Kraft des Aussehens« wirkt zunächst stärker als die »Kraft der Worte«. Jeder Mensch ist zwar ein Individuum, trotzdem auch gleichzeitig »Spiegel« für das Gegenüber. Dies hat zur Folge, dass man Ähnlichkeiten und Unterschiede in dem anderen zu erkennen glaubt, was Sympathien und Antipathien hervorrufen und verstärken kann. Der erste Eindruck prägt den alltäglichen Umgang mit anderen und zeigt demnach auch Auswirkungen, wenn sich Teilnehmer in einem Seminar zu ersten Mal begegnen. Doch bestimmten noch weitere grundlegende Phänomene den Trainingsverlauf mit – dies übrigens unabhängig von der inhaltlichen Ausrichtung des Seminars. Trainer sollten sich dabei die folgenden Fakten vor Augen führen.

Seminargruppen sind immer ein Ort für Übertragungen: Wenn Mensch auf Mensch trifft, spielen nicht nur Sympathie und Antipathie eine Rolle. Erwachsene transportieren mit ihren Lebenserfahrungen auch ihre jeweiligen (Denk-)Muster und Verhaltensweisen. Bei manchen werden alte Erinnerungen wach – erhellende oder schmerzliche – und prägen das Seminar. Man sieht in bestimmten Gruppenteilnehmern Kollegen, Mütter, Vorgesetzte oder andere Personen und überträgt gedanklich bestimmte Eigenschaften auf diese.

Seminargruppen sind immer ein Ort für Feedback: In jedem Seminar erfahren die Beteiligten, wie sie auf andere wirken, sei es etwa durch die direkte Formulierung: »Du bist eine rhetorisch gewandte Persönlichkeit, weil ...« oder »Ich empfinde deine Aussage unerhört, weil ...« oder »Du hast jetzt schon lange genug geredet, fass dich mal kurz.« – Egal, ob solche Kommentare positive oder negative Gefühle bei den Adressaten auslösen, fest steht: Menschen erfahren im Seminar Rückmeldungen zu ihrer Person und dies lässt niemanden kalt.

Seminargruppen sind immer ein Ort, an dem sich viele Rollen treffen: Wir alle nehmen unterschiedliche Rollen ein – beruflich wie privat. In jeder Rolle zeigen wir Teile unsere Persönlichkeit und erzielen damit Wirkung. Während eines Seminars können Menschen viel verschiedene Rollen offenbaren, die sie in anderen Situationen so nicht einnehmen würden.

Wie kann sich ein Trainer oder eine Trainerin auf solche Phänomene gezielt vorbereiten? – Denn: Bereits in der *Anfangsphase* lassen sich bestimmte Gefühle und Verhaltensweisen steuern und kanalisieren.

Vertraulichkeit ist eine wichtige Seminarbasis

In vielen Kursen, vor allem bei Inhouse-Schulungen, habe ich die Erfahrung gemacht, dass sich Teilnehmer um das Thema »Vertraulichkeit« sorgen. Sie befürchten, dass Informationen über die eigene Person nach außen getragen werden. Wenn der Trainer dies von Beginn an thematisiert, wird natürlich das Gefühl »verraten zu werden« nicht ad hoc verschwinden, aber der Teilnehmer erkennt, dass dies auch für die Seminarleitung ein wichtiges Thema ist. Fakt ist: Jeder Trainer ist, streng genommen, ein »Geheimnisträger«, denn ein Seminar sollte in einer geschützten Atmosphäre stattfinden, sodass sich die Teilnehmer möglichst offen äußern können. Ohne ein gewisses Grundvertrauen ist dies nicht möglich, daher sollte ein professioneller und seriöser Trainer diese Vertraulichkeit nicht nur verbal vermitteln, sondern auch vorleben.

> Ein Beispiel: In einer Train-the-Trainer-Fortbildung berichtete eine Referentin über einen schwierigen Workshopverlauf. Die Übungen und die Präsentationen verliefen zäh, sie selbst empfand das Training als lähmend und wenig inspirierend und fragte sich, was sie ändern könnte. In ihrer Not beschloss sie, ihre Ängste offen auszusprechen und gleichzeitig ihre Wünsche und ihr Selbstverständnis als Trainerin zu formulieren. Sie hielt dazu eine kleine Rede. Die Gruppe war danach wie verwandelt. Was war geschehen? – Einige Teilnehmer sagten, dass sie erst jetzt verstanden hätten, was ein Workshop überhaupt sei und was die Trainerin von ihnen erwarten würde.

Die Referentin achtet nun in Zukunft darauf, dass sie bei einem Seminar mit einer neuen, ihr unbekannten Gruppe die jeweilige Trainingsform und ihre Rolle als Kursleitung kurz erläutert.

Trainer und Gruppe haben Einfluss

Außenstehende sehen häufig die »Machtverteilung« in einem Seminar von Beginn an festgelegt: Der Trainer als Leiter gibt den Ton an, die Gruppe hat zu »gehorchen« und mitzuarbeiten. Davon abgesehen, dass Begriffe wie »Befehl und Gehorsam« den Ansprüchen moderner Erwachsenenbildung nicht gerecht werden, vernachlässigt die angebliche Machtstellung eines Trainers die Dynamik einer Situation und der daran Beteiligten. In jeder Situation haben Menschen Macht im Sinne von »Einfluss nehmen können«. Wenn wir die Definition des berühmten Staatsrechtlers und Soziologen Max Weber (1877 bis 1920) heranziehen: »Macht ist die Möglichkeit, den eigenen Willen anderen aufzuzwingen« –, dann kann von Macht zwischen Teilnehmern und Trainern keine Rede sein, denn ein Trainer kann eine Gruppe von Erwachsenen nicht zum Lernen zwingen. Dennoch wissen wir, dass Machtspiele in Seminaren an der Tagesordnung sind: Teilnehmer agieren beispielsweise als Co-Trainer oder ein Teilnehmer möchte einem Kollegen seine Überlegenheit beweisen, indem er bestimmte Aufgabenstellungen schneller und kreativer löst.

Macht im Sinne von bewusster Einflussnahme ist jedoch nur möglich, wenn das Gegenüber dieses »Spiel« mitmacht. Jede Seite hat also die Chance, an Einfluss zu gewinnen oder zu verlieren. Trainer sollten nicht nur wissen, dass sie gleichzeitig mächtig *und* ohnmächtig sind, sondern sich stets darum bemühen, die auftretenden Konflikte souverän als Moderator zu lösen, um dadurch eine Gruppenbalance zu ermöglichen. Moderator sein bedeutet, gemäßigt vorzugehen und sich als Person möglichst objektiv allen Teilnehmer gegenüber zu verhalten. Wenn eine Seminarleitung die Haltung vermittelt, dass Lernen unter gleichberechtigten Partnern geschieht, dann hat jede Seite Einfluss – Trainer wie Gruppe. Lernen im Seminar zeigt immer dann positive Auswirkungen, wenn es gemeinsam gelingt, dass

- eine gute Arbeitsatmosphäre herrscht,
- Missverständnisse rasch und befriedigend geklärt werden,
- eine wertschätzende Sprache gesprochen wird,
- man sich gegenseitig zuhört,
- gemeinsam an Lösungen gearbeitet wird,
- die Teilnehmer neue Erkenntnisse und Anregungen für ihren Berufsalltag gewinnen.

Trainer und Gruppe sind beide für den Seminarerfolg verantwortlich

Trainer sind für ein Seminar verantwortlich, tragen jedoch nicht die alleinige Verantwortung für den Erfolg eines Trainings. Bei Konflikten muss die Seminarleitung bereit sein, sich in der Rolle der Moderation oder des Streitschlichters zu begeben. Ansonsten sollte er immer wieder die *Gruppe in die Pflicht nehmen*, indem er ihnen Aufgaben überträgt, sie in Übungen handeln und bei Konflikten gemeinsam Lösungen erarbeiten lässt.

In Gruppen funkt und kracht es hin und wieder – kein Wunder, da hier verschiedene Persönlichkeiten aufeinandertreffen. Ein Trainer kann es durchaus als Erfolg verbuchen, wenn seine Seminare dazu beitragen, die Unterschiedlichkeit von Personen, die Möglichkeiten verschiedener Handlungsmuster sowie die Toleranz und den Respekt vor der Andersartigkeit zu erhöhen.

Vom Ankommen, Arbeiten und Abschied nehmen

Die typischen (Konflikt-)Phasen eines Seminarverlaufs

Obwohl es in jeder Seminarphase zu Konflikten kommen kann, muss immer wieder betont werden, dass durch eine *gute Vorbereitung* bereits der Boden für ein erfolgreiches, konfliktarmes Training bereitet werden kann. Wenn ein Trainer ein gutes Seminardesign entwickelt hat und sich fachlich wie mental gut eingestimmt hat, ist ein wichtiger Schritt hinsichtlich Konfliktprophylaxe getan – auch wenn man vor negativen Überraschungen dennoch niemals gefeit ist. Jedes Training lässt sich in verschiedene Abschnitte unterteilen – die übliche Einteilung lautet:

> Gehört oder gelesen ist noch nicht aufgenommen.
>
> Aufgenommen ist noch nicht behalten.
>
> Behalten ist noch nicht verstanden.
>
> Verstanden ist noch nicht einverstanden.
>
> Einverstanden ist noch nicht angewendet.
>
> Angewendet ist noch nicht beibehalten.
>
> *(Seminarweisheit)*

- Planung,
- Einstieg,
- Hauptphase,
- Abschluss.

Viele Seminarleiter betrachten dabei die Hauptphase als entscheidende Lernphase – sozusagen als »Filetstück« eines Seminars. Analog dazu stellt die *Planung* eines Trainings den Einkaufszettel dar, der erstellt wird, um sich und seinen Gästen eine herrliches Menü zu kochen. Wenn wichtige Zutaten vergessen werden, stört dies zwar nicht den Kochvorgang, aber der Pepp beziehungsweise das gewisse Extra fehlt, wenn beispielsweise der frische Thymian beim Einkaufen vergessen wurde. – Für Trainer bedeutet dies: Die äußeren Rahmenbedingungen wie Raumgestaltung, Raumgröße, Materialien, Medieneinsatz sowie das inhaltliche Konzept können bereits Konfliktstoff bergen und sollten deshalb sorgfältig geplant werden.

Da in jeder Phase eines Seminars Übertragungen, Interpretationen, Unmut am Lernen, Missverständnisse, Irritationen stattfinden können, ist es zusätzlich sinnvoll, sich im Vorfeld mental mit verschiedenen Menschentypen auseinanderzusetzen – ein Thema, das in der Literatur durchaus Beachtung findet (s. Lelord 1998) und auf das ich noch gesondert eingehen werde (s. S. 74f.) Neben der Vorbereitung bieten jedoch die verschiedenen Seminarphasen zahlreiche Möglichkeiten, um unterschiedliche Interventionen einzusetzen. Wenden wir uns nun also möglichen Deeskalationsstrategien beim Einstieg, während des Trainings und in der Abschlussphase zu.

Konflikte beim Seminareinstieg: Wehret den Anfängen!

Der Start in ein Seminar sollte wohlüberlegt sein, denn wie schnell er misslingen kann, zeigt folgendes Beispiel:

»Handy bitte sofort ausschalten!« stand in großen Lettern auf dem Flipchart, als ich vor einigen Jahren als Teilnehmerin einen Seminarraum betrat. Der Schulungsleiter begrüßte mich mit Handschlag, deutete, auf die Nachricht am Flipchart und bat mich, mir einen Platz zu suchen. Gleiches widerfuhr den anderen Teilnehmern. Der Handy-Appell verfehlte seine Wirkung nicht, sorgte er doch für ein angespanntes Klima schon zu Beginn des Seminars. Bereits in der Vorstellungsrunde wurde deutlich, dass zwei Teilnehmer nicht gewillt waren, sich an die Aufforderung zu halten (mit Argumenten wie »Ich erwarte ein wichtiges Gespräch« oder »Meine Frau liegt im Krankenhaus«). Es entwickelte sich eine Diskussion über pro und contra Handy und schließlich auch darüber, dass man es als eine Albernheit ansah, eine solche Nachricht auf Flipchart überhaupt aufzuschreiben. »Bin ich hier vielleicht in der Schule?«, fragte ironisch ein 45-jähriger Mann.

Dieses Beispiel zeigt, wie gut gemeinte Aufforderungen, die Adressaten falsch verstehen beziehungsweise unangenehm berühren können. Der Kursleiter hatte einfach nicht das Konfliktpotenzial erkannt, das in Appellen wie »Handy bitte sofort ausschalten« liegen kann.

Konkrete Vorschläge formulieren statt Befehle zu geben

Was wäre stattdessen sinnvoll gewesen? – Hilfreich ist es in solchen Fällen, wenn Sie als Trainer Befehle unterlassen und gleich zu Beginn den Teilnehmern konkrete Vorschläge an die Hand geben.

So können Sie beispielsweise sagen: »Ich werde etwa alle zwei Stunden eine Pause machen. Dann besteht Gelegenheit für Sie, nicht nur zu relaxen, sondern auch zu telefonieren. Ansonsten empfehle ich Ihnen allen, Ihre Mailbox einzuschalten und wirklich nur in ganz dringenden Fällen außerhalb der Pausenzeiten zum Handy zu greifen. Ist das ein Vorschlag, den Sie alle mittragen können?«

Meist stimmt die Gruppe zu, und das Thema hat sich damit erledigt. Ist dennoch Widerstand in der Gruppe vorhanden, sollten Sie gemeinsam Regelungen finden, wie mit Telefonaten während des Seminars umgegangen werden kann. Der beste Weg ist (der einfachste Weg muss es nicht unbedingt sein), alle reihum kurz zu Wort kommen lassen und dann abzustimmen.

Anfangskonflikte können jedoch nicht nur durch Sachfragen ausgelöst werden, sondern sie können auch durch einzelne Personen entstehen, beispielsweise durch verspätet ankommende Teilnehmer. Manche Trainer wollen ihre Gruppe dahin »erziehen«, dass sie auf die Minute genau beginnen und jeder, der zu spät kommt, sich selbst um den versäumten Stoff kümmern muss, da es weder Wiederholungen noch Integrationsversuche seitens des Trainers gibt. Ein Trainer erzählte mir in einer Coachingsitzung, dass er bewusst »pünktlich auf die Minute beginnt und damit eine klare Ausgangslinie für alle Teilnehmer schafft«.

Ich bin der Meinung, Pünktlichkeit muss nicht eine Sekundenangelegenheit sein. Ein Seminarbeginn sollte keinesfalls mit dem Startschuss bei einer Sportveranstaltung verwechselt werden. Daher bin ich davon überzeugt, dass die stringente Vorgehensweise des besagten Trainers mehr Unmut als Verständnis erzeugt, zumal sich viele Teilnehmer dadurch provoziert fühlen. Der Seminarleiter schafft dadurch eine Ausgangslage, die auf Kampf ausgerichtet ist und im Verlauf des Trainings weiter eskalieren kann. Als Alternative bietet sich ein etwas zeitlich verzögerter Einstieg an. Stellen Sie sich folgende Situation vor:

> Das Seminar beginnt um 9:00 Uhr, fünf von neun angemeldeten Personen sind anwesend. Sie als Trainer können zum Beispiel sagen »Ich warte noch zehn Minuten, dann werde ich mit dem Training anfangen. Es kann ja sein, dass der eine oder die andere im Stau steckt. Wir werden also in zehn Minuten starten.«

Wichtig ist natürlich, dass Sie sich anschließend an Ihre eigene Ankündigung halten, also auch um 9:10 Uhr das Seminar offiziell eröffnen und die Vorstellungsrunde einleiten. Die Teilnehmer, die dann zu spät kommen, werden mit einem kurzen Kopfnicken begrüßt und bekommen im Anschluss an die bereits stattfindende Einstiegsrunde die Möglichkeit, sich mit wenigen Sätzen selbst vorzustellen.

Schließlich noch eine dritte Konfliktfalle, mit der Trainer zu Beginn häufig konfrontiert sind:

Bei einer Inhouse-Schulung, so erzählte mir ein Trainer, wählte er als Einstiegsmöglichkeit die bekannte Methode »Paarinterview«. Er gab den Teilnehmern dafür insgesamt 20 Minuten Zeit. Nach bereits acht Minuten sahen alle Teilnehmer den Trainer erwartungsvoll an. Dessen Kommentar lautete: »Sie sind aber flink. Dann können wir ja gleich mit der Vorstellungsrunde beginnen.« Darauf erwiderte eine Frau genervt: »Wir kennen uns ja auch alle. Haben Sie keine anderen Spielchen auf Lager?«

Herkömmliche Vorstellungsrunden »aufpeppen«

Welche Fehler werden hier deutlich? Der Trainer hat sich in der Vorbereitung zu wenig Gedanken darüber gemacht, mit welcher Zielgruppe er arbeiten wird. Bei Inhouse-Seminaren ist stets damit zu rechnen, dass sich viele oder zumindest einige Mitarbeiter bereits kennen, weil sie beispielsweise in der gleichen Abteilung arbeiten. Motivierend können schon kleine Ergänzungen der üblichen Vorstellungsfragen sein. So lasse ich in Seminaren, in denen sich die Teilnehmer kennen, bunte Moderationskarten ziehen, auf denen verschiedene »verrückte« Fragen stehen, etwa:

- Welches Vorbild hatten Sie als Jugendlicher?
- Welches Buch würden Sie auf eine einsame Insel mitnehmen?
- Was würden Sie tun, wenn Sie eine Million Euro im Lotto gewinnen?

Durch die Beantwortung dieser Fragen entsteht meist zu Beginn eine lockere Atmosphäre. Alle sind neugierig und gespannt auf die Antworten, die kommen werden. Ich weise allerdings auch darauf hin, dass Teilnehmer »passen« können, wenn ihnen bestimmte Fragen zu intim erscheinen. Weitere Übungen, die in Anfangssituationen sinnvoll sind, beschreibt übrigens Gudrun Wallenwein in ihrem Buch »Spiele: Der Punkt auf dem i« (s. Literaturverzeichnis).

Einstiegsübungen sollten sich an der Gruppengröße und Seminardauer orientieren

Generell gilt: Einstiegsmethoden sollten sich an der Gruppengröße und an der Seminardauer orientieren. Trainer müssen von Beginn an mit Konflikten rechnen, können jedoch rechtzeitig deeskalieren, wenn sie entsprechende Signale aus der Gruppe ernst nehmen.

Im geschilderten Fall wäre es beispielsweise konfliktmildernd gewesen, auf den Kommentar der Teilnehmerin wie folgt zu reagieren: »Sorry, ich habe tatsächlich vergessen, dass Sie sich ja bereits alle kennen. Dennoch bitte ich Sie um eine kurze Vorstellungsrunde, da ich als Trainer niemanden von Ihnen kenne. Ich überlasse es Ihnen, ob Sie nun etwas zu sich selbst oder zu Ihrem Gesprächspartner sagen möchten.«

Anfangskonflikte vermeiden beziehungsweise reduzieren

- Stellen Sie der Gruppe die Rahmenbedingungen des Seminars dar und machen Sie Vorschläge zum organisatorischen Ablauf. Dazu gehören neben den Pausenzeiten auch Informationen über Handynutzung im Seminar.
- Finden Sie mit der Gruppe gemeinsame Regelungen, falls es zu unverhofften Komplikationen kommt.
- Gehen Sie mit gutem Beispiel voran. Eröffnen und beschließen Sie pünktlich das Training. Dies gilt auch für die Fortsetzung des Seminars nach einer Pause. Manche Trainer orientieren sich am so genannten »akademischen Viertel« (15 Minuten) als Richtlinie, um zeitliche Verzögerungen im Rahmen zu halten.
- Überlegen Sie sich sinnvolle Einstiegsübungen, passend zum jeweiligen Seminarzeitrahmen. Wenn sich eine Gruppe bereits gut kennt, sollten Sie Übungen wählen, bei denen die Teilnehmer Neues voneinander erfahren, wie beispielsweise ungewöhnliche Fragen stellen. Als Orientierung gilt ferner: Je kürzer ein Training ist, umso rascher sollten Sie als Trainer zum Punkt kommen und Einstiegsübungen wählen, die wenig Zeit beanspruchen.
- Entschuldigen Sie sich, wenn Sie als Trainer den Einstieg selbst vermasseln.

Hauptphase: Strukturieren, intervenieren, motivieren, Konflikte lösen

In einem Seminar geht es im Wesentlichen darum, miteinander zu arbeiten und in einen gemeinsamen Lernrhythmus zu kommen, von dem möglichst alle profitieren. Arbeiten heißt aber auch, Pausen machen, wieder anknüpfen, weiterspinnen. In diesem Zeitraum kann im Extremfall eine Lawine von Konflikten den Trainer und die Gruppe überrollen. Unabhängig von der Dauer eines Trainings sind in der Regel die Konzentration und Aufmerksamkeit zu Beginn sehr hoch, nehmen dann zwar im weiteren Verlauf allmählich ab, enden jedoch idealerweise mit einer zufriedenen und motivierten Gruppe.

Konflikte können sich dabei in jeder Seminarphase ergeben, denn nach einer Phase des Kennenlernens und gegenseitigen Abtastens werden bewusst und/oder unbewusst Rollen geklärt, Regeln der Zusammenarbeit erstellt und Probleme destruktiv oder konstruktiv gemeinsam gelöst.

Das Konfliktspektrum in einem Seminar ist breit und umfasst verschiedene Schwierigkeitsgrade

Wie mir Trainerkollegen und -kolleginnen bestätigen, gibt es durchaus *unterschiedliche Schwierigkeitsgrade* in der Hauptphase eines Seminars zu bewältigen. Das Konfliktspektrum reicht von Motivationsproblemen bis hin zur Lagerbildung von streitenden Teilgruppen oder sogar Totalverweigerung gegenüber dem Trainer. Nachstehend werde ich mich daher vor allem diesen drei Bereichen zuwenden, beginnend mit dem »dicksten Brocken« – der Totalverweigerung beziehungsweise der Fundamentalkritik.

Konfliktfeld Totalverweigerung

»Ein Training durchzuführen ist für mich jedes Mal ein Gefühl, als ob ich eine Prüfung ablegen müsste«, stellte eine Kollegin einmal ernüchtert fest. Und in der Tat ist dieser Vergleich durchaus angebracht, wenn wir uns vor Augen führen, dass eine Seminargruppe bewusst oder unbewusst die Seminarleitung testet. Der Hamburger Professor Dr. Schulz von Thun, der Erfinder des Vier-Seiten-Kommunikationsmodells (siehe fünftes Kapitel), spricht in diesem Zusammenhang von den »vier Zähnen«, auf die die Teilnehmer dem Trainer fühlen können (Schulz von Thun 1993).

Teilnehmer fühlen Trainern gerne auf den »Zahn«

- Der erste Zahn heißt *Echtheit*: Nimmt man »dem da vorne« sein Verhalten ab? Wirkt er insgesamt in seiner Persönlichkeit stimmig? Ist er authentisch?
- Der zweite Zahn heißt *Behandlung*: Werde ich als Teilnehmer, wird die Gruppe insgesamt vom Leiter fair behandelt?
- Der dritte Zahn heißt *Kompetenz*: Weiß »der da vorne« überhaupt, wovon er spricht? Ist er ein guter Fachmann beziehungsweise ist sie eine gute Fachfrau?
- Der vierte Zahn heißt *Souveränität*: Kann der Trainer souverän mit Konflikten umgehen? Ist er humorvoll oder verbissen?

Nun ist es sicherlich nicht die Regel, dass in jedem Seminar jeder Teilnehmer jeden Trainer so dezidiert unter die Lupe nimmt. Dennoch ist gerade der »Kompetenzzahn« ein beliebter Bereich, an dem sich die Fundamentalkritik der Gruppe entzünden kann. Dazu folgendes Beispiel eines Trainers:

> »Einige Teilnehmer – insgesamt vier von zwölf Personen – haben meine Fachkompetenz infrage gestellt. Das äußerte sich darin, dass sie zu mir im Seminar mehrfach sagten: ›Das haben Sie aber schlecht erklärt!‹ In der Abschlussrunde wiederholten sie nochmals ihre Kritik an meiner Person und bestätigten sich gegenseitig, dass sie absolut nichts Neues gelernt hätten.«

Wie kann man sich als Trainer in einer solchen Situation verhalten? – Verständlich wäre es zunächst, wenn dem Kursleiter nicht nur innerlich, sondern auch äußerlich der Kragen platzt – er würde sich damit allerdings nur selbst schädigen und seine Position schwächen. Hilfreich ist es in einem solchen Fall, auf drei Ebenen zu intervenieren.

Erste Ebene: Nachfragen, was nicht in Ordnung ist und woran sich die Kritik konkret entzündet. Damit wird deutlich, auf was sich die Kritik bezieht – auf die Person des Trainers oder vielleicht auf etwas anderes?

Zweite Ebene: Den Rest der Gruppe, der sich neutral verhält oder gegenüber dem Trainer positiv gestimmt ist, einbinden. Hier ist es möglich, sich an *einzelne* Teilnehmer zu wenden und Fragen zu stellen, etwa: »Herr Meier, was ist Ihre Meinung zu diesem Punkt?« Damit kann der Trainer erreichen, dass nicht nur die vier Kritiker im Seminar zu Wort kommen. Ferner sollte sich der Trainer vor Augen führen, dass er die *Mehrheit der Gruppe* für das Seminarthema durchaus begeistern kann. Zum Beispiel kann der Trainer durch den Einsatz interaktiver Übungen in Arbeitsgruppen oder durch Kartenabfrage im Plenum (verbunden mit einer professionellen Auswertung) seine Kompetenz verdeutlichen.

Dritte Ebene: Persönliche Grenzen aufzeigen, indem man einen sachlichen Ton einfordert. Gerade erwachsene Teilnehmer müssen registrieren, dass auch sie zu einem respektvollen Miteinander verpflichtet sind. Trainer können darauf hinweisen, indem sie zum Beispiel sagen: »Das ist aber wirklich harter Tobak, den Sie mir hier vorwerfen. Allerdings wünsche ich mir, dass Sie in einem anderen Tonfall Ihre Kritik an meiner Person äußern!«

Eine andere Herangehensweise ist gefragt, wenn nicht der Trainer selbst im Kreuzfeuer der Kritik steht, sondern die Gruppe sich strikt weigert, *bestimmte Übungen* durchzuführen, und sich in eine Konsumhaltung zurückzieht. Dann kann es zu folgenden Blockadehaltungen kommen, wie mir zwei Kommunikationstrainerinnen vor einiger Zeit schilderten:

> »Als ich einige spielerische Übungen in einer Schulung einsetzen wollte, die auflockern sollten, wurden sie von der Gruppe als ›Kindergarten‹ bezeichnet. Wobei die Gruppe im Rahmen einer kontinuierlichen Fortbildung mehrere Block-Unterrichtseinheiten nacheinander hatte. Daher vermute ich, dass keiner der anderen Dozenten pädagogisch fantasievolle Formen im Unterricht umsetzte und ich eine der wenigen war, die sich darum bemühte. Es war jedoch erfolglos. Keine Intervention hat gefruchtet. Die Gruppe hat sich partout verweigert.«
>
> Ihre Kollegin berichtete von ähnlichen Erfahrungen, allerdings mit positivem Ausgang: »Ich hatte vor einiger Zeit eine Seminargruppe, die voll auf

Konsum ausgerichtet war. Niemand hatte Interesse, sich auf ein Rollenspiel oder andere Seminarmethoden einzulassen. Ich habe mich dann auf meine Rolle als Fachreferentin konzentriert. Einige Wochen später fand eine weitere Fortbildung statt. Ich habe all meinen Mut zusammengenommen und nochmals den Versuch gewagt, einige kreative Übungen zu machen. So habe ich eine Übung gemacht, die ich »visuelle Stimulanz« nenne. Die Teilnehmer bekommen von mir einige vorbereitete Fragestellungen zu dem Seminarthema. Zusätzlich stelle ich verschiedene Bilder, Fotos, Postkarten zur Verfügung. In Kleingruppen zu dritt tauschen sich die Teilnehmer darüber aus, welche Lösungen ihnen einfallen, wenn sie Bild und Frage miteinander verknüpfen. Nach anfänglicher Skepsis haben immerhin zwei Drittel der Gruppe mitgemacht und waren danach ganz angetan davon, welche Einfälle zustande gekommen sind.«

Zunächst einmal ist es immer schwierig, mit Gruppen zu arbeiten, die interaktive Methoden nicht kennen oder negative Erfahrungen damit gemacht haben. Wenn wir jedoch die beiden geschilderten Fälle analysieren, fällt auf, dass sich die Aggression nicht gegen die Referentinnen, sondern vielmehr gegen ihr Methodenset gerichtet hat.

Den Nutzen von Übungen deutlich herausstellen

Für Trainerinnen und Trainer ist es durchaus ein mentaler Unterschied, ob sie als Person abgelehnt werden oder ob es Sachthemen sind, an denen sich Kritik und Konflikte entzünden. Hier geht es also weniger darum, sich selbst zu schützen, als um eine bestimmte Vorgehensweise zu »werben«. Falls Sie als Trainer in ähnliche Konfliktsituationen geraten, schlage ich Ihnen folgendes Vorgehen vor: Verdeutlichen Sie auf jeden Fall den *Nutzen der Übung* für die Zielgruppe und machen Sie neugierig auf die geplante Übungseinheit. Dazu zwei Anregungen:

»Wenn wir hier im Seminar lediglich über berufliche Probleme und Theoriemodelle reden würden, ohne die konkrete Anwendung in der Praxis zu berücksichtigen, wäre Ihnen sicherlich nicht geholfen. Die folgende Übung gibt Ihnen die Möglichkeit, neue Verhaltensmuster auszuprobieren, die wir vorhin in der Diskussion angesprochen haben. Nach dieser Übung fällt es Ihnen leichter zu beurteilen, welche Reaktionen Sie damit an Ihrem Arbeitsplatz auslösen.« – *oder*

»Ich registriere durchaus ein gewisses Unbehagen gegen diese Übung. Ich bitte Sie jedoch zu bedenken, dass Kritik dann am fruchtbarsten ist, wenn man weiß, wovon man überhaupt redet. Bevor Sie also die von mir vorgeschlagene Übung ablehnen, wäre es sinnvoll, wenn Sie sie erst einmal ausprobieren. In der anschließenden Auswertung werden wir gemeinsam die Pros und Contras diskutieren. Also, wer von Ihnen möchte sich nun engagieren?«

Bei der ersten Antwort ist die Wahrscheinlichkeit groß, dass der Trainer die Gruppe insgesamt von der Übung überzeugen kann. Bei der zweiten Antwort – diese Aussage habe ich übrigens von einem Kollegen übernommen – wird vielmehr auf das Engagement einiger Freiwilligen gesetzt in der Hoffnung, dass sich nach und nach die ganze Gruppe aktiv einbringt. Das birgt ein gewisses Risiko, kann jedoch durchaus funktionieren, wie der Kollege mir bestätigte.

Nicht zu früh aufgeben und Gründe für den Widerstand herausfinden

Falls sich trotz aller Bemühungen *alle* Teilnehmer verweigern, können Sie als Trainer nichts anderes tun, als dies zu akzeptieren. Analysieren Sie nach dem Training nochmals die möglichen Widerstände, reden Sie auch mit einem Kollegen darüber, um eventuell neue Anregungen zu bekommen. Und – ganz wichtig – lassen Sie sich davon in Ihrer interaktiven Seminarausrichtung nicht einschüchtern. Denn wie das Beispiel der einen Kommunikationstrainerin zeigt, höhlt steter Tropfen den Stein. Sprich: Mit einer gewissen Beharrlichkeit lassen sich auf Dauer durchaus Erfolge erzielen. Die Trainerin hat sich einfach nicht entmutigen lassen. Eine Übung (visuelle Stimulanz) brachte dann den Durchbruch. Man sieht also daran: Totalverweigerung als Konfliktfeld ist durchaus lösbar!

Tipps für Trainer: Wenn sich die Aggression gegen den Trainer oder gegen Seminarübungen richtet

- Vor dem Seminar eine innere Checkliste anlegen: Was lasse ich mir als Trainer bieten? Und wann ist Schluss mit meinem Verständnis?
- Fragen stellen, auf was sich die Kritik bezieht – Person oder Sache?
- Neutrale Teilnehmer einbinden, um nicht nur die Kritiker zu Wort kommen zu lassen.
- Das eigene Expertentum verdeutlichen. Ideal ist es, wenn man es zeigen kann durch *Tun*, manchmal sollte man es durchaus auch verbalisieren (»Ich bin spezialisiert auf ...«).
- Persönliche Grenzen aufzeigen, indem man einen sachlichen Ton einfordert.
- Den Nutzen von Methoden und Übungen verdeutlichen und diese aktiv verkaufen.
- Übungen auswählen, die weniger »spielerisch« wirken.
- Geduld und Beharrlichkeit gegenüber der Gruppe zeigen.
- *Notfalls* als Fachreferent agieren und auf interaktive Methoden gänzlich verzichten.

Im folgenden Beispiel haben wir es mit einem interpersonellen Konflikt zu tun, in dem sich zwei Teilgruppen »bekriegen«.

Konfliktfeld Lagerbildung

»Haben Sie schon einmal einen Frontenkrieg erlebt«, fragte mich eine Trainerin in einem Coaching. »Ich hatte nämlich kürzlich eine klare Lagerbildung im Seminar. Zwei Gruppen gingen recht aggressiv gegeneinander vor. Anfangs gab es noch unschlüssige Teilnehmer, die sich allerdings nach einer gewissen Zeit auf eine der beiden Seiten geschlagen haben. Hintergrund war der, dass in dieser Inhouse-Schulung sich eine Pro- und Contra-Front gegenüber der anstehenden Unternehmensfusion zeigte. Es ging heftig zur Sache. Ich habe mich bemüht, meiner Rolle als Moderatorin gerecht zu werden. Ich habe diesen Frontenkrieg zum Thema gemacht, die anderen Seminarinhalte zurückgestellt und beiden Parteien angeboten, ihren Streit im Plenum auszutragen – unter meiner Mitwirkung. Das hat die Aggression etwas aus dem Seminar genommen. Gelöst wurde der Konflikt jedoch nicht, weil sich das Unternehmen ja insgesamt in einem Umstrukturierungsprozess befand.«

In der Praxis ist dies ein häufig auftretender Konfliktfall. Wie ist die Trainerin damit umgegangen? Und welche Verhaltenstipps sind für solche und ähnliche Situationen hilfreich?

Das klassische Analysefeld für Lagerbildungen bietet für mich das Eskalationsmodell von Glasl (s. S. 23f.). Ich erinnere daran, dass ein Frontenkrieg zwischen zwei Gegnern primär auf den ersten drei Stufen eingedämmt werden kann. Weitere Klärungsphasen müssen außerhalb eines Trainings stattfinden, da sie den Rahmen eines Seminars sprengen würden. Dies ist auch in diesem Beispiel deutlich geworden: Die Trainerin konnte nur bedingt intervenieren, da der Konflikt zwischen den beiden Gruppen ja eng mit einer umfassenden Neuorganisation des Unternehmens (= Auftraggeber) zusammenhing. Daher ist es in solchen Fällen angebracht, als Trainerin oder Trainer sich primär auf die *Konfliktklärung im Seminar* zu konzentrieren, da eine umfassende Konfliktlösung hier nur außerhalb des Trainings möglich ist (zum Beispiel durch Mediation oder Organisationsberatung).

Richtig und wichtig ist es, als Trainer die eigene Wahrnehmung vor der Gruppe anzusprechen und Konfliktmoderation als Angebot zu unterbreiten. Da Lagerbildungen meist als offener Konflikt zutage treten, kann man bereits

Lagerbildung kann durch Konfliktmoderation geklärt werden

in einem frühen Stadium intervenieren und sollte dies auch umgehend tun. Das Bewältigen dieses Konflikts ist allerdings nur möglich, wenn die Seminarleitung Abstand vom geplanten Lernprogramm nimmt, eine gewisse Zeit das Lernthema zurückstellt und dem Konflikt Aufmerksamkeit widmet. Das Verhalten der Trainerin nach dem Motto »Störungen haben Vorrang« ist daher durchaus angebracht. Ein wichtiger Hinweis darf jedoch nicht fehlen: Fronten zwischen Teilgruppen sollten geglättet werden, um eine Fortführung des Seminars zu ermöglichen. Dazu braucht es einen klaren Zeitrahmen. Falls innerhalb einer gewissen Zeit, sich beide Parteien trotz Krisenintervention des Trainers nicht aufeinander zu bewegen, sollte man einen deutlichen Schnitt machen, Bilanz ziehen und zum ursprünglichen Seminarthema zurückfinden. Wenn Trainer dies klar kommunizieren, hat die Gruppe in der Regel dafür Verständnis und ist auch bereit, sich entsprechend einzubringen.

Tipps für Trainer: Wenn Gruppen miteinander in Streit geraten

- Orientieren Sie sich bei Lagerbildungen am Eskalationsmodell von Friedrich Glasl (s. 23ff.).
- Nehmen Sie bewusst die Rolle als Konfliktmoderator ein und kommunizieren Sie dies auch gegenüber der Gruppe.
- Lassen Sie beide Parteien zu Wort kommen und die Standpunkte erläutern.
- Visualisieren Sie die grundlegenden Positionen beider Lager auf Flipchart oder Pinnwand.
- Wählen Sie Interventionsmöglichkeiten, die das Finden von gemeinsamen Interessen erleichtern (offene Fragen stellen, bestimmte Übungen anbieten wie beispielsweise die Amerikanische Debatte).
- Planen Sie genügend Zeit für die Konfliktbearbeitung ein. Das Bearbeiten des Konflikts vermindert oft die Aggression in der Gruppe.
- Wird keine Lösung in der vorgesehenen Zeit gefunden, sollten Sie die Gruppe an den eigentlichen Trainingsauftrag erinnern. Ziehen Sie eine Zwischenbilanz im Konflikt und knüpfen Sie an das ursprüngliche Seminarthema wieder an.

Konfliktfeld Motivationsprobleme

(Fast) jeder Trainer macht die Erfahrung, dass selbst in lernwilligen Gruppen irgendwann das berühmt-berüchtigte Motivationsloch auftaucht. Die Gruppe ist müde und unkonzentriert, der Trainer müht sich ab, doch scheinbar ohne Erfolg. Im Gegensatz zur aggressiven Lagerbildung und sich streitenden Teilnehmern erfordern müde und/oder passive Seminargruppen jedoch ein anderes Trainerverhalten. Was den Schwierigkeitsgrad dieses Konfliktfeldes betrifft, so ist er eher auf niedriger Stufe anzusiedeln, da diese Störungen dank Geduld und Kreativität des Trainers meist rasch aus der Welt zu schaffen sind.

Trainer A erzählt: »Nach einer durchzechten Nacht haben drei Teilnehmer während des Trainings ständig ihren Kopf auf die Tischplatte gelegt. Die anderen gähnten, machten Scherze oder führten Zweiergespräche. Offensichtlich hatte niemand so rechte Lust, sich einzubringen. Ich habe mehrfach versucht, die Gruppe zum Mitmachen zu bewegen, was mir nach vielen Bitten und Nachfragen gelang, aber es war insgesamt eine zähe Angelegenheit.«

Trainer B berichtet: »In einem Seminar habe ich die Teilnehmer in vier Arbeitsgruppen aufgeteilt. Drei Gruppen waren Feuer und Flamme, eine Arbeitsgruppe hatte allerdings ihren Auftrag offensichtlich gar nicht verstanden und am Thema vorbeigearbeitet. Bei der Präsentation der Ergebnisse im Plenum saßen die drei Teilnehmer da – hilflos wie ein Häufchen Elend und waren völlig demotiviert.«

Machen Sie sich als Trainer stets bewusst: Ihre Dienstleistung wird unter anderem deshalb eingekauft, weil Sie im Idealfall Ihren Auftraggeber mit Ihrer Persönlichkeit und mit Ihrem Angebot überzeugt haben. Wenn ein Seminar daran scheitert, dass Teilnehmer nicht zu motivieren waren, wirft das primär ein schlechtes Licht auf den Seminarleiter und weniger auf die Gruppe. Von einem Profitrainer wird erwartet, dass er in der Lage ist, auch in brisanten Situationen cool zu bleiben, und über ein breites Repertoire verfügt, um Menschen für Lerninhalte zu begeistern. Wie kann dies nun konkret aussehen?

Im ersten Fall haben wir ein »Teilnehmermix« aus Müdigkeit, Unkonzentriertheit sowie Lustlosigkeit oder Unmut. Hilfreich ist es dabei stets, die *Gründe für ein solches Verhalten* rasch zu erfahren, um entsprechend intervenieren zu können. Als grobe Handlungsanleitung kann dabei für Trainer gelten:

- Den müden Gruppen aktivierende Körperübungen anbieten (siehe fünftes Kapitel), längere Entspannungspausen einplanen, einzelne müde Teilnehmer eine Zeit lang einfach in Ruhe lassen.
- Lustlosigkeit oder Unmut im Sinne einer »Null-Bock-Haltung« kann durch gezieltes Nachfragen erfasst werden, damit der Trainer die Gründe für Motivationsprobleme erkennt.
- Verschiedene interaktive Seminarmethoden einsetzen, um das Seminarthema peppig zu vermitteln.

Motivationsprobleme können auf unterschiedliche Art und Weise gelöst werden

Wenn beispielsweise ein Teilnehmer seinen Kopf auf den Tisch legt oder häufig gähnt, kann man als Trainer durchaus einmal eine Tasse Kaffee als Aufmunterungsgeste reichen – ihn ansonsten jedoch eine gewisse Zeit in Ruhe lassen. Es gibt durchaus Kollegen, die durch provokante Appelle »müde Krieger« wieder integrieren können. So habe ich selbst schon erlebt, dass ein Trainer mit dem Aufruf »Bei der nächsten Übung sind Sie dran, Herr Meier!« sehr gezielt einen müden Zuhörer einzubinden versuchte – es gelang ihm, der Teilnehmer war darüber nicht verärgert. Auch wenn manche Trainer bei diesem Beispiel an »Schulrektoren« oder »Lehrer« denken, verdeutlicht das Verhalten dieses Seminarleiters, auf welch *unterschiedliche Weise* Motivationsprobleme gelöst werden und wie unterschiedlich Trainer ihre berufliche Rolle definieren.

Trainer sollten verschiedene Interventionstechniken beherrschen

Meine Position lautet: Maßregeln Sie weniger einzelne Personen, zeigen Sie vielmehr allen Teilnehmern, dass Ihnen *jede Person* im Raum wichtig ist. Nutzen Sie dabei Ihren (hoffentlich) prall gefüllten Methodenkoffer. Professionelle Trainer zeichnen sich dadurch aus, dass sie nicht nur viele Methoden kennen und einsetzen, die zum Seminar-Standardrepertoire gehören, sondern auch eigenständige Interventionstechniken entwickeln. Die nachfolgende Auswahl kann nur einen Einblick in die Vielfalt von Interventionsmöglichkeiten geben.

Checkliste:
Vier motivierende Seminarmethoden als Konfliktintervention

- **Vier-Eck-Methode:** Ein Seminarthema wird in vier Teilbereiche untergliedert. Jede Arbeitsgruppe diskutiert einen Aspekt und stellt ihre Ergebnisse im Plenum vor. Hilfreich ist diese Methode dann, wenn ein Thema sehr komplex ist und/oder heftige Diskussionen im Plenum auslöst.
- **Kreativtechniken:** Kreativmethoden wie Brainstorming, Brainwalking und viele andere Techniken fördern und unterstützen die Motivation in Gruppen. Ein kreativer Impuls kann zum Beispiel die Sechs-Hüte-Methode sein (siehe fünftes Kapitel auf S. 182f.).
- **Murmelrunden:** Wenn eine Gruppe sich müde, unkonzentriert oder gar passiv zeigt, kann diese Methode helfen, wieder Schwung ins Plenum zu bringen: Die Teilnehmer tauschen sich mit einem Sitznachbar über eine konkrete Fragestellung aus (Dauer fünf Minuten). Danach muss jedes Paar die Quintessenz der kurzen Diskussion vorstellen.
- **Wer die Wahl hat, hat die Qual:** Die Seminarleitung bietet eine Auswahl von interessanten Themen an (drei oder vier Schwerpunkte), visualisiert diese auf Flipchart oder Pinnwand und lässt darüber abstimmen. Diese Vorgehensweise ist beispielsweise dann sinnvoll, wenn unter Zeitdruck nicht mehr alle anstehenden Seminarthemen berücksichtigt werden können. Die Gruppenmehrheit entscheidet, welcher Schwerpunkt gesetzt werden soll.

Wenden wir uns nun *Trainer B* zu. Er hat sich offenbar für einen Wechsel von Plenum und Arbeitsgruppen entschlossen. Das ist zu begrüßen, denn dadurch entsteht eine zusätzliche Dynamik und Lernmotivation, wohingegen ein Frontalunterricht im Plenum langweilig und monoton wirkt. Arbeitsgruppen können bewusst als *Element der Konfliktregelung* im Seminar eingesetzt werden. Das kann zum Beispiel dann der Fall sein, wenn der Trainer zwei Teilnehmer, die sich offensichtlich nicht mögen und im Plenum streiten, in unterschiedlichen Teams Aufgaben lösen lässt. Auch wenn die Konzentration im Plenum abnimmt und sich nur noch wenige Teilnehmer aktiv beteiligen, kann die Fortsetzung der Seminararbeit in Teilgruppen wieder eine stärkere Einbindung aller ermöglichen.

Die Bildung von Arbeitsgruppen kann eine gute Konfliktintervention sein

Arbeitsgruppenbildung ist eine gute Krisenintervention, dennoch zeigt der Fall von Trainer B, dass eine Teilgruppe auch demotiviert sein kann, weil der Auftrag nicht deutlich formuliert wurde. Dies wäre vermieden worden, wenn der Trainer auf folgende Fragestellungen eine Antwort gegeben hätte:

- Wie lautet der konkrete Arbeitsauftrag an die jeweilige Arbeitsgruppe?
- Was ist der Nutzen der Gruppenarbeit?
- Wie lange sollen die Teilgruppen arbeiten, bevor man sich wieder im Plenum trifft?
- Wer arbeitet mit wem an welchem Platz/Ort/Raum zusammen?
- Wie sollen die Ergebnisse präsentiert werden?

Damit hätte er eine gute Basis geschaffen, dass alle Gruppen engagiert arbeiten und anschließend ihr Ergebnis im Plenum vorstellen. Zusätzlich hätte er die einzelnen Arbeitsgruppen unterstützen können, wenn er nach einer gewissen Zeit die verschiedenen Gruppen in ihren Räumen aufgesucht hätte, um noch offene Fragen zu klären. Dann wäre ihm wohl deutlich geworden, dass einige Teilnehmer die Aufgabe überhaupt nicht verstanden haben. Und schließlich als letzte Anregung: Nehmen Sie als Trainer jedes Arbeitsgruppenergebnis ernst. Auch missverstandene Aufgaben können gute und interessante Lernimpulse für die Gruppe liefern. Im Fall von Trainer B ist es also durchaus angebracht, anerkennende Worte für die hilflosen Teilnehmer zu finden und deren Arbeitsleistung zu würdigen. In aller Regel ist danach die Frustration der Teilnehmer rasch verflogen.

Abwechslung im Seminarablauf schafft Motivation

Je abwechslungsreicher Sie als Trainer Ihr Lernprogramm gestalten, desto weniger Konflikte werden in der Hauptphase des Seminars entstehen. Ist ein Training inhaltlich wie methodisch-didaktisch auf die Zielgruppe zugeschnitten, ist dies die beste Konfliktprophylaxe.

Tipps für Trainer: Wenn Gruppen müde und lustlos sind

- Beobachten Sie die Gruppe genau: Zeigen die Teilnehmer Ermüdungserscheinungen (gähnen, Kopf auf den Tisch legen) oder sind sie unkonzentriert, lustlos, hilflos. Erkennbar an Sätzen wie: »Müssen wir diese Übung wirklich jetzt gleich im Anschluss machen. Hat das nicht bis morgen Zeit?« oder »Das verstehe ich nicht, können Sie mir das bitte nochmals erklären?«
- Wählen Sie entsprechend Ihrer Analyse geeignete Interventionsmethoden aus, die die Gruppe aktiv werden lassen.
- Planen Sie bei müden Gruppen längere Pausen ein (alternativ: viele, doch kürzere Pausen).
- Bieten Sie kurze aktivierende Körperübungen als Warming-up an.
- Greifen Sie Vorschläge der Gruppe auf, um gemeinsam Wege aus dem »Motivationsloch« zu finden.
- Abwechslung ist wichtig: Wechseln Sie zwischen Plenums- und Arbeitsgruppensitzungen, arbeiten Sie mit unterschiedlichen Medien und Materialien, um dem Seminar eine zusätzliche Dynamik zu geben.

Bei der Bildung von Arbeitsgruppen haben Trainer verschiedene Möglichkeiten:

- Wenn die Gruppenzusammensetzung dem Zufall überlassen werden soll, ist zum Beispiel eine Auslosung oder Auszählung hilfreich. Üblicherweise werden Lose mit Nummern gezogen, oder die Teilnehmer zählen von 1 bis 4; die entsprechenden Zahlen bilden eine Arbeitsgruppe. Ich verwende statt Zahlen lieber verschiedene Materialien. So lasse ich beispielsweise bunte Wäscheklammern oder verschiedene Gegenstände aus einem Hut ziehen (die entsprechenden Farben oder gleiche Gegenstände finden sich als Gruppe zusammen).
- Wenn bestimmte Personen auf keinen Fall in einer Arbeitsgruppe zusammenarbeiten sollten – weil sie sich zum Beispiel im Plenum ständig streiten –, gibt es verschiedene Möglichkeiten. Manche Kollegen neigen in solchen Fällen dazu, die Gruppenaufteilung selbst vorzunehmen. Ein gewisses Riskio, die Gruppe damit zu verärgern, besteht durchaus, ist jedoch nicht zwingend, da viele Teilnehmer diese Vorgehensweise gewohnt sind und den Vorschlag des Trainers akzeptieren. Ich habe gute Erfahrung damit gemacht, wenn man die Arbeitsgruppenteilung den Teilnehmern selbst überlässt. Meist übernehmen zwei bis drei Personen die Rolle des »Guide« und gruppieren rasch eine »Mannschaft« um sich. In aller Regel wollen die Streitpartner nicht in der gleichen Kleingruppe zusammenarbeiten und gehen sich deshalb aus dem Weg.
- Wenn die Anzahl der Teilnehmer pro Arbeitsgruppe variabel sein kann (also nicht zwingend gleichgewichtig sein muss), sollten sich die Teilnehmer nach Themeninteresse zusammenfinden. Dass Kleingruppen mit drei oder vier Personen dann parallel mit Gruppen von acht, neun oder zehn Personen arbeiten, ist dabei keine Seltenheit und durchaus gewinnbringend für alle.
- Übrigens: Methoden wie Murmelrunden (mit jeweils zwei Personen) können durchaus als »Mini-Arbeitsgruppen« mehrmals im Seminar eingesetzt werden. Zum Beispiel kann der Trainer nach einer Theorieeinheit einige vorbereitete Fragen an die Murmelrunden stellen oder die Paare dazu auffordern, über mögliche Lösungsstrategien einer Fallbeschreibung nachzudenken.

Seminarabschluss: Ende gut, alles gut?

»Brücken bauen, statt Gräben vertiefen, verbindlich sein, ohne übertrieben zu harmonisieren, Hinweise zur Transfersicherung geben, Abschied gestalten – das sind die wichtigsten Orientierungspunkte für Trainer gegen Ende eines Seminars«, meinte einmal ein Trainerkollege zu mir. Das klingt leicht, in der Praxis zeigen sich jedoch so manche Abschlusstücken. Viele Konflikte basieren in dieser Phase auf zwei Ebenen:

- fachliche Fehler bei der Anleitung von Schlussübungen und
- emotionale Fehler im Umgang mit der Gruppe oder einzelnen Teilnehmern.

Stellen Sie sich folgendes Szenario vor:

Ein Seminar befindet sich in der Schlussphase. Die Trainerin hat bereits Resonanzbögen ausfüllen lassen, sammelt sie ein und schreibt nun auf einen Flipchartbogen die Anmerkung: »Abschlussblitzlicht: Welche Anregungen nehme ich vom heutigen Seminartag mit an meinen Arbeitsplatz?« Dann fordert sie die Gruppe auf, zu dieser Frage reihum Stellung zu beziehen. Die Antworten erfolgen schleppend, bis ein Teilnehmer auf einmal beginnt, die Antworten seiner Vorredner zu kommentieren und damit eine heftige Diskussion in Gang setzt. Die Trainerin lässt die Diskussion laufen, ohne zu unterbrechen, nach circa fünf Minuten verweist sie mit Blick auf die Uhr auf das Ende des Seminars und bedankt sich bei allen für die Zusammenarbeit. Die Teilnehmer stehen zum Teil noch diskutierend von ihren Stühlen auf und verlassen den Raum. Eine Teilnehmer spricht daraufhin die Trainerin mit den Worten an: »Was war denn das für ein komische Abschlussrunde? Ich bin ja gar nicht mehr zu Wort gekommen. Geben Sie mir bitte meinen Feedbackbogen wieder zurück, ich will dazu noch eine Anmerkung machen.«

Dieser Fall zeigt deutlich, dass Seminarleiter bis zum Schluss gefordert sind. Der Ärger der Teilnehmerin entlädt sich nach Ende des offiziellen Seminarteils, ausgelöst durch die unzureichende Erläuterung einer Seminarmethode sowie das Ignorieren der Ablaufregel seitens der Trainerin. Zunächst handelt es sich bei der »Blitzlichtmethode« um ein vielseitig einsetzbares Tool. Man kann es in der Seminararbeit am Anfang und zwischendrin, aber auch am Schluss eines Trainings einsetzen. Konkret ist darunter eine Reihumbefragung zu verstehen.

Alle Teilnehmer äußern zu einer Fragestellung ihre Meinung in wenigen Sätzen. Keine Antwort wird kommentiert, jede Meinung bleibt im Raum stehen. Eine Diskussion findet nicht mehr statt. Wenn also Trainer oder Trainerinnen solche Methoden überhaupt nicht erklären und deren Spielregeln nicht erläutern, werden Konflikte geschürt, die so gar nicht stattfinden müssten. Um den Konflikt mit der Teilnehmerin nicht weiter eskalieren zu lassen, tut die Trainerin gut daran, auf Rechtfertigungen zu verzichten, denn das Seminar ist zu Ende und abgeschlossen. Korrekturen sind also nicht mehr möglich.

Seminarmethoden sollten stets ausreichend erläutert werden

Mein Tipp für derartige Fälle: Entschuldigen Sie sich bei der Teilnehmerin für Ihr Versäumnis und händigen Sie ihr den gewünschten Bogen aus. Damit signalisieren Sie Ihre Bereitschaft, Kritik auch tatsächlich ernst zu nehmen. Und noch ein Hinweis: Über sinnvolle Abschiedsrituale gibt es hervorragende Fachbücher (siehe Literaturverzeichnis). Lesen Sie und tauschen Sie sich mit Kolleginnen und Kollegen über Ihre Erfahrungen aus. Vielleicht entwickeln Sie dabei sogar eigenständige Varianten und neue Seminarmethoden?

Anders sieht es bei einem Konfliktfall aus, mit dem sicherlich fast jeder Trainer in seinem Berufsalltag konfroniert wurde oder wird: *Teilnehmer reisen früher als geplant nach Hause.* Ein Trainer berichtet dazu: »Vor kurzem führte ich ein Tagesseminar durch, um 17:00 Uhr sollte Schluss sein. Etwa zwei Stunden vorher, also etwa um 15:00 Uhr, fangen zwei Kollegen an, ihre Unterlagen zusammenzupacken. Auf meine Frage, was denn los sei, meinten sie, dass ein Anruf vom Vorgesetzten erfolgt sei und sie nun in die Firma fahren müssten. Drei andere Teilnehmer gaben daraufhin zu verstehen, dass sie auch gerne früher abreisen möchten. Ich habe dann die beiden Kollegen verabschiedet und darauf bestanden, dass wir bis 17:00 Uhr unser Programm durchziehen. Allerdings war dann die Luft raus, und die Gruppe war bis zum Schluss ziemlich lustlos. Ich war froh, als ich das Seminar pünktlich zu Ende gebracht hatte.«

In diesem Fall haben wir es mit einem offenen Konflikt zu tun, der nicht gelöst wurde und dann wie eine dunkle Wolke über der Gruppe schwebte. Auch hier die Frage: Was hat der Trainer richtig gemacht und was hätte er anders machen können? Gut war, die Kollegen abreisen zu lassen. Dass Teilnehmer von Vorgesetzten aus einem Training abgerufen werden, ist zwar bedauerlich, lässt sich aber nicht immer vermeiden – der Trainer kann bestenfalls in Gesprächen mit Auftraggebern Lösungen für diesen Konfliktherd finden (siehe dazu viertes Kapitel). Nun gilt es jedoch, das »langsame Ausbluten« der Restgruppe zu verhindern. Dies geschieht am besten dadurch, indem man auf eine klare Vereinbarung verweisen kann, die bereits zu Trainingsbeginn getroffen wurde.

So kann der Trainer bei der Vorstellung der organisatorischen Rahmenbedingungen eines Tagesseminars etwa sagen: »Sie kennen alle unseren heutigen Zeitrahmen. Das Seminar endet um 17:00 Uhr. Besteht darüber Einigkeit oder muss jemand früher abreisen?«

Wenn Trainer dies bereits in der Anfangsphase klären, wird auch die Gruppe verstärkt in die Pflicht genommen, sich an die Vereinbarung zu halten. Teilnehmer, die überraschend früher abreisen möchten, sind dann in Erklärungsnot. Dies hat zur Folge, dass sie sich lieber nicht auf einen Konflikt einlassen wollen, gehen sie doch das Risiko ein, es sich nicht nur mit dem Trainer, sondern auch mit der restlichen Gruppe zu »verscherzen«.

Konzentration ist auch in der Schlussphase eines Seminars angesagt

Generell ist es wichtig, bis zum Schluss das Seminargeschehen zu beobachten und zu gestalten. Das erfordert eine hohe Konzentrationsfähigkeit seitens des Trainers. Mir persönlich hilft es, wenn ich vor Beginn einer Abschlussrunde noch eine kurze Pause einschiebe. Diese Zeit nutze ich, um mich zu sammeln und mir detailliert zu überlegen, was ich der Gruppe zum Abschied noch mit auf den Weg geben möchte.

Abschlusskonflikte vermeiden beziehungsweise reduzieren

- Bleiben Sie als Trainer bis zum Schluss aktiv und aufmerksam.
- Wählen Sie sinnvolle und dem zeitlichen Rahmen angemessene Abschlussmethoden und erläutern Sie gezielt deren Ablauf.
- Klären Sie am Seminarbeginn den zeitlichen und organisatorischen Rahmen. Damit bereiten Sie gleichzeitig einen guten Boden für die Abschiedsrunde, weil allen Teilnehmern die »deadline« bekannt ist.
- Zeitliche Verkürzungen oder Verlängerungen des Seminars sollten Ausnahmen bleiben und stets in Übereinkunft mit der Gruppe erfolgen.
- Geben Sie zum Abschluss noch Hinweise zur Transfersicherung der Seminarergebnisse (siehe viertes Kapitel).

Konflikte zwischen Trainer und schwierigen Teilnehmern

Störenfriede, Quälgeister, Schweigsame und Individualisten

Jede Gruppe setzt sich aus unterschiedlichen Individuen zusammen. In Seminarsituationen ist es jedoch ein Unterschied, ob Trainer mit Konflikten konfroniert werden, die sich auf *mehrere Personen* beziehen oder ob sich der Konfliktherd an einem *einzelnen Teilnehmer* entzündet. Rufen Sie sich bitte im ersten Kapitel das Beispiel A auf Seite 10 in Erinnerung. Dieser Konflikt wurde geklärt, dennoch stellt sich die Frage, was die Trainerin hätte anders machen können? Da es meine eigene Fallbeschreibung ist, möchte ich meine individuelle Konfliktanalyse offenlegen.

Positiv ist zunächst anzumerken, dass ich mich bemüht habe, deutliche Worte zu wählen. In Akt 1 und Akt 2 bin ich auf die Kritik des Teilnehmers eingegangen und habe dabei klare Standpunkte bezogen, ohne aggressiv zu werden – etwa mit dem Hinweis, dass ich für alle Ansprechpartnerin bin oder dass ich überzeugt bin, dass alle Anwesenden viele Anregungen mit nach Hause nehmen können. Allerdings war nach eineinhalb Tagen klar: Die Gespräche mit dem schwierigen Teilnehmer sind sowohl im Plenum als auch in Einzelgesprächen erfolglos geblieben. Als er mich dann wiederholt verbal attaktierte, war dies für mich eine klare Grenzüberschreitung. Ich musste mich entscheiden: Entweder konzentriere ich mich auf die Seminarbedürfnisse einer einzigen Person oder auf die Bedürfnisse der Gruppe. Meine Entscheidung, den Teilnehmer vom weiteren Trainingsverlauf auszuschließen, war mit dem Risiko verbunden, dass auch in der Gruppe weitere Konfliktfelder entstehen. Um dies zu unterbinden, habe ich folgende Konfliktbewältigungsschritte gewählt:

- Pause machen (damit sich alle sammeln können).
- Gruppenbefragung durch Blitzlicht (um Emotionen zu erkennen).
- Diskussion und Abstimmung über die weitere Seminararbeit.
- Telefonat mit Auftraggeber (Informationspflicht).
- Ausführliche Seminarbogen (Sonderanmerkungen).
- Treffen mit Auftraggeber (Klärung der weiteren Zusammenarbeit).

Meine Position ist: Wer einzelnen Teilnehmern einen zu großen Spielraum einräumt – zum Beispiel immer wieder die gleichen Teilnehmer zum Reden animiert oder Präsentationsaufgaben überlässt – wird der Gruppensituation im Seminar nicht gerecht. Um Individuen zu unterstützen sind Einzelcoachings oder Trainings-on-the-Job sinnvoll, nicht jedoch offene Seminare, die die Integration aller Teilnehmer verlangen. Die Frage, was ich hätte anders machen können, erübrigt sich daher für mich. Ich bin sicher, dass meine Entscheidung in diesem Kontext sinnvoll war. Ob Sie sich als Trainer in ähnlichen Situationen an meinem Vorgehen orientieren wollen, ist einzig und allein Ihre persönliche Entscheidung.

Widerstände gegen Lernen und Veränderung

Jeder Trainer wird irgendwann in seinem Berufsalltag mit Teilnehmern konfrontiert, die Widerstand im Lernprozess zeigen. Das kann die Unlust sein, sich mit dem Seminarthema zu befassen, das kann sich in mangelnder Mitarbeit oder völliger Passivität oder in einer Verbalattacke gegenüber dem Trainer zeigen. Als Anfänger können einem solche Seminarsituationen schlaflose Nächte bereiten beziehungsweise viel Schweiß und unter Umständen auch Tränen im Hotelzimmer, wie mir in einer Supervisionsgruppe eine junge Kollegin berichtete.

Bei der Analyse des Widerstands sollten sich Trainer stets fragen, um welches »Widerstandsproblem« es sich handelt:

- »Weiß-nicht«-Widerstand oder
- »Will-nicht«-Widerstand

Vorausgesetzt Sie als Trainer nehmen Lernblockaden in einer frühen Phase wahr, dann ist es hilfreich abzuklären, warum Teilnehmer beispielsweise bei einer Seminarübung nicht mitmachen möchten.

Es gibt zwei »Widerstands-Typen«

Der »*Weiß-nicht-Widerständler*« benötigt meist lediglich detaillierte Informationen. Er hat noch nicht verstanden, worum es geht oder traut sich nicht zu, die Aufgabe zu meistern. Oft ist die Ursache in der Person des Trainers selbst zu suchen, der die Aufgabe unzureichend erklärt hat. Diese Ablehnung ist in der Regel recht schnell zu überwinden, indem man als Referent ausführlichere Informationen gibt und sich bemüht, die Aufgabe nochmals geduldig zu erklären. Sinnvoll ist auch die Frage: »Was brauchen Sie, um arbeitsfähig zu werden?«

Komplizierter ist es beim »*Will-nicht-Teilnehmer*«. Hier können die Probleme sehr vielschichtig sein. Es kann von einer gewissen Sturheit und Unnachgiebigkeit zeugen nach dem Motto: Mein Chef hat mich zu diesem Seminar geschickt; ich habe aber keine Lust, hier mitzuarbeiten. Oder der Teilnehmer kann sehr intensiv mit persönlichen Problemen beschäftigt sein, sodass er das Geschehen nur nebenbei verfolgt. Sein Körper ist zwar anwesend, sein Geist aber nicht. Oder eine Seminarübung löst negative Erinnerungen aus, die dem Teilnehmer eine weitere Mitarbeit nicht mehr ermöglichen.

Widerstände aufzuheben bedarf genauer, oft vieler Rückfragen im Plenum oder auch eines Vier-Augen-Gesprächs mit dem Betroffenen, um die Gründe für Blockaden zu erfahren. Kommt der Protest überwiegend von einer einzigen Person, kann es sinnvoll sein, diesen Teilnehmer einfach eine gewisse Zeit in Ruhe zu lassen, bevor man versucht, eine Klärung herbeizuführen. Gute Erfahrungen haben Trainerkollegen auch damit gemacht, im Plenum *alle* konkret zu befragen, worin Unklarheiten in den Ausführungen bestehen. So können Missverständnisse rasch behoben werden.

Geduld, Beharrlichkeit und Erfahrung helfen, um Widerstände aufzubrechen

Wer als Trainer beruflich tätig sein will, muss wissen, dass es seine *Pflicht* ist, sich mit Widerständen auseinanderzusetzen. Wehren Sie Widerstände nicht ab, sondern gehen Sie verständnisvoll und aktiv gegen sie vor! Blockaden durch Kommunikation zu lösen ist eine Herausforderung, die in vielen Seminaren gemeistert werden muss. Bevor Sie als Trainer an der »Sturheit« von Seminarteilnehmern verzweifeln, sollten Sie sich Folgendes vor Augen führen: Widerstand ist ein normaler Vorgang, und man benötigt Geduld, Beharrlichkeit und Erfahrung, um ihn zu brechen. Das Gute an Auflehnung ist die Tatsache, dass sich der Zweifler, Kritiker und Bedenkenträger als eigenständiger Mensch offenbart, der die Meinung eines Trainers nicht ungefragt übernimmt. Wer dies zum Ausgangspunkt seiner Überlegungen macht, kann auch besser verstehen, dass Menschen überzeugt werden müssen mit dem, *was* man tut und *wie* man es tut!

Daher ist es notwendig, als Trainer sachlich mit Widerständen umzugehen, selbst wenn diese mit heftigen Emotionen begleitet sind. Meist verlässt nämlich eine Seite – sei es Teilnehmer, sei es Trainer – die sachliche Auseinandersetzung und führt sie auf emotionaler Ebene weiter. Sichtbar und hörbar wird dies vor allem durch gewisse Formulierungen, die die Ablehnung noch vergrößern, so zum Beispiel durch Sätze wie »Mit Ihnen kann man einfach nicht diskutieren« oder »Solchen Unsinn habe ich ja noch nie gehört«.

So sehr ein Trainer anerkennen muss, dass ein souveräner Teilnehmer ein klares »Nein« seinem Angebot oder seiner Meinung entgegensetzt, so muss er auch anerkennen, dass es seine Verantwortung ist, auf die verschiedenen (subtilen) Formen von Widerstand angemessen zu reagieren. Dazu gehören: in sachlichem Ton sprechen, persönliche Angriffe vermeiden und nachfragen, welche Informationen noch nicht ausreichend vermittelt wurden. Es gilt, mit Empathie, Konzentration, verbalem Geschick, Geduld und Beharrlichkeit andere zu überzeugen. Letzteres umfasst die Fähigkeit, einfach nicht zu schnell die Flinte ins Korn zu werfen, und sollte nicht mit Verbissenheit verwechselt werden. Denn wenn ein Trainer hartnäckig auf seiner Position beharrt, hat er häufig bereits selbst die sachliche Ebene verlassen. Für einen Teilnehmer mag ein solches Verhalten rückblickend »nur« peinlich sein, für die Seminarleitung erweist sich jedoch Verbissenheit als ein schwerwiegender Fauxpas.

Fakten im Umgang mit Widerstand

- Widerstand ist ein normaler Vorgang.
- Immer, wenn etwas Neues passiert oder eingeführt wird, ist jederzeit mit Widerstand zu rechnen.
- Die Ursache von Widerstand liegt häufig im emotionalen Bereich.
- Das Nichtbeachten von Widerstand verstärkt diesen noch beziehungsweise kann in Seminaren zu schwerwiegenden Lernblockaden führen.

Hinzu kommt: Viele Erwachsene, die an Seminaren freiwillig oder unfreiwillig teilnehmen (weil sie zum Beispiel von ihrem Vorgesetzten zu der Fortbildung geschickt wurden), sehen sich oft als »Seminartouristen«, da sie bereits zahlreiche Trainings besucht haben. Die Erfahrung, unterschiedliche Trainer live zu erleben, nützliche Theoriemodelle und spannende Übungen erfahren zu haben und in angenehmen Unterkünften zu residieren, hat zweifelsohne ihren Reiz. Andererseits führt dies auch dazu, dass manche Teilnehmer ihre Erfahrungen gerne in Seminaren ausführlich darlegen. Das kann sich darin äußern, dass sie beispielsweise Co-Referate halten, Trainer mit Aussagen anderer Trainer konfrontieren und so zu verstehen geben: »Ich kenne mich aus, mir macht niemand etwas vor. Denn dies ist schon der elfte Rhetorikkurs, den ich besuche.«

Fakt ist: Diese Teilnehmer nutzen Seminare, um sich zu profilieren. Andere wiederum nehmen Workshops gerne als »Kotz- und Motzraum« in Anspruch. Man schimpft über die Kollegen, den Chef und überhaupt auf die ganze Welt. Man erwartet für sich selbst konkrete Hilfestellung im Seminar, ist allerdings nicht unbedingt bereit, neue Verhaltensmuster auszuprobieren. Ein Trainer bringt dazu folgendes Fallbeispiel:

»Ich hatte einmal in einem Kommunikationstraining einen Teilnehmer, der sich bereits in der Vorstellungsrunde heftig über seinen Chef beklagte. Auch in den Pausen suchte er immer wieder meinen Rat bezüglich Verhaltenstipps im Umgang mit seinem Vorgesetzten. Bei den verschiedenen Kommunikationsübungen hielt er sich auffällig zurück. Als ich ihn darauf ansprach, meinte er nur: Ich lerne am besten, wenn ich andere beobachte. Auch als ich ihm ein Rollenspiel anbot, in dem er seinen Konflikt mit dem Chef aufarbeiten konnte, war er dazu nicht bereit. Sein Widerstand, sich in der Gruppe mit seinem Problem zu zeigen, war enorm.«

In diesem Fall hatte es der Trainer mit einem eindeutigen »Will-nicht-Typ« zu tun. Trotz des mehrfachen Versuchs, wollte der Teilnehmer partout nicht gegen seinen Konfliktherd vorgehen. Er scheitert gewissermaßen am eigenen Widerstand. Professionelle Seminarleiter werden nach einem solchen erfolglosen Versuch nicht weiter insistieren. Man sollte in solchen Fällen das Nein des Teilnehmers einfach akzeptieren – und gleichzeitig die anderen Gruppenmitglieder in ihren jeweiligen Kommunikationsproblemen zu unterstützen versuchen. Der Trainer kann also lediglich Angebote machen, jedoch keine Offenheit erzwingen.

Ängste von Teilnehmern

Angst vor Blamage

Widerstand ist jedoch nicht das einzige Problem, mit dem Trainer im Seminar rechnen müssen. Viele Kursleiter vergessen, dass Erwachsene häufig mit einer gewissen Besorgnis Fortbildungsveranstaltungen besuchen. Einige fürchten sich vor allem davor, sich zu blamieren. Die *Angst vor Blamage* ist mir vor allem als Trainerin von Kreativseminaren begegnet. Viele Teilnehmer sprechen hier offen über ihre Furcht, als »unkreativ« abgestempelt zu werden. Interessanterweise wird dies häufig in der Schlussphase eines Trainings deutlich, wenn Teilnehmer sich in etwa so äußern: »Ich bin froh, dass das Seminar vorbei ist, und gleichzeitig erstaunt, dass es mir sogar Spaß gemacht hat und ich eine Menge dazugelernt habe. Am Anfang wollte ich gar nicht mitmachen, vor allem weil Karl (ein Kollege im Raum) dabei ist, der eh als kreativer Geist gilt. Aber irgendwann hatte ich keine Angst mehr, mich zu blamieren, weil es dazu auch keinerlei Gründe gab. Im Gegenteil, ich traue mir jetzt zu, die eine oder andere Kreativtechnik im Berufsalltag anzuwenden.« Die Annahme, dass andere Teilnehmer, den Lehrstoff schneller verstünden, talentierter sind als man selbst oder bereits im Vorfeld einfach mehr zu dem Seminarthema wissen, führt dazu, dass sich viele Zuhörer zunächst passiv verhalten, abwarten und erst später begeistert bei der Sache sind.

Was können Trainer hier tun? Ängste sollten registriert, nicht jedoch zwingend ein Thema werden, das vom Trainer angesprochen wird. Der beste Tipp besteht nach wie vor darin, gleich zu Beginn des Seminars durch eine offene Informationspolitik den Teilnehmern ihre (latenten) Ängste zu nehmen. Machen Sie als Trainer klare Aussagen zum organisatorischen Seminarverlauf, zur inhaltlichen Ausrichtung und auch zur Methodik-Didaktik. Verdeutlichen Sie, dass es darum geht, möglichst allen individuelle Hilfestellungen für ihren Berufsalltag zu geben. Auch der Hinweis auf Vertraulichkeit und Diskretion kann Teilnehmern Ängste nehmen und ihre Grundhaltung zum Seminar positiv beeinflussen, wie beispielsweise im vierten Kapitel noch eingehend geschildert wird.

Angst vor Unbekanntem

Ferner ist die *Angst vor Unbekanntem* weit verbreitet: Jeder, der selbst einmal an einer Fortbildung teilgenommen hat, kennt das etwas mulmige Gefühl, wenn er den Seminarraum betritt: Was sind das wohl für Menschen, die ich nun treffe? Werden mir die Personen sympathisch sein? Wie werde ich selbst von der Gruppe aufgenommen werden? Komme ich mit der Trainerin klar? Die Teilnehmer sind unbekannt, die Trainerin ebenso, im Hotel muss man sich zunächst zurechtfinden – all dies sind Kriterien, die Furcht einflößen können. Trainer und Trainerinnen haben es mit Menschen zu tun, die eine Menge an Lebenserfahrung ins Seminar transportieren. Dazu gehören leider oft auch viele schlechte Erfahrungen und zwischenmenschliche Enttäuschungen, was wiederum ein großer Hemmschuh für Lernsituationen darstellt. Psychologen sprechen in diesem Zusammenhang von einer weiteren Angst – nämlich der *Angst vor Verstärkung negativer Erfahrungen.* Dazu ein Beispiel:

Angst vor Verstärkung negativer Erfahrungen

Herr Meier hat als Entwicklungsingenieur bereits viele Fortbildungen durchlaufen (müssen). Die meisten Seminare, die er bisher besuchte, hat er in schlechter Erinnerung. Entweder war der Trainer schlecht vorbereitet, die Gruppenmitglieder oft untereinander zerstritten oder die Seminarräume in einem schlechten Zustand. Kein Wunder, dass er kaum noch erwartet, von Fortbildungen positiv überrascht zu werden. Die Furcht vor Frustrationen ist vorhanden und begleitet Herrn Meyer auch ins nächste Seminar.

Was können Trainer hier tun? Eine einfache Antwort: Überraschen Sie diese »negativen Erfahrungstypen« positiv! Wenn Sie als Trainer tatsächlich bereit sind, möglichst alle ins Boot zu holen und einen interessanten, methodisch abwechslungsreichen Workshop durchführen, haben Sie die Chance, auch die schärfsten Skeptiker zu überzeugen. Machen Sie sich bewusst, dass Sie zwar die negativen Erfahrungen eines einzelnen Menschen nicht auslöschen, allerdings möglichst viele Teilnehmer durch Ihre Trainingskunst in Begeisterung versetzen können. Daher lohnt es sich, um jeden auch noch so ängstlichen und frustrierten Teilnehmer zu kämpfen, indem Sie dessen Ängste ernst nehmen, ihn wertschätzen und ihm deutlich zeigen, dass Sie an seiner Mitarbeit interessiert sind.

Verschiedene Konfliktfälle aus der Praxis und wie man sie lösen kann

Trainer geraten in der Praxis immer wieder an problematische Menschen, die ihre Geduld auf eine harte Probe stellen. Gerade in solchen Situationen sollten Trainer sich bewusst sein, dass ihr Einfluss primär darin besteht, die »guten Seiten« der Teilnehmer zu stärken und auftretende Konflikte möglichst konstruktiv zu lösen. Ich behaupte sogar, dass in destruktiven Aussagen und Verhaltensweisen von Teilnehmern eine Kraft spürbar wird, die Trainer zugunsten der Gruppe nutzen können – sofern diese Power in einem frühen Stadium erkannt und das zerstörerische Potenzial in Konstruktivität umgewandelt werden kann. Dazu folgende Fallbeschreibung:

> Ein Trainer berichtete mir in einer Coachingstunde, dass er Konflikte mit einem Teilnehmer gleich nach der Vorstellungsrunde bekam. Der Trainer hatte in der Einstiegsübung auf Flipchart geschrieben: »Was erwarten Sie sich von diesem Kommunikationstraining?« Ein Teilnehmer erwiderte darauf: »Das ist eine typische Frage, die ich schon oft als Einstieg gehört habe. Ihnen als Trainer ist es doch egal, wie ich oder andere denken. Sie spulen doch Ihr Programm ab, und meine Wünsche werden ohnehin nicht berücksichtigt. Ich werde daher auch diese doofe Frage nicht beantworten«. Mein Coachee reagierte darauf folgendermaßen: »Ich finde es schade, wenn Sie diese Frage nicht beantworten, weil ich dann ja gar nicht weiß, welche Erwartungen ich Ihrer Meinung nach erfüllen muss.« Allerdings zeigte dieser Satz keinerlei Wirkung. Der besagte Teilnehmer verweigerte sich und stellte sich stur. Mein Coachee führte aus, dass er ihn danach einfach ignorierte und sich den anderen Gruppenmitglieder widmete, die sich bei dieser Abfrage engagiert einbrachten. Auf meine weitere Frage, ob er sich in Zukunft anders verhalten würde, wenn ihm Ähnliches widerfahren würde, zuckte er mit den Achseln.

Auch wenn es in diesem Fall dem Trainer nicht gelungen ist, den Teilnehmer konstruktiv in den Seminarverlauf einzubinden, so war doch sein Verhalten durchaus richtig – nämlich zu signalisieren, dass die Seminarleitung nur dann »gute Fee« spielen kann, wenn sie über die Wünsche der Teilnehmer auch informiert wird. Ein weitergehender Ansatz in Richtung Konstruktivität wäre gewesen, *alle Teilnehmer* zu fragen, was sie selbst zum Erfolg des Seminars beitragen wollen. Ich bin immer wieder erstaunt, wie viele Trainer sich redlich bemühen, der Gruppe »Gutes« zu tun, indem sie die Annahme bestätigen, dass sie alle Seminarwünsche erfüllen können. Machen Sie stattdessen deutlich, dass alle Beteiligten für den Trainingserfolg verantwortlich sind. Der Trainer hat zwar die Kursleitung inne und damit die entscheidende Leitungsfunktion. Doch ebenso wie ein Abteilungsleiter ohne die Mitarbeit seines Teams zum Misserfolg verdammt ist, so müssen bei einem Seminar *der Trainer und die Mehrheit der Teilnehmer* zum Erfolg beitragen, ansonsten scheitert die Bildungsmaßnahme. Nehmen Sie deshalb jeden einzelnen Teilnehmer getrost in die Pflicht und fragen Sie gezielt, was jeder und jede bereit ist, zum Seminarerfolg beizutragen.

Teilnehmer in die Pflicht nehmen

Ein weiterer Tipp: Machen Sie keine Unterschiede zwischen Ihren Teilnehmern, so unterschiedlich auch deren Ausbildung und Status sein mögen. Bleiben Sie als Seminarleitung moderat, was unter anderem bedeutet, sich um *Objektivität* zu bemühen. In der persönlichen Haltung, in der Sprache, im zwischenmenschlichen Umgang kommen Ethik und Werte eines Trainers deutlicher zum Ausdruck, als es ihm oft selbst bewusst ist. Teilnehmer haben in der Regel ein feines Gespür für »den da vorne«. Sie registrieren durchaus, ob der Trainer in der Lage ist, möglichst alle fair zu behandeln. Wenn dies der Fall ist, ist auch eine gute Ausgangslage geschaffen, bei der sich alle ins Seminar einbringen.

Objektivität und Fairness gegenüber allen Teilnehmern zeigen

Konzentrieren wir uns nun auf weitere typische Probleme mit einzelnen Teilnehmern. Ähnlich wie bei Gruppenkonflikten sind es vor allem drei Konfliktfelder, mit denen Trainer des Öfteren konfrontiert sind:

- Teilnehmer lehnen Trainer ab.
- Teilnehmer streiten mit anderen Teilnehmern.
- Teilnehmer kommunizieren nicht.

Im genannten Beispiel haben wir einen klaren Fall von »Teilnehmer pinkelt Trainer an«. Derartige brenzlige Situationen sind sehr häufig in der Praxis anzutreffen, wie mir Kollegen immer wieder bestätigen. Dabei kann das Spektrum von Angriffen und harscher Kritik am Trainingsinhalt oder Trainingsstil bis hin zu Drohungen reichen.

Konfliktfeld Teilnehmer lehnen Trainer ab

Hierzu zwei kurze Erfahrungsberichte.

> *Trainer A:* Als ich zum ersten Mal ein Kommunikationstraining durchführte, schien sich die Mehrzahl der Gruppe bei meinen Theorie-Erläuterungen zu langweilen. Als ich diese Wahrnehmung ansprach, bekam ich folgende Antwort von einem Teilnehmer: »Erstens ist das alles kalter Kaffee, was Sie hier präsentieren. Zweitens habe ich viel Geld für die beiden Tage hier bezahlt, um Neues zu lernen, und drittens: Sie sollten selbst eine Sprachschulung machen, denn Ihr hessischer Dialekt gefällt nicht jedem Teilnehmer.«

> *Trainer B:* Ein Teilnehmer, ein besonders eloquenter Mann, der zudem Führungskraft war, kommentierte meine theoretischen Ausführungen mit einer Art Co-Referat. Es war für mich offensichtlich, dass er das letzte Wort führen wollte und sich als der »bessere Trainer« ansah. Als ich ihn freundlich ansprach und meinte »Wollen wir den Platz tauschen? Sie können gerne meine Rolle übernehmen«, meinte er: »Diese Beleidigung werde ich gerne der Personalabteilung melden, dann werden wir ja sehen, ob Sie für unser Haus noch weiterhin Trainings durchführen können.«

Wie haben die beiden Trainer auf diese persönlichen Angriffe reagiert? – *Trainer A* berichtete, dass er den Angriff des Teilnehmers souverän bewältigte, indem er ihn darauf hinwies, dass er sich konstruktive Kritik wünsche, die konkrete Verbesserungen vorschlägt und keine Diffamierung seiner Person beinhaltet. Danach ließ er eine kurze Diskussion mit allen Teilnehmern zu, wer welche Theorie kennt und konzentrierte sich in seinem anschließenden Theoriepart lediglich auf die Modelle, die der Mehrheit der Gruppe unbekannt waren. Zum Thema Dialektfärbung kontert er gegenüber dem Teilnehmer: »Es ist richtig, dass ich aus Hessen komme. Ich denke, solange ich verständlich spreche, können alle meinen Ausführungen folgen?« Und es stellte sich heraus, dass wirklich niemand außer der besagten Person damit ein Problem hatte.

Trainer B löste den Konflikt, indem er offen ansprach, dass es ihm leidtut, dass seine humorvolle gemeinte Bemerkung leider nicht die gewünschte Wirkung zeigte. Er machte allerdings den Teilnehmer auch auf seine Drohung bezüglich der Personalabteilung aufmerksam mit dem sachlichen Hinweis, dass man doch »die Kirche im Dorf lassen solle« und er sich in der Pause nochmals gerne in Ruhe mit dem Teilnehmer unterhalten möchte. Danach wandte er sich dem nächsten Seminarschwerpunkt zu und führte das Training fort.

Nicht immer erzielen gut gemeinte Bemerkungen die gewünschte Wirkung

Aus beiden Fallbeispielen lassen sich wichtige Verhaltensrichtlinien im Umgang mit Konflikten ableiten. Zum einen erzielen Bemerkungen eines Trainers nicht immer die gewünschte Wirkung. In Fall B hat der Teilnehmer den Humor des Seminarleiters nicht geteilt – im Gegenteil. Derartige Bemerkungen sind also durchaus heikel, und man sollte als Trainer eher darauf verzichten. Zum anderen zeigt sich die Souveränität eines Referenten auch darin, ob und wie er die Kommentare der Seminargruppe würdigt. Trainer B hätte zum Beispiel darauf hinweisen können, welche Ausführungen des Teilnehmers seinen Vortrag ergänzen. Und schließlich: Sachlich zu bleiben ist und bleibt das A und O in einer Konfliktsituation. Offensichtlich hat Trainer B mit der Androhung, die Personalabteilung einzuschalten, eine besonders scharfe Kritik erfahren, die ihn sehr verunsicherte. Da Drohgebärden laut dem Eskalationsmodell von Glasl bereits eine hohe Konfliktstufe bedeuten, war es richtig, deeskalierend vorzugehen. Mit dem Hinweis, die Kirche im Dorf zu lassen und in der Pause nochmals ein Gespräch führen zu wollen, hat er die Konfliktspirale klar unterbrochen. Im besagten Fallbeispiel haben übrigens Trainer und Teilnehmer ihren jeweiligen Unmut im Vier-Augen-Gespräch tatsächlich klären können.

Konflikte lassen sich manchmal auch in einem Pausengespräch klären

Tipps für Trainer: Wenn Sie von Teilnehmern angriffen werden

- Registrieren Sie die Aggression des Teilnehmers, bleiben Sie jedoch selbst sachlich und ruhig.
- Hören Sie genau zu, wenn Sie als Trainer kritisiert werden. Unterstellen Sie dem Teilnehmer nicht sofort unlautere Motive (s. »Widerstands-Typen«, S. 62f.).
- Versuchen Sie, die sachlichen und persönlichen Kritikpunkte voneinander zu unterscheiden.
- Verweisen Sie darauf, dass Sie sich sachliche Kritik von dem Teilnehmer wünschen, die begründet wird. Und bleiben auch Sie selbst sachlich in Ihren Äußerungen.
- Akzeptieren Sie, dass Teilnehmer auch unreflektiert ihren Unmut äußern. Oft lässt sich in einem Pausengespräch der Konflikt unter vier Augen lösen.
- Versuchen Sie primär die Störungen mit dem Konfliktpartner zu klären. Wenn Ihnen dies nicht gelingt, dann versuchen Sie die Gruppe insgesamt mit einzubinden. Fragen sind in diesem Zusammenhang eine gute Möglichkeit, um Standpunkte zu klären. Fragen Sie beispielsweise die anderen Teilnehmer: Wie haben denn Sie meine Anmerkung empfunden? Nutzen Sie außerdem die Vorschläge der Gruppe, um Konflikte zu lösen, indem beispielsweise ein Brainstorming durchgeführt wird.
- Übrigens: Auf Bemerkungen über Dialekte muss man nicht zwingend eingehen. Trainer müssen nicht *jede* Bemerkung von Teilnehmern kommentieren. Manchmal hilft es auch einfach, Worte im Raum stehen zu lassen und sie bewusst zu überhören.

Konfliktfeld Teilnehmer streiten sich mit anderen Teilnehmern

Im Volksmund heißt es »Wenn zwei sich streiten, freut sich der Dritte«. Diese Aussage stimmt für den Trainerjob nur bedingt. Denn wenn Teilnehmer heftig aneinandergeraten und sich beschimpfen, ist in der Regel die Freude des Kursleiters nicht besonders groß – im Gegenteil. Doch es hilft in einem solchen Fall kein Jammern und kein Wehklagen, denn der Trainer ist dann in der Rolle als Konfliktmoderator gefragt. Ein Konfliktherd, auch wenn er lediglich aus zwei Personen besteht, kann massive Störungen des ganzen Gruppenprozesses auslösen und sollte daher unmittelbar bearbeitet werden. Meist brechen Konflikte zwischen zwei Personen offen aus, wie das nachstehende Beispiel zeigt.

> »In einem Zeitmanagementseminar sind zwei Teilnehmer, es waren zudem zwei Kollegen, aneinandergeraten. Es ging um Verbesserungsmöglichkeiten an ihrem jeweiligen Arbeitplatz. Im Plenum widersprach stets einer dem anderen. Anfangs wurde das noch belustigend von den anderen aufgenommen, aber dann war es einfach nur noch störend. Bei der Vorbereitung von Arbeitsgruppenergebnissen konnte ich die beiden Streithähne noch gut trennen, doch im Plenum, gab ein Wort das andere. Ich habe dann in der Pause ein ernstes Gespräch mit beiden – getrennt voneinander – geführt mit dem Ergebnis, dass tatsächlich beide ihre Anschuldigungen nicht mehr vor der Gruppe ausgetragen haben. Dennoch war ich mit meiner Konfliktkompetenz nicht zufrieden.«

Trennung der Konfliktpartner durch verschiedene Arbeitsgruppen

Die Analyse des Falls zeigt, dass der Trainer gute und wichtige Konfliktlösungsstrategien angewandt hat. So hat er beispielsweise die beiden Kollegen zeitweilig räumlich getrennt, indem er sie in unterschiedlichen Arbeitsgruppen agieren ließ. Auch der Versuch, mit beiden getrennt zu reden, ist positiv zu werten, zumal das Gespräch durchaus Wirkung zeigte. Doch selbst hierbei ist der Spielraum des Trainers noch lange nicht ausgeschöpft.

So hätte alternativ die Möglichkeit bestanden, das Plenum als Forum zu nutzen und den Konflikt dort zu klären. Der Trainer hätte dazu beispielsweise ein Rollenspiel anbieten können, in dem beide Kollegen eine tragende Rolle spielen (siehe dazu auch fünftes Kapitel). Die Analyse der Verhaltensmuster und das unterstützende Feedback der Gruppe könnten dann zu einer Klärung des Konflikts beitragen. Ferner hätte der Trainer die unterschiedlichen Sichtweisen der Beteiligten herausarbeiten können, indem er den beiden Raum gibt, sich zu äußern und gleichzeitig die Gruppe mit einbezieht. Ich wähle dazu gerne eine Variante des »heißen Stuhls«.

Die Seminargruppe in die Konfliktlösung mit einbeziehen

Übung: Variante »heißer Stuhl«

Ich stelle in die Mitte des Seminarraums drei Stühle. Die beiden Konfliktteilnehmer setzen sich gegenüber und stellen abwechselnd ihre Position dar. Danach dürfen sie diskutieren und sich streiten. Jeder Außenstehende kann während dieser Diskussion auf dem dritten Stuhl Platz nehmen und die Auseinandersetzung kommentieren und Vorschläge machen, wie sich beide einigen können. In dem Moment, wenn der dritte Mann oder die dritte Frau redet, müssen die beiden Konfliktpartner ihre Diskussion unterbrechen und zuhören. Erst wenn der dritte Stuhl wieder leer ist, dürfen sie weiterreden – so lange, bis wieder ein außenstehender Kommentator und Berater darauf Platz nimmt.

In der Praxis erlebe ich immer wieder, dass es heilsam für Streitende ist, wenn die Auseinandersetzung Raum und damit Platz bekommt und die Gruppe insgesamt sich an Konfliktlösungen beteiligen kann (nicht jedoch zwingend muss). Die Bereitschaft, sich auf eine solche Übung einzulassen, ist meist dann gegeben, wenn der Trainer sie gut einführt und deren Nutzen verdeutlichen kann.

Tipps für Trainer: Wenn Teilnehmer mit Teilnehmern streiten

- Begeben Sie sich bewusst in die Moderationsrolle.
- Lassen Sie beide Personen zu Wort kommen und die jeweiligen Standpunkte erläutern.
- Unterbreiten Sie als Trainer Vorschläge zur Konfliktlösung, fragen Sie allerdings auch die Streithähne nach Möglichkeiten, wie man mit dem Konflikt umgehen soll.
- Wählen Sie Interventionsmöglichkeiten, bei denen sich die Streitenden aus dem Weg gehen können (zum Beispiel Übungen in unterschiedlichen Arbeitsgruppen vorbereiten), aber ebenso Interventionen, die den Konflikt zwischen beiden verdeutlichen (zum Beispiel Rollenspiel, heißer Stuhl).
- Führen Sie Face-to-face-Gespräche mit den Konfliktpartnern.

Konfliktfeld Teilnehmer kommunizieren nicht

Auch *schweigsame Teilnehmer* oder *Teilnehmer, die nicht kommuizieren*, was sie während eines Seminars stört, können Trainern das Leben erschweren. Dann ist es für Kursleiter schwierig, teilweise auch unmöglich, Konflikte zu bearbeiten. Ein Interviewpartner hat mir dazu folgende Geschichte erzählt:

»Eine Teilnehmerin ist gerade fünf Minuten im Seminar, die Vorstellungsrunde hat bereits begonnen, als sie ohne Kommentar oder Verabschiedung ihre Sachen packt und zur Tür hinausgeht. Gleich zu Beginn des Seminars wurde ich also mit dem Thema Konflikt konfrontiert, ohne ein Feedback zu bekommen, worauf sich der Unmut der Teilnehmerin bezog. Die anderen Teilnehmer waren ebenfalls über das Verhalten irritiert.«

Auf meine Frage, wie er nun die eigene Konfliktkompetenz beurteilt, meinte er, dass er in der damaligen Situation so perplex war, dass er das Verhalten der Teilnehmerin nicht thematisierte. Stattdessen sei er in die Kompensation – sprich: übereifrigen Aktionismus – gegangen. »Im Nachhinein würde ich das Verhalten der Teilnehmerin kurz ansprechen und die Gruppe um Rückmeldung bitten, ob mein Verhalten zum Weggang der Teilnehmerin beigetragen hat. Danach würde ich sachlich und ruhig mit meinen Inhalten fortfahren«, so argumentiert dieser Trainer heute rückblickend.

Eine gute Nacharbeit ist so wichtig wie eine gute Vorbereitung

Bei der Analyse dieses Fallbeispiels fällt einem vielleicht der Satz ein »Im Nachhinein ist man immer schlauer«. Dies ist völlig richtig, zeigt aber auch, wie wichtig es ist, konfliktreiche Situationen *nachzuarbeiten*, um für ähnliche Fälle zukünftig gerüstet zu sein. Nur wer sich überlegt, was er anders machen kann, wenn wieder ein ähnlicher Fall eintritt, wird nach und nach tatsächlich konfliktkompetenter.

Im Unterschied zu der geschilderten kuriosen Anfangssituation kommt es häufiger vor, dass Personen zwar körperlich im Seminar anwesend sind, aber nichts sagen oder sich kaum zu Wort melden. Dazu eine Trainerin:

»Ich hatte tatsächlich ein einziges Mal einen Seminarteilnehmer, der nichts, aber auch absolut nichts sagte – außer bei der Vorstellungsrunde seinen Namen, und beim Abschluss kam ein ›Dankeschön‹ über seine Lippen. So etwas habe ich zuvor noch nie erlebt.«

Kein Wunder, dass die Trainerin über das Verhalten des Teilnehmers irritiert war, denn wenn jegliche Rückmeldung fehlt, ist man lediglich auf Vermutungen angewiesen, was der Schweigsame im Stillen ausbrütet. Was hilft in solchen Fällen? Das beste Mittel ist, das Seminar so lebendig zu gestalten, dass auch zurückhaltende Personen »auftauen«. Methoden wie Blitzlicht oder Murmelrunden (s. S. 55) führen zwangsläufig dazu, dass sich auch ruhige Teilnehmer äußern (müssen). Auch die direkte Ansprache (bitte nicht zu häufig einsetzen), etwa: »Herr Müller, Sie merken sicherlich, so leicht lasse ich nicht locker. Was ist Ihre Meinung zu diesem Thema?«, kann sich positiv auswirken.

Tipps für Trainer: Wenn Teilnehmer nicht kommunizieren

- Analysieren Sie Seminarsituationen, in denen Sie ratlos waren, weil Teilnehmer die Kommunikation verweigerten. Fragen Sie sich: Welche persönlichen Lehren kann ich daraus ziehen?
- Schweiger sind oft gute Beobachter. Fordern Sie daher deren Feedback immer wieder ein und zeigen Sie damit: Auch du bist mir als Seminarteilnehmer wichtig.
- Manche Teilnehmer reagieren auf Motivationsversuche des Trainers eher, wenn Sie sich als Person angesprochen fühlen. Sprechen Sie daher Kommunikationsverweigerer durchaus hin und wieder namentlich an. Vermeiden Sie allerdings den Eindruck, dass Sie zurückhaltende Teilnehmer ständig zum Reden bringen möchten. Persönliche Anreden erregen Aufmerksamkeit und können motiverend wirken. Es kommt jedoch immer auf die Dosis an.
- Wählen Sie aktivierende Methoden, bei denen sich Schweigsame äußern müssen (Blitzlicht, Murmelrunde).

Schwierige Menschentypen im Seminar: Ein Überblick

»Was ist für Trainer schwieriger zu bewältigen: Konflikte zwischen einzelnen Teilnehmern oder Aggressionen zwischen zwei verfeindeten Lagern?«, so fragte mich eine junge Trainerin in einer Coachingsitzung. Beide Konfliktfelder stellen Seminarleiter vor große Herausforderungen, zumal es zwischen »der Gruppe« und »dem Teilnehmer« enge Wechselwirkungen gibt. Wenn Trainer Störungen mit einzelnen Personen nicht klären können, kann dies zu einem Flächenbrand führen, der die ganze Gruppe erfasst. Umgekehrt können Lagerbildungen in Gruppen einzelne Teilnehmer so verunsichern, dass sie sich dem Lernprozess insgesamt verschließen. Für die Konfliktlösung oder -klärung ist daher weniger entscheidend, wie viele Menschen von der Auseinandersetzung betroffen sind, sondern auf welcher Stufe sich der Konflikt befindet. Je früher Störungen erkannt werden (zum Beispiel, wenn eine Gruppe müde ist), desto rascher kann ein Trainer prophylaktische Maßnahmen ergreifen (beispielsweise aktivierende Seminarmethoden einsetzen).

Viele Köpfe, viele Meinungen: Jeder Mensch ist »schwierig«

Fakt ist: Menschen, mit denen Seminarleiter Probleme oder Konflikte austragen müssen, wird es immer geben. Wir können uns leider nicht die Teilnehmer formen, wie wir sie haben möchten. Umso mehr wissen wir die Kompetenz zu schätzen, wenn Trainer mit unterschiedlichen Teilnehmern professionell und respektvoll umgehen können. Der Umgang mit schwierigen Menschen gehört sicherlich zur Königsklasse der Psychologie, daher ist es auch kein Wunder, dass viele Fachbücher sich intensiv mit diesem »Menschentypus« auseinandersetzen. Sicherlich stimmen mir viele Trainer darin zu, dass man im Laufe der Zeit bestimmten »Teilnehmertypen« immer wieder begegnet. Der Versuch, sie in Schablonen und Kategorien einzuordnen, ist daher durchaus legitim und allemal hilfreich. Die folgende Aufzählung gibt einen kurzen Überblick über Menschen, die Trainern das Leben schwer machen können, und zeigt Wege, wie Trainer mit diesen Persönlichkeiten im Seminar umgehen können.

Teilnehmertypen, die als schwierig erlebt werden

Besserwisser sind rechthaberisch, autoritär, von oben herab, rhetorisch oft durchaus begabt.

Was kann der Trainer tun? Begründungen verlangen und Beispiele einfordern, würdigen, was der andere tatsächlich besser weiß, ruhig und sachlich bleiben.

Vielredner reden viel und halten lange Monolge, sind kaum zu stoppen, haben starken Mitteilungsdrang.

Was kann der Trainer tun? Stopp setzen durch den freundlichen Hinweis, dass auch andere gerne zu Wort kommen wollen, notfalls Redezeiten festlegen oder Rituale einführen (jeder hat drei Minuten Zeit, die eigene Position darzustellen).

Schweigsame sind ruhig und zurückhaltend, äußern sich selten oder gar nicht, lassen andere agieren.

Was kann der Trainer tun? Aktiv nachfragen, zeigen, dass man an der Meinung der stillen Person interessiert ist, Schweiger sind oft gute Beobachter. Daher sollte man ihr Feedback einfordern.

Mimosen sind sehr empfindlich, reagieren auf Kritik mit Rückzug, fühlen sich oft persönlich angegriffen.

Was kann der Trainer tun? Darauf hinweisen, dass es um Kritik in der Sache geht, nicht um persönliche Angriffe, nach Gründen für Verhalten fragen, Seminar attraktiv gestalten, damit sich auch Unsichere wohlfühlen

Nörgler sind Unruhestifter, ihnen ist nichts recht zu machen, sie sind eher negativ eingestellt und stellen die kritischen Aspekte eines Sachverhaltes in den Vordergrund.

Was kann der Trainer tun? Hinweis, dass negative Kritik unzureichend ist, wenn keine Alternativen aufgezeigt werden; Nörgler um Vorschläge bitten, was man anders/besser machen kann.

Ja-Sager sind autoritätsgläubig, richten sich nach der offiziellen Macht, wollen keine Fehler machen, passen sich an.

Was kann der Trainer tun? Öfter nachfragen, was ist Ihre Meinung, was spricht für, was gegen diesen Standpunkt?

Choleriker sind aufbrausend-aggressiv, dann ähnlich wie Besserwisser rechthaberisch.

Was kann der Trainer tun? Unbedingt bremsen, klar ansprechen, dass man sachliche Kritik wünscht, deutlich machen, dass das Verhalten andere irritiert oder verletzt, erst mal Vier-Augen-Gespräch wählen, um Brüskierung vor der Gruppe zu vermeiden.

Provokateure sind häufig zynisch und ironisch, sie gelten auch als Quertreiber, die sich nicht gerne in einem Team einfügen.

Was kann der Trainer tun? Deren eigenständige Leistung betonen, doch auch deutlich machen, dass Teamleistung zählt, in Aufgaben einbinden, bei der er sich Verantwortung mit jemandem teilen muss.

Sprücheklopfer zitieren gerne und viel, verschanzen sich hinter bekannten Autoritäten.

Was kann der Trainer tun? Konkret nachfragen, warum er diese oder jede Person ständig zitiert; hilfreich ist es auch, sich im Vorfeld einige Antworten zurechtzulegen, um Paroli bieten zu können (siehe nächster Abschnitt).

Elitebewusste Machtmenschen sind oft arrogant, manchmal auch zynisch und besserwisserisch.

Was kann der Trainer tun? Sich nicht provozieren lassen; möglichst alle Teilnehmer in eine Diskussion einbinden, um zu vermeiden, dass der Dialog fast ausschließlich zwischen Trainer und Machtmensch stattfindet.

Schnelle Einordnungen sind gefährlich

So hilfreich eine Typisierung als Orientierung sein kann – jeder Trainer und jede Trainerin sollte sich bewusst sein, dass eine schnelle Etikettierung eines Teilnehmers gefährlich ist, ja einem professionellen Trainerhandeln widerspricht. In einem Seminar geht es nicht darum, gegen schwierige Teilnehmer zu gewinnen, sondern sie zu integrieren und arbeitsfähig zu machen. Es geht also darum, Verhaltensweisen zu verstehen, um dann entsprechende Strategien entwickeln zu können. Jedoch unabhängig davon, welche Person Ihnen das Seminarleben erschwert – im Umgang mit schwierigen Gesprächspartnern macht stets der Ton die Musik. Konflikte verbal klären zu können ist dabei eine Kunstfertigkeit, die jeder Trainer beherrschen sollte. Daher wird im Folgenden der Sprachkompetenz des Trainers ein eigenständiger Abschnitt gewidmet.

Konfliktdeeskalation durch Sprachkompetenz

Unsere Sprache kann Brücke oder Mauer sein; sie kann Widerstand und Ablehnung erzeugen oder Menschen dazu bewegen, Ausführungen willig zu folgen. Konflikte können bereits durch *das Benutzen einfacher Worte* ausgelöst werden, wie mir ein Trainer berichtete.

Er erzählte mir, dass er vor einigen Jahren ständig zwei Lieblingsworte benutzte: »zweifelsohne« und »ganz sicher«. In einem Seminar bezeichnete er einmal Einstein als kreativen Kopf, der zweifelsohne der genialste Wissenschaftler aller Zeiten sei. Daraufhin kam es zum Streit zwischen einem Teilnehmer und dem besagten Trainer. Der Teilnehmer fand diese Aussage unpassend und lieferte sich einen heftigen Disput mit dem Seminarleiter. »Für mich war das ein Schlüsselerlebnis. Seit dieser Zeit bemühe ich mich, bestimmte Sprachmarotten zu vermeiden, denn sie können massiven Widerstand in den Köpfen der Teilnehmer auslösen«, so der Trainerkollege.

Nun muss ein Referent nicht jedes Wort auf die Goldwaage legen. Dennoch ist es wichtig, sich immer wieder vor Augen zu führen, dass so genannte absolute Begriffe (nie, niemals, ohne Zweifel, ausnahmslos, immer und ewig) ein starkes Reizsignal sein können. Kein Wunder also, dass viele Erwachsene darauf sensibel reagieren.

Eine restriktive Wortwahl ist also in einem Seminar weniger angebracht, vielmehr eine Kommunikationsstruktur, die erklärt und begründet. So kann zum Beispiel ein Trainer zum bekannten Vier-Seiten-Modell von Schulz von Thun folgende Einstiegsworte finden:

»Das vierseitige Kommunikationsmodell gilt mittlerweile als ein anerkanntes populärwissenschaftliches Erklärungsmodell. Ich kenne viele Trainer und Personalverantwortliche, die diese Theorie in Seminaren erläutern. Auch ich finde das Modell sehr sinnvoll und möchte Ihnen daher kurz darstellen, wie Sie bestimmte berufliche Probleme unter diesen vier Blickwinkeln betrachten können.« Er kann stattdessen aber auch wie folgt formulieren: »Das vierseitige Kommunikationsmodell ist das absolut beste populärwissenschaftliche Erklärungsmodell, das es zurzeit gibt. Ich zeige Ihnen nun, wie Sie mit diesem Modell in jeder Berufssituation arbeiten können.«

Merken Sie, liebe Leserinnen und Leser, den Unterschied zwischen diesen beiden Aussagen?

Ein weiteres Beispiel – diesmal geht es um *provozierende Sätze*. Ich nenne sie auch Reizsätze, weil sie oftmals sowohl Trainer als auch Teilnehmer dazu reizen, kräftig zu kontern und in heftige Wortgefechte einzusteigen. In Train-the-Trainer-Seminaren wende ich beispielsweise folgende Übung an:

Ich schlüpfe in die Rolle einer Teilnehmerin und sage einem Trainerkollegen ins Gesicht: »Sie reden substanzlosen Blödsinn.« Ich fordere dann die Seminarkollegen zu einer stillen Übung auf, das heißt, sie schreiben auf einen Zettel zwei bis drei mögliche Antworten zu dieser Äußerung.

Nachfolgend fünf Teilnehmerantworten aus meinen Seminaren:

- Ich verbiete mir solche Bemerkungen!
- Dieses Kompliment gebe ich Ihnen gerne zurück.
- Meinen Sie das wirklich im Ernst? Wenn ja, dann begründen Sie mit bitte Ihre Anmerkung!
- Ich denke, dass solche Bemerkungen einem konstruktiven Seminarverlauf im Wege stehen.
- Ich wünsche mir, dass wir hier fair miteinander umgehen und solche Beleidigungen unterlassen.

Worte können Konflikte entschärfen oder verschärfen

Diese Aussagen zeigen, wie die Wahl unserer Worte dazu beitragen kann, Konflikte zu ver-schärfen oder Angriffe zu ent-schärfen. Die Fähigkeit, mit der eigenen Rhetorik zur Deeskalation von Konflikten beizutragen, ist eine der wichtigsten Kompetenzen, die Trainer beherrschen sollten. Hilfreich ist es daher, sich nach einem Seminar einige provozierende Teilnehmeräußerungen bewusst zu machen und sich verschiedene Antworten zu überlegen. Die nachfolgende Übung auf Seite 80 dient dazu, sich im Umgang mit der eigenen Sprache zu sensibilisieren.

Übung:
Sagen Sie es positiv: Gesprächstraining für Trainer

Notieren Sie sich jeweils zu den Teilnehmeräußerungen Ihre Gedanken. Ergänzend dazu können Sie auf der nächsten Seite meine Tipps dazu lesen.

1. Äußerung eines Teilnehmers: Das kann ich überhaupt nicht verstehen.

Meine Trainer-Antwort:

....

....

2. Äußerung eines Teilnehmers: Das haben Sie schlecht erklärt.

Meine Trainer-Antwort:

....

....

3. Äußerung eines Teilnehmers: Sie haben das Seminar nicht gut moderiert.

Meine Trainer-Antwort:

....

....

....

4. Äußerung eines Teilnehmers: Sie reden zu viel und erklären zu ausführlich.

Meine Trainer-Antwort:

....

....

....

Anregungen

Es gibt meist mehrere kluge Reaktionsmöglichkeiten

Wie so oft gibt es auch hier mehr als eine kluge Antwort. Als Trainer haben Sie die Möglichkeit, Äußerungen von Teilnehmern zu bestätigen, zu negieren oder durch eine Frage zu ergänzen. Anbei verschiedene Reaktionsmöglichkeiten.

- Zu 1: Können Sie mir bitte genau erklären, was Sie an meinen Ausführungen nicht verstanden haben? Was konkret haben Sie nicht verstanden?
- Zu 2: In welchen Punkten stimmen Sie meinen Ausführungen zu? Was hat Ihnen an meinen Erklärungen nicht gefallen? Was konnten Sie an meinen Erklärungen nachvollziehen und was nicht?
- Zu 3: Schade, dass ich Sie nicht überzeugen konnte: Was hat Ihnen an meiner Moderation missfallen? Wie muss Ihrer Meinung nach eine gute Moderation ablaufen? Was verbinden Sie mit dem Begriff »»gute Moderation«?
- Zu 4: Teilen auch andere diese Auffassung? (Frage an die Gruppe richten). Sie haben vollkommen recht. Ich habe mich wirklich zu lange an diesem Punkt aufgehalten. Nun sind Sie als Gruppe wieder gefragt ...

Machen Sie sich als Trainer immer wieder bewusst: Ihre Wortwahl prägt den Erfolg eines Seminars entscheidend mit. Worte sind wie ein Bumerang, der auf uns zurückfällt. Wenn wir schon für unser Sprachverhalten selbst verantwortlich sind, sollten wir uns auch dieser Verantwortung bewusst stellen. Selbstverständlich sollten dies unsere Teilnehmer ebenfalls tun – der Unterschied ist nur: Wir können unsere Seminargruppen lediglich zu überzeugen versuchen, sie jedoch nicht dazu zwingen, »gut zu kommunizieren«. Als Trainer oder Trainerin sind wir allerdings in einer bestimmten Rolle und tragen eine bestimmte Verantwortung. Das heißt, für jede Seminarleitung ist es ein MUSS, professionell mit Sprache umzugehen und mit der eigenen Wortwahl zur Deeskalation von Seminarkonflikten beizutragen.

Professionelle Sprechskripte für Trainer

Auch Bernd Weidenmann, Professor für Pädagogische Psychologie in München, verweist darauf, dass Sprache und Sprechen die wichtigsten Werkzeuge von Trainern sind. Anhand typischer Sprechsituationen im Training wie Vortragen, Fragen stellen, Übungen erläutern, Feedback geben hat er *unterschiedliche Skripte* erarbeitet, die dazu dienen, lernfördernder zu sprechen (s. Weidenmann 2006).

Das eigene Wissen anschaulich auf den Punkt zu bringen ist generell wünschenswert, bei kurzen Trainings sogar ein unerlässliches Muss. »Keep it short and simple«, so lautet die Sprachformel, an der sich Trainer orientieren können. Die Teilnehmer an der Hand nehmen und mit ihnen Stufe für Stufe die Treppe in die oberste Etage gehen, zwischendrin verschnaufen, sich vergewissern, ob sie das Tempo mithalten können, ist hierbei besonders wichtig. Das Erzeugen von inneren Bildern stellt dabei die größte Herausforderung dar. Besonders gut gelingt dies, wenn Trainer Szenarien mental erzeugen können, die die Teilnehmer an Szenen in ihrem Berufsalltag erinnern.

Sag es klar, einfach, anschaulich

Komplizierte Ausdrucksweisen zu vermeiden und sich klar auszudrücken sollte auch deshalb der Anspruch vieler Trainer sein, weil das Publikum sich meist eine klare und verständliche Sprache wünscht. Wenn ein Trainer klare Strukturen in seiner Kommunikation pflegt, bleibt er den Zuhörern meist in guter Erinnerung. Bestätigt wird dies durch eine Studie der Princeton-University in New Jersey aus dem Jahre 2005. Die Teilnehmer der Studie schätzten Redner wie auch Autoren von verständlichen Texten intelligenter und auch sympathischer ein als Sprecher und Verfasser komplizierter Werke.

Wer also als Trainer die eigene Sprachkompetenz verbessern möchte, der sollte den Versuch wagen, im Vorfeld eines Trainings professionelle Sprechtexte zu erstellen. Das bedeutet, sich vorab zu überlegen und schriftlich festzuhalten, mit welchen Worten man beispielsweise das Seminar eröffnet, wie man die Theoriemodelle erläutert oder die verschiedenen Übungen für die Teilnehmer sinnvoll anleitet. Manche Kollegen sind beim Lesen dieser Zeilen vielleicht geneigt zu denken: »So funktioniert doch eine Seminartätigkeit gar nicht. Ich kann mir doch nicht im Vorfeld jeden Satz zurechtlegen, den ich dann im Training sagen werde!«

Kein Seminardrehbuch auswendig lernen, sondern Erklärungsmuster einstudieren

In der Praxis geht es auch nicht darum, ein Drehbuch auswendig zu lernen, sondern gemäß dem Motto »Spontaneität muss gut überlegt sein« sich Seminarsituationen bereits im Vorfeld vorzustellen und verbal durchzuspielen. Im konkreten Fall kommen einem dann anschauliche Erklärungen wie selbstverständlich über die Lippen, weil man sich vorab die entsprechenden verbalen Muster angeeignet hat. Wohlgemerkt, es geht um Sprachskripte für wichtige Situationen, nicht um ein komplettes, auswendig zu erlernendes Drehbuch. Solche Situationen sind zum Beispiel die bereits erwähnte Begrüßung, die Anweisung für Gruppenarbeiten oder Übergänge zu einem neuen Seminarabschnitt. Denn dies wäre weder realistisch noch wünschenswert. Sprech- oder Sprachskripte zu erstellen ist keine Zauberei. Wer sich an der nachstehenden Checkliste orientiert, hat gute Chancen, die persönliche Rhetorik zu verbessern und insgesamt »konfliktärmer« zu kommunizieren.

Checkliste: Lernfördernd vortragen

Formulieren Sie anschaulich
Inszenieren Sie bei den Zuhörern ein Kopfkino. Ist es Ihnen als Trainer gelungen, in den Köpfen der Teilnehmer Szenen lebendig werden zu lassen? Dann bleiben Sie bei diesen Bildern und bauen Sie diese weiter anschaulich aus.

Sorgen Sie für Abwechslung
Stellen Sie ein Thema unter verschiedenen Perspektiven dar. Wechseln Sie sich in der Medienauswahl ab (Flipchart, PowerPoint-Präsentation) und variieren Sie Ihre Gestik, Mimik und Lautstärke.

Sprechen Sie für die Zuhörer
Machen Sie den Nutzen Ihrer Information für die Teilnehmer deutlich. Sagen Sie, was Sie mit Ihrem Vortrag erreichen wollen. Vergessen Sie nicht, wichtige Aussagen zu visualisieren, damit sich die Zuhörer das Gesagte noch besser einprägen können.

Reden Sie nie zu lange an einem Stück
Seminare und Trainings sind keine Vorlesungen. Beziehen Sie daher nach einer gewissen Zeitspanne die Teilnehmer ein, indem Sie beispielsweise Fragen stellen oder Aufgaben vergeben.

A propos: Fragen stellen. Viele Trainer neigen dazu zu monologisieren. Dadurch schüren sie – häufig unbewusst – Konflikte, die bei näherer Betrachtung durchaus zu vermeiden wären. Dazu folgendes Beispiel einer Trainerkollegin:

> »Ich habe vor kurzem ein Präsentationsseminar gehalten. Zielgruppe waren junge Consultants, die vertiefende Einblicke in PowerPoint bekommen sollten. An einem Musterbeispiel habe ich die Feinheiten des Programms erklärt. Einige Teilnehmer haben meine Ausführungen nicht verstanden. Es wurde im Raum unruhig, und ich habe dann das Musterbeispiel insgesamt dreimal wiederholt. Allerdings musste ich immer wieder zur Ruhe anmahnen und die Teilnehmer bitten, meiner Präsentation zu folgen. Das hat mich viel Zeit und Kraft gekostet.«

Dieser Fall ist typisch für die Praxis. Viele Referenten wiederholen bei Missverständnissen ihre Ausführungen nochmals insgesamt und riskieren dabei, dass sich manche Teilnehmer zu langweilen beginnen und Nebengespräche führen. Dies kann zu Konflikten zwischen dem Trainer und der Gruppe führen. Sinnvoller wäre es gewesen, wenn die vorab erwähnte Trainerin zum Beispiel einzelne Teilnehmer gefragt hätte: »Was konkret haben Sie bei meinen Ausfüh-

rungen nicht verstanden? Was haben Sie verstanden?« Oder wenn sie die Consultants in verschiedene Arbeitsgruppen aufgeteilt hätte mit der Aufgabenstellung, gemeinsam Fragen zusammenzustellen, die sich auf die Anwendung des Softwareprogramms beziehen. Zentraler Ansatz ist, dass Trainer, die »die Kunst der Fragestellung« beherrschen, potenzielle Konfliktherde beseitigen können.

Trainer sollten Feedbackregeln der Kommunikation verinnerlicht haben

Zum Schluss möchte ich noch auf einige *allgemeine Feedbackregeln* verweisen, die zwar hinlänglich bekannt sind, jedoch im Konfliktfall auch für Profis eine echte Herausforderung darstellen. Immer dann, wenn Sie als Seminarleiter von Teilnehmern kritisiert werden, ist zunächst Ruhe und Sachlichkeit der wichtigste Schritt. Wer sachlich auf kritische Äußerungen reagiert und gleichzeitig signalisiert, dass er aufmerksam zuhört, »lebt« Kritikkompetenz gewissermaßen vor. Dazu gehört jedoch auch, deutlich zu machen, dass Sie als Trainer konstruktive Kritik an Ihrer Person akzeptieren, pauschale Vorwürfe und »Schläge unterhalb der Gürtellinie« aber ablehnen. Kritik ja, doch bitte begründet und differenziert. Und umgekehrt gilt: Wenn Sie Ihre Teilnehmer kritisieren, bemühen Sie sich, Ihre Kritik klar und verständlich auszudrücken, und vermeiden Sie Pauschalvorwürfe. Schildern Sie stattdessen Ihre Beobachtung und Ihre Wahrnehmung (»Ich erlebe Sie so ...« *statt* »Sie sind ...«) und formulieren Sie dabei Ihre Wünsche oder Lösungsvorschläge (»Ich fände es hilfreich für uns alle, wenn ...«). Verdeutlichen Sie, dass Sie den Teilnehmer nicht als Person insgesamt ablehnen, sondern dass es einzelne Verhaltensweisen sind, die Sie als störend empfinden, weil sie die gemeinsame Arbeit behindern. Gerechtfertigte Kritik ist immer eine Lernchance – für Trainer wie für Teilnehmer, denn »nobody is perfect«. Wir haben deshalb bei jedem Seminar die Chance, als Trainer (noch) professioneller zu werden!

Wichtige Feedbackregeln für Trainer

- Ruhig und sachlich bleiben.
- Aufmerksam zuhören.
- Pauschalvorwürfe vermeiden.
- Sache und Person trennen.
- Kritik begründen.
- Wünsche formulieren.
- Eigene Vorschläge unterbreiten.
- Vorschläge der Gruppe aufgreifen.

Kapitel 3
Konflikte mit sich selbst und mit Trainerkollegen

Im dritten Kapitel stehen die inneren Konflikte eines Trainers sowie Schwierigkeiten zwischen Trainerkollegen im Mittelpunkt. Die Anforderungen an die Erwachsenenbildung haben sich im 21. Jahrhundert gewandelt und damit auch die Lerninhalte und das Wissensmanagement. Jeder Trainer muss seine Rolle finden, definieren und authentisch verkörpern. Um Seminare erfolgreich leiten zu können, ist das Erkennen der eigenen Schwachstellen ebenso wichtig wie die konstruktive Zusammenarbeit mit einem Co-Trainer.

Das »Innere Team« als Klärungsmodell für innere Konflikte

Vom Philosophen Novalis stammt der schöne Satz »Jeder Mensch ist viele«. Damit ist jedoch nicht das medizinische Krankheitsbild der Schizophrenie oder eine multiple Persönlichkeitsstörung gemeint, sondern die Tatsache, dass wir *Anteile verschiedener Persönlichkeiten* in uns tragen. Auf Konflikte bezogen bedeutet dies, dass wir als Trainer nicht nur moderate und freundliche Stimmen in uns kennen, sondern auch innere Stimmen, die uns antreiben, ermahnen, beschimpfen oder über uns verächtlich lachen. Der Hamburger Psychologe Friedemann Schulz von Thun, bekannt durch sein Kommunikationsquadrat, hat ein Persönlichkeitsmodell entwickelt, das er »Inneres Team« nennt (s. Literaturverzeichnis). Dieses Modell ist vor allem in Konfliktsituationen hilfreich, um angemessene Reaktionen auf innere Spannungen zu finden und die eigene »innere Führung« wiederzuerlangen.

> Beispiel: Stellen Sie sich vor, dass ein Kunde Sie mit der Durchführung einer Seminarreihe für Führungskräfte beauftragt. Anfangs fühlen Sie sich geschmeichelt, dann breiten sich nach und nach Zweifel in Ihnen aus: Fühle ich mich diesem Mammutprojekt gewachsen? Wie reagieren die anderen Trainer? Werde ich als Projektleiter angemessen unterstützt? Wie wird meine Familie reagieren, wenn ich am Wochenende vor dem Computer sitze und häufig unterwegs bin? Und was ist mit meinen Plänen, endlich das geplante Fachbuch zu schreiben, auf das der Verlag bereits seit längerem wartet? Meine Homepage müsste auch schon seit längerem überarbeitet werden, den Termin mit dem Webdesigner kann ich doch nicht schon wieder verschieben ...

Hier werden verschiedene Konfliktfelder eines Trainers deutlich, die bestimmte Reaktionen erwarten lassen: Auseinandersetzung in der Familie, Unmut gegenüber der eigenen Terminplanung, schlechtes Gewissen gegenüber dem Verlag, Konkurrenzgerangel mit Kollegen usw. Um diese innerlichen Kämpfe zu klären, bedarf es laut Schulz von Thun zunächst des bewussten Innehaltens und Nachdenkens. Schulz von Thun schlägt dabei vor, die inneren Stimmen *erst einmal* konkret zu benennen und *danach* alle systematisch zu Wort kommen zu lassen. Sie halten also gewissermaßen eine »Stimmenkonferenz«. Je nach Stimmenvielfalt oder Schwere des Konflikts kann das innere Meeting 15 Minuten oder länger andauern. Hilfreich dabei ist es, den Stimmen einen Namen zu geben und die typischen Aussagen auf Papier festzuhalten – oder als Variante die verschiedenen Stimmen mit Spielfiguren zu verdeutlichen. Im Beispiel kann dies so aussehen:

- *Der Zweifler:* »Du schaffst das nie! Die Verantwortung für das Projekt ist einfach zu groß.«
- *Der Perfekte:* »Setz dich hin und mache erst einmal eine Detailplanung für das Projekt!«
- *Der Leichtfuß:* »Mach dich nicht verrückt. Bisher hast du doch auch schon große Herausforderungen mit Bravour bestanden.«
- *Der Ägerliche:* »Verdammt, warum laste ich mir immer so viel Arbeit auf?«

Eine »Innere Monologkonferenz« stärkt die eigene Konfliktkompetenz

Selbstverständlich werden sich die inneren Stimmen wortreich melden und nicht nur einzelne Sätze sagen, wie hier kurz anvisiert. Ziel der Inneren Konferenz ist es, die widerstrebenden Interessen aller inneren Stimmen zu verdeutlichen, um aufgrund dieser Analyse mehr Klarheit über die eigene Position zu gewinnen. Dazu braucht es (etwas) Zeit, die sich allerdings lohnt. Denn wer sich bewusst in die Rolle des inneren Klärungshelfers begibt, sensibilisiert nicht nur die eigene Wahrnehmung, sondern kann auch über Lösungen verhandeln, die von möglichst allen (inneren) Beteiligten als konstruktiv angesehen wird. Wenn Sie also als Trainer ein Meeting mit den eigenen, inneren Persönlichkeitsanteilen durchführen, stärken Sie Ihre individuelle Konfliktkompetenz in der Auseinandersetzung mit anderen. Die Botschaft des Inneren Teams lautet: »Sei dein eigener Konfliktcoach.« Wem dies gelingt, der wird immer seltener in typische Fallen treten, die einem Trainer oft die Arbeit unnötig erschweren, wie im Folgenden gezeigt wird.

Typische Fallen im Umgang mit sich selbst

Viele Kollegen und Kolleginnen äußern sich lediglich in Supervisionsgruppen oder im Einzelcoaching über ihre Probleme. Dabei kommen innere Konflikte zu Tage, für die sich zwar niemand schämen muss, die jedoch Trainer bewältigen *müssen*, um erfolgreich Seminare durchführen zu können. Die nachstehenden Beispiele konzentrieren sich auf die häufigsten Fallstricke, mit denen Trainer zu kämpfen haben.

Fallstrick: Verletzte Ehre

Ein Trainer, seit 22 Jahren in der politischen Erwachsenenbildung tätig, sagte:

> »In meinem letzten Seminar hat mir ein junger Teilnehmer, der mein Sohn sein könnte, gesagt, dass ich meine ollen Overheadfolien vergessen und mich stattdessen mit PowerPoint auseinandersetzen sollte. Dabei bringe ich meine Unterlagen stets auf den neusten Stand und achte darauf, dass sie visuell gut aufgearbeitet sind. Muss ich mir so was von einem jungen Schnösel sagen lassen? Schließlich bin ich ein bekannter Trainer!«

Welcher innere Konflikt wird hier sichtbar?
In jedem Seminar kann es geschehen, dass die eigenen Gefühle verletzt werden. Teilnehmer machen Äußerungen, die vielleicht gar nicht negativ gemeint sind, und dennoch können sie uns traurig oder wütend machen. Die emotionale Abwehr (»der junge Schnösel«) zeigt, dass der Trainer die Anregung des Teilnehmers ablehnt, stattdessen seine Jugend und angebliche Unerfahrenheit in den Vordergrund stellt. Die Angst, selbst als altbacken und unmodern zu gelten, ist der eigentliche innere Konflikt des Trainers. Kein Wunder, dass er sich in seiner Ehre verletzt fühlt.

Wie können Trainer diesen inneren Konflikt bewältigen?
Hören Sie genau hin und werten Sie kritische Kommentare nicht gleich ärgerlich ab. Nehmen Sie Kritik erst einmal an und nutzen Sie die unangenehmen Äußerungen, um das eigene Stärke-Schwäche-Profil zu überarbeiten. Im Fallbeispiel kann die eigene, kritische Nabelschau beispielsweise dazu führen, sich fortzubilden und eine neue Präsentations-Software zu erlernen.

Fallstrick: Unterschätzte Teilnehmer

Eine Trainerin berichtete:

»Vor kurzem war ich selbst Teilnehmerin eines Workshops zum Thema ›Genderperspektiven in der Personalentwicklung‹. Die Referentin zeigte sich zunächst als kompetente Ansprechpartnerin und ging ausführlich auf die geplante Agenda ein. Dann passierte folgendes Malheur: Der Theoriestoff war den Anwesenden, einschließlich meiner Person, bereits hinlänglich bekannt. Das Publikum stellte daher sehr spezielle und komplexe Fachfragen mit der Folge, dass die Referentin nach und nach ihre Souveränität verlor. Ihre Stimme wurde zunehmend leiser, viele Fragen konnte sie überhaupt nicht beantworten. Für mich war offensichtlich, dass sie dem Niveau ihrer Zuhörer einfach nicht gewachsen war.«

Welcher innere Konflikt wird hier sichtbar?
Traurig, aber wahr: Leider schätzen manche Workshopleiter die Kompetenz des Publikums völlig falsch ein. Statt sich intensiv vorzubereiten, verlassen sie sich darauf, dass ein solides Grundwissen genügt, um auch anspruchsvolle Teilnehmer zufriedenstellen zu können. Wer dann allerdings als Trainer in der Praxis erlebt, dass er viele Fragen nicht beantworten kann, verliert schnell die eigene Souveränität, wie im geschilderten Fall. Oft schüren oder verstärken solche Erfahrungen noch innere Versagensängste. Diese Angst kann zu einem hartnäckigen Begleiter werden und bei weiteren Seminaren die innere Befindlichkeit negativ beeinflussen. Daher sollte diese innere Belastung möglichst rasch beseitigt werden.

Wie können Trainer diesen inneren Konflikt bewältigen?
Rechnen Sie in der Vorbereitungsphase nicht nur mit dem »worst case« (ich weiß alles, die Gruppe nichts), sondern auch mit dem »best case«, also mit gut bis bestens informierten Teilnehmern. Überlegen Sie sich im Vorfeld, welche Fragen das Publikum stellen könnte und wie Sie damit umgehen. Niemand erwartet von Ihnen als Trainer, dass Sie wirklich alle Fragen beantworten können, doch als wichtiger Maßstab für Professionalität gilt nun einmal das Faktenwissen. Bemühen Sie sich daher, stets auf dem aktuellen Wissensstand Ihres Fachgebietes zu sein. Denn wenn zu viele Fragen offen bleiben, ist die Gruppe irritiert und Ihr Selbstbewusstsein als Trainer leidet.

Fallstrick: Perfektionismus

War im vorhergehenden Fall von mangelndem Fachwissen die Rede, so berichtet nun ein Trainer von einem gegenteiligen Problem – seinem Perfektionsanspruch:

> »Ich habe in meinen ersten Trainings massive Fehler gemacht, zum Beispiel meine Unsicherheit überspielt, indem ich lange Monologe hielt. Ich wollte stets auf möglichst alle Fragen perfekte Antworten geben. Das hat mich so stark unter Druck gesetzt, dass meine Seminarunterlagen immer ausführlicher wurden und ich immer mehr Theorieeinheiten einplante, statt die Gruppe aktiv einzubinden. Irgendwann sagte mir dann ein Auftraggeber, dass er sich für einen anderen Trainer entschieden hat, weil meine Seminare angeblich zu theorielastig seien. Das war wirklich ein Schock für mich!«

Welcher innere Konflikt wird hier sichtbar?
Viele Trainer setzen sich stark unter Leistungsdruck. Der Anspruch, auf jede Frage in jeder Situation eine kluge Antwort zu geben, ist allerdings unrealistisch. Der innere Feind heißt hier »Perfektionismus« und wird leider mit dem Begriff »Professionalität« verwechselt. Die Angst, Fehler eingestehen zu müssen, wird durch perfektes Fachwissen kompensiert. Wer von sich erwartet, jede Seminarsituation bravourös zu meistern, schürt in sich das Gefühl permanenter Unzulänglichkeit und riskiert darüber hinaus erhebliche gesundheitliche Risiken (Burnout), was den inneren Teufelskreis noch verstärkt.

Wie können Trainer diesen inneren Konflikt bewältigen?
»Mut zur Lücke« lautet der erste und wichtigste Tipp. Man sollte sich zugestehen, Fehler machen zu dürfen und nicht in jeder Situation perfekt reagieren zu müssen. Dazu bedarf es einer kontinuierlichen inneren Umprogrammierung – getreu dem Motto: Weg vom überzogenen Perfektionsdenken hin zur realistischen Professionalität. Formulieren Sie individuell stimmige Mustersätze (so genannte Autosuggestionen), die Sie sich immer wieder einreden, etwa »Auch ich darf Fehler machen«. Dadurch finden Sie nach und nach eine gelassenere Einstellung zu Ihrer »Unvollkommenheit«. Ein weitere Möglichkeit ist, das eigene Angebot zu priorisieren, Zentrales von Nebensächlichem zu unterscheiden und dann das Wichtige didaktisch sorgfältig und anregend zu präsentieren.

Fallstrick: Harmoniebedürfnis oder Resignation

Eine Trainerin gibt Auskunft zu ihrem Harmoniebedürfnis:

> »Ich habe kürzlich eine Schrecksituation erlebt: Zwei Teilnehmer, die sich bereits während des Seminars öfters gestritten hatten, machten sich auch in der Abschiedsrunde gegenseitig Vorwürfe. Das Training war fast zu Ende, und ich hatte einfach nicht mehr die Kraft, erneut zwischen den beiden zu vermitteln. Ich sagte nur: ›Bitte klären Sie Ihren Streit nach dem Seminar‹, und ging dann zur Abschlussrunde über. Ich habe mich dann allerdings gefragt, ob mein Verhalten sinnvoll war, und bin zu dem Ergebnis gekommen, dass ich wohl doch ein tief sitzendes Harmoniebedürfnis besitze und vielleicht sogar konfliktscheu bin.«

Welcher innere Konflikt wird hier sichtbar?
Statt Konflikte anzugehen, stecken viele Menschen lieber den Kopf in den Sand und schauen über die Probleme hinweg. Die Trainerin im Fallbeispiel hat dies zwar nicht getan, es ist ihr offensichtlich jedoch nicht gelungen, den Konflikt zwischen den beiden Teilnehmern während des Seminares zu lösen. Dass Sie sich in der Schlussrunde in diesem Konflikt nicht mehr engagieren will, offenbart allerdings weniger ein Harmoniebedürfnis als vielmehr Resignation. Die Einsicht, dass der Streit der beiden Teilnehmer im Seminar einfach nicht mehr geklärt werden kann, frustrierte die Trainerin verständlicherweise. Die Eigenanalyse (bin ich harmoniesüchtig?) ist durchaus sinnvoll, greift allerdings in diesem Fall zu kurz, da wichtige Analysekriterien (etwa das Methoden-Know-how) unberücksichtigt bleiben.

Wie können Trainer diesen inneren Konflikt bewältigen?
Wichtig ist, dass Sie sich als Trainer verdeutlichen, dass nicht jedes Problem oder jeder Konflikt ein Eingreifen von Ihnen erfordert. Um herauszufinden, ob und wann Sie überhaupt in einem Konflikt intervenieren, sollten Sie zwischen der Wahrnehmung der Konfliktsituation und Ihrer Entscheidung einige Minuten verstreichen lassen. Im besagten Fall hat es sicherlich der Trainerin an Instrumentarien und Know-how gefehlt, wie man mit Streithähnen professionell umgehen kann. Wenn eine Konfliktklärung während eines Seminars nicht gelingt, dann ist dies in der Schlussrunde kaum noch möglich. Entweder muss ein Trainer dies dann schweren Herzens akzeptieren. Oder er kann alternativ den beiden Teilnehmern ein Konfliktcoaching nach dem Training anbieten.

Fallstrick: Einseitige Rollensicht

Ein Trainer erzählt folgendes Beispiel:

»Ich konnte einmal bei einem Co-Trainer erleben, wie dieser einen Teilnehmer gegenüber anderen bevorzugt behandelte. Diese Bevorzugung zeigte sich in häufigem Blickkontakt, auffallend häufig zustimmenden Kommentaren im Seminar und intensiven Gesprächen in den Pausen. Mir war das peinlich, zumal ich registrierte, dass auch anderen diese Sympathiebekundungen nicht entgingen. Als ich ihn darauf ansprach, meinte er nur: Eine objektive Seminarleitung gibt es sowieso nicht.«

Welcher innere Konflikt wird hier sichtbar?
Zunächst einmal: Den inneren Konflikt hat hier der beobachtende Trainer, nicht die Seminarleitung. Eine Objektivität gibt es sicherlich so wenig wie *die* Wahrheit. Allerdings macht es durchaus einen Unterschied, ob man die eigenen Antipathien wie Sympathien zwar innerlich registriert oder ob man sie offen nach außen trägt. Wenn Trainer sich weigern, ein Seminar moderat zu leiten oder Ansprechpartner für alle Teilnehmer zu sein, fehlt ihnen ein bestimmtes Rollenverständnis, das gemeinhin mit dem Berufsbild des Trainers verknüpft wird (siehe zum Beispiel Satzung des Bundesverbandes deutscher Verkaufsförderer und Trainer). Die Ablehnung und Verweigerung bestimmter Rollen- und Berufsbilder muss zwar nicht zwingend einen *inneren Konflikt* im Trainer auslösen, kann jedoch bei Teilnehmern wie Co-Trainern Irritationen auslösen und dadurch den Seminarablauf empfindlich stören.

Wie können Trainer diesen inneren Konflikt bewältigen?
Professionalität in der Trainerarbeit zeigt sich unter anderem im souveränen, fairen Umgang mit allen Teilnehmern – eine Erwartung, die im Übrigen auch viele Auftraggeber an Seminarleiter stellen. Die eigene Subjektivität lässt sich durchaus objektivieren, indem man beispielsweise bewusst einen Perspektivenwechsel im Kopf durchführt. Fragen Sie sich bei schwierigen Teilnehmern: »Was finde ich an dieser unangenehmen Person dennoch gut?« Registrieren Sie Ihre Gefühle, aber hüten Sie sich davor, sie stets nach außen zu tragen. Wer als Trainer arbeitet, muss sich bewusst sein, dass er eine gewisse Verantwortung gegenüber allen Seminarteilnehmern trägt. Wer dies ablehnt, sollte sich wirklich ernsthaft fragen, ob er für den Trainerberuf die geeignete Person ist. Im genannten Beispiel wäre es daher wünschenswert, wenn der Trainer das Feedback des Kollegen ernst nimmt und über seine Trainerrolle nachdenkt, statt auf seine einseitige Rollensicht zu bestehen (»ein Optimum gibt sowieso nicht«).

Fakt ist: Das »Innenleben« von Trainern ist durchaus konfliktbeladen, wobei diese Schwierigkeiten und Unsicherheiten nicht immer sichtbar sind und von den Teilnehmern meist gar nicht wahrgenommen werden. Das ist auch gut so, denn während der Dauer eines Seminars besteht eine wesentliche Leistung des Trainers darin, sich selbst nicht zu wichtig zu nehmen und die eigenen Sorgen, Probleme und Konflikte hintanzustellen. Die Arbeit mit der Gruppe steht absolut im Vordergrund und wird im Idealfall unterstützt durch einen Trainer, der als Moderator und Referent und in schwierigen Situationen auch als Krisenmanager fungiert.

Trainer brauchen viele Kompetenzen

Die geschilderten Fälle haben verdeutlicht, dass es eine garantierte Rettung aus verfahrenen, konfliktreichen Seminarsituationen zwar nicht gibt, sehr wohl jedoch *grundlegende* Handlungsanleitungen. Was dabei als geballte »Trainerkompetenz« zutage tritt, besteht aus einer Mischung unterschiedlicher Fähigkeiten und Fertigkeiten. Ich verwende dazu gerne folgendes Bild: Wenn Trainer zu Hause ihren Seminarkoffer packen, dann legen sie nicht nur Kleidung und Seminarutensilien zurecht, sondern sollten mental vier *verschiedene Kompetenzrucksäcke* schnüren. Diese Rucksäcke umfassen die wichtigsten Basiskompetenzen und bieten Orientierung in problematischen Seminarsituationen. Wenden wir uns also nun diesen Basiskompetenzen zu, ohne die kein Seminar erfolgreich durchgeführt werden kann und die jeder Trainer benötigt.

Basiskompetenzen für jeden Trainer

Trainer, die diesen Beruf als Haupterwerbsquelle wählen, sind in der Regel auf bestimmte Fachthemen spezialisiert. Dieses Expertenwissen entwickelt sich im Laufe der Jahre und führt dazu, dass ein Trainer nicht nur über detailliertes Fachwissen, sondern auch über vielfältige Erfahrungen verfügt, dieses Thema zielgruppengerecht zu vermitteln. Hinzu kommt, dass er seine Theorien und Konzepte sowohl in mehrtägigen Seminaren wie auch in kurzen Workshops vermitteln kann und als ein »Wissenspool« oder »Wissensportal« fungiert. Und idealerweise ist er selbst so begeistert von seinem Spezialthema, dass er auch in Nischen seines Fachgebiets forscht und sein Wissen ständig erweitert – auch wenn dieses Know-how nicht zwingender Bestandteil eines Trainings oder Workshops ist. Fakt ist: Zur Basiskompetenz eines Trainer gehört solides *Fachwissen.*

Kompetenzrucksack: Fachwissen

Viele Trainer verdanken ihr Know-how einer gezielten Aus- und Fortbildung. Egal für welche Ausbildung man sich entscheidet – neben dem theoretischen Background werden dabei Kursleitern vielfältige Methoden vermittelt, um Teilnehmer zu motivieren und kritische Situationen zu bewältigen. Meine persönliche Erfahrung ist: Im Laufe der Jahre wird durch die praktische Berufserfahrung das Methodenrepertoire automatisch erweitert. Manche Kolleginnen und Kollegen entwickeln gar eigenständige Interventionstechniken und setzen sie erfolgreich in Seminaren ein. Fakt ist: Zur Basiskompetenz eines Trainers gehört ein breites *Methodenwissen.*

Kompetenzrucksack: Methodenwissen

Der professionelle Umgang mit den Teilnehmern genießt bei vielen Anbietern und Kunden einen hohen Stellenwert. Das ist berechtigt, denn ein Gespür für Gruppen zu bekommen, ist eine wesentliche Eigenschaft, die Trainer unbedingt beherrschen sollten. Die so genannte »soziale Kompetenz« umfasst unter anderem die Fähigkeit, unterschiedliche Menschen zu motivieren und in einem Seminar zu integrieren. Manche Trainer sehen ihre Sozialkompetenz in der Rolle als Referent weniger gefordert. Dennoch: Der Kompetenzrucksack Sozialkompetenz gehört meiner Meinung nach auf jeden Fall zu den Basiskompetenzen dazu.

Kompetenzrucksack: Sozialkompetenz

»Wenn ich auf einem Kongress einen Vortrag halte, dann schadet es natürlich nicht, die Stimmung im Saal zu ergründen. Dennoch ist bei einem Referat die Interaktivität stark eingeschränkt. Ich rede, das Publikum hört mir zu. Für Referenten kann die Gruppendynamik bei einer Großveranstaltung zweitrangig sein. Für Trainer ist dies dagegen das A und O, wenn sie mit einer kleinen Gruppe erfolgreich zusammenarbeiten möchten. Ich muss daher meine sozialen Antennen bei einem Vortrag nicht so weit ausfahren, wie ich es üblicherweise in einem Training oder Coaching tue«, bringt eine Trainerin ihre Einstellung auf den Punkt.

Jeder Trainer stößt in seinem Beruf an Grenzen – sei es, dass vereinbarte Aufträge nicht zustande kommen oder zeitlich verschoben werden, sei es, dass der Co-Trainer dem Profitrainer die »Schau stiehlt«, sei es, dass trotz aller Bemühungen ein Seminar misslingt. In solchen Situationen ist es wichtig, eigene Misserfolge verkraften zu können, sich selbst zu motivieren und sich durch ein gutes Zeitmanagement arbeitsfähig zu halten. Was aktuell als »Work-Life-Balance« bezeichnet wird, umfasst gerade dieser sensible Ausgleich zwischen An- und Entspannung, zwischen aktiven Phasen und Erholung. Die Zufriedenheit mit sich selbst, dem Beruf und dem Privatleben zu finden, ist ein immerwährender Prozess der Selbstfindung und des Selbstmanagements. Fakt ist: *Selbstkompetenz* ist eine Basiskompetenz, die jeder Trainer benötigt, um ein erfolgreiches Berufs- und Privatleben führen zu können.

Kompetenzrucksack: Selbstkompetenz

Mit diesen vier Kompetenzrucksäcken bepackt, kann einem Seminarleiter (fast) nichts passieren. Nun stellen Sie sich als Leser oder Leserin vielleicht die Frage: In welchem Rucksack befindet sich denn *Konfliktkompetenz*? – Meine Antwort lautet: Überall, in jedem dieser vier Rucksäcke. Denn mit Krisen und Konflikten umzugehen, setzt eine hohe Belastbarkeit sowie eine hohe Reflexionsfähigkeit voraus (Selbstkompetenz). Konfliktklärung und Konfliktbearbeitung sind jedoch auch im Rucksack »Sozialkompetenz« zu finden, denn nur wer Schwierigkeiten zwischen Menschen erkennt, kann auch dagegen vorgehen. Im »Methodenrucksack« sind das Wissen über Konfliktstrategien versteckt und die verschiedenen Interventionstechniken, die man anwenden kann, wenn Teilnehmer miteinander streiten oder sich gegenüber dem Trainer aggressiv verhalten. Know-how über Konflikttheorien (siehe erstes und fünftes Kapitel) ist dagegen Bestandteil des »Fachwissenrucksacks«. Kein Sack wiegt schwerer als der andere; jeder ist gleichgewichtig. Daher ist es begrüßenswert, wenn Trainer in allen vier Kompetenzbereichen über das notwendige Know-how verfügen.

Übungen für Trainer: Wie kann ich meine Intuition verbessern?

Jede Seminarsituation bietet viele verschiedene Gestaltungs- und Interventionsmöglichkeiten. Da wir aber vor Ort nicht mit »tausend Entwürfen« arbeiten können, müssen wir uns stets für *eine* konkrete Handlung in der jeweiligen Situation entscheiden. *Intuitiv zu handeln* meint in diesem Zusammenhang, ohne langes Nachdenken das Richtige zu tun – durch den spontanen Einfall oder eine Eingebung, Erleuchtung. Aussagen wie »Mein Gefühl sagte mir einfach, dass ich handeln musste« oder »Ich habe nicht lange nachgedacht, sondern aus dem Bauch heraus gehandelt« bestätigen, dass Intuition etwas ist, das spontan geschieht und bestenfalls im Nachhinein reflektiert wird. Intuition wird oft auch mit »Bauchgefühl« übersetzt und umschreibt damit das rasche, emotionale Erfassen einer Situation.

> Ein Beispiel: Sie sitzen in einem Restaurant und beobachten am Nebentisch ein Paar, das sich angeregt unterhält. Sie als Betrachter haben dennoch den Eindruck, dass zwischen den beiden eine unterschwellige Aggression herrscht. Ihr Bauchgefühl sagt es Ihnen, nicht Ihr Verstand.

Intuition ist das spontane Erfassen, das Erkennen eines Sachverhalts, einer Situation, ohne dies rational begründen zu können. Ein verwandter Begriff zu Intuition ist Konzentration. Wie in der buddhistischen Zen-Meditation geht es bei der Intuition darum, herauszufinden, was sich gerade in diesem Augenblick ereignet.

»Wenn ihr's nicht spürt, ihr werdet's nicht erjagen«, heißt es in Goethes Faust. Trainer sind durchaus hin und wieder in der Position eines Jägers. Sie müssen zwar primär erkennen, welche Themen für das jeweilige Unternehmen, für die jeweilige Branche und für die jeweilige Zielgruppe angesagt sind – dazu gehören eine gründliche Recherche und Marktbeobachtung –, aber es gilt auch zu er-spüren, welcher Weg dabei einzuschlagen ist.

Intuition ist nicht nur Bauchgefühl, sondern auch eine Sache von Erfahrung

Intuition ist somit durchaus eine Sache der Erfahrung. Wenn ein Trainer schon viele kritische Situationen erlebt und bewusst bearbeitet hat, kann er immer häufiger »intuitiv« das Richtige tun. Routine hat jedoch nicht nur positive

Seiten. Hinderlich für unsere Intuition können jedoch unsere lieb gewonnenen Gewohnheiten und Rituale sein, die sich meist jahrelang als Verhaltensmuster verfestigt haben. Wer die eigene Intuition verbessern möchte, sollte daher keine schnellen Veränderungen erwarten. Eine instinktive Wahrnehmung ist ohne eine gewisse Übung und Disziplin nicht zu erlangen, allerdings müssen dafür keine komplizierten Aufgaben bewältigt werden. Voraussetzung ist lediglich, dass ein vitales Interesse vorhanden sein muss, sich selbst und die Umgebung bewusst(er) wahrzunehmen. Kleine Übungen, regelmäßig angewandt (zum Beispiel wöchentlich), verbessern nachhaltig das intuitive Empfinden. Es folgen hierzu vier Übungen mit unterschiedlicher Zeitdauer.

Übungen zur Verbesserung der Wahrnehmung und der Intuition

Drei-Minuten-Übung: Körperwahrnehmung
Beginnen Sie mit einer einfachen Übung – jetzt beim Lesen dieser Zeilen. Spüren Sie Ihren rechten Arm. Wie halten Sie ihn? Liegt er auf Ihrem Schreibtisch auf? Hängt er lang gestreckt am Körper? Haben Sie ihn angewinkelt? Hält der rechte Arm das Buch? – Konzentrieren Sie sich drei Minuten auf nichts anderes als Ihren rechten Arm.

Zehn-Minuten-Übung: Der Versuch, nichts zu denken
Gedanken kommen und gehen. Wir denken, wenn wir wach sind, das lässt sich nicht verhindern, aber Gedanken zu vertiefen, uns in ihnen festzubeißen – dies lässt sich durchaus steuern. Lassen Sie alle Gedanken wie Wolken an sich vorbeiziehen, begnügen Sie sich damit, sie zu betrachten, mehr nicht. Machen Sie diese Übung einmal pro Woche, anfangs fünf Minuten lang, später zehn Minuten.

Fünfzehn-Minuten-Übung: Frage und Antwort
Versuchen Sie sich dem Thema Intuition mit Hilfe von drei Fragen zu nähern. Nehmen Sie sich pro Frage fünf Minuten Zeit, um sie zu beantworten.

- Was geschieht jetzt, im Augenblick, um mich herum?
- Wie bewerte ich diese Situation per Kopf?
- Wie bewerte ich diese Situation per Bauch?

Dreißig Minuten-Übung: Mein »Inneres Team«
Lesen Sie sich noch einmal den Abschnitt »Das ›Innere Team‹ als Klärungsmodell für innere Konflikte« durch. Mit welchen Personen tragen Sie im Moment Konflikte aus, welche inneren Stimmen vernehmen Sie? Visualisieren Sie diese! Laden Sie sie zu einem inneren Meeting ein, um sich die Köpfe heiß zu diskutieren. Versuchen Sie zu erspüren, wie sich der Ärger, die Wut, aber auch die Anerkennung anfühlen, wenn sich Ihre inneren Gäste zu Wort melden.

Trainer und Co-Trainer: Konflikte im Vorfeld

Fehlende Arbeits- und Rollenverteilung und unklare Absprachen

Viele Trainer sind als Einzelunternehmer tätig. Der eigene Chef oder die eigene Chefin zu sein hat zweifelsohne Vorteile: Zeitaufwendige Abstimmungen mit anderen entfallen, Erfolgserlebnisse müssen nicht geteilt werden, und man kann in der jeweiligen Seminarsituation flexibel entscheiden, was zu tun ist. Wer als Freelancer alleine arbeitet, dem fehlt jedoch der Austausch mit anderen und die konkrete Erfahrung, dass sich zwei unterschiedliche Charaktere wunderbar ergänzen können. Im optimalen Fall unterstützen sich beide Trainer und erweitern das Spektrum an Methoden und auch der Wahrnehmung von Gruppenprozessen. Die Zusammenarbeit mit einem »Co« ist auf alle Fälle immer dann bereichernd, wenn das Tandem bereits im Vorfeld gravierende Fehler zu vermeiden versucht und sich optimal abstimmt. Das ist nicht selbstverständlich, treten doch die meisten Probleme zwischen einem Duo dann auf, wenn man sich nicht abgestimmt hat oder wenn sich einer der Partner nicht an Absprachen hält.

Ohne gründliche Vorbereitung kann sich ein gemeinsames Seminar zu einem Fiasko entwickeln, das beiden Trainern erheblich schadet. Daher braucht es eine *gemeinsame Arbeitsaufteilung* zwischen den Kollegen, bei der konkretisiert wird, wer wann welche Schwerpunkte einbringt. Ein erfolgreiches Seminar lebt von der Balance zwischen Sachebene (Themenvermittlung), Kontaktebene (Beziehung untereinander) und Organisationsebene (Rahmen- und Arbeitsbedingungen). Neben dem thematischen Know-how geht es dabei vor allem darum, wie das Trainer-Team die *Rollenverteilung vor Ort organisiert.* Hierbei gibt es verschiedene Möglichkeiten.

Fifty-Fifty: Die Co-Leitung kann als gleichberechtigte Leitung aufgeteilt werden. Das heißt, jeder Trainer fühlt sich für den Seminarverlauf, die Teilnehmer, die Organisation vor Ort, ebenso verantwortlich wie sein Partner. Man achtet außerdem darauf, dass die inhaltlichen Schwerpunkte ebenfalls zu etwa 50:50 verteilt sind.

Haupt- und Nebenrolle: Es ist nichts dagegen einzuwenden, wenn sich zwei Trainer die Aufgaben so aufteilen, dass jemand die Hauptverantwortung trägt und der andere die Nebenrolle spielt. Falls ein Trainer die Rolle des Co übernimmt und im Seminar bewusst die »zweite Geige« spielt, hängt dies oft mit unterschiedlichen Kompetenzen, Erfahrungen, Altersstrukturen und Hierarchieebenen zusammen. Diese Lösung wird von langjährigen Trainerprofis bevorzugt, die mit einem Nachwuchstrainer zusammenarbeiten.

Nach Vorlieben: Anders verhält es sich bei einem Trainerduo, bei dem beide sich zwar inhaltlich im Seminar gleich stark engagieren, sich jedoch darüber hinaus die organisatorischen und »zwischenmenschlichen« Aufgaben teilen. So kann es hilfreich sein, dass ein Kollege als primärer Ansprechpartner für das Hotelmanagement zur Verfügung steht, wohingegen sich der Trainingspartner stärker um die Beziehung zur Gruppe bemüht. Die Methode »Lustprinzip« bietet sich vor allem bei Tandems an, die bereits länger zusammenarbeiten, sich gut kennen und die jeweiligen Stärken gezielt einsetzen wollen.

Wichtig ist, dass sich die Trainer während der Vorbereitung abstimmen, wer für welchen Part Verantwortung übernimmt. Denn viele Co-Leitungen durchleiden heftige innere Konflikte, wenn sich ein Partner nicht an gemeinsame Absprachen und Rollenverteilungen hält. Ein Trainer schilderte mir dazu folgende Situation:

»Ich war kürzlich als Co-Trainer in einem Workshop eingesetzt. Zielgruppe waren Lehrer, die sich für aktivierende Formen im Schulunterricht interessierten. Der Haupttrainer kam ins ›Predigen‹, warf den mit mir vorab besprochenen Zeitplan völlig über den Haufen. Für die Teilnehmer war der lange theoretische Input meines Kollegen vermutlich gar nicht so schlimm, aber für mich war die Situation schlimm! Ich wusste nicht so recht, wie ich mit meiner inneren Unruhe während der ›Predigt‹ umgehen sollte. Außerdem sah ich meine Werte verletzt, zum Beispiel dass man Absprachen einhält. In der konkreten Situation sah ich jedoch keine Möglichkeit, mit dem Trainer Kontakt aufzunehmen oder mich besser um mich selbst zu kümmern. Ich bin im Workshop auf meiner ›Ladung‹ sitzen geblieben und habe mich zurückgezogen. Die Besprechung nach dem Seminar gestaltete sich als schwieriges Gespräch, weil ich sehr stark emotional aufgeladen war und erst einmal Dampf ablassen musste. Ganz entscheidend für diesen Konflikt war eine ungeklärte Rollenverteilung. Mein Part war zwar abgesprochen, doch wir hatten keine Vorkehrungen getroffen, mit welchen Mitteln wir uns gegenseitig korrigieren dürfen.«

Die Kränkung des Kollegen ist sicherlich verständlich, denn niemand fühlt sich wohl, auf Abruf zu stehen und dennoch nicht zum Einsatz zu kommen. Wie lassen sich diese Konflikte vermeiden? Dazu zwei Anregungen, die jedes Trainerduo bei der Vorbereitung von Seminaren beachten sollte.

(Nonverbale) Zeichen vereinbaren: Seminarabläufe sind trotz aller Planung nie detailliert berechenbar. Ein Restrisiko bleibt. Im beschriebenen Fallbeispiel waren zwar die Rollen klar festgelegt, dennoch vergaß der Hauptreferent, seinem Kollegen rechtzeitig die Führung abzugeben. Um dies zu vermeiden, sollte sich ein Trainertandem auf gemeinsame (nonverbale) Zeichen einigen. Das können zum Beispiel konkrete Sätze sein, die man offen ausspricht (etwa »Hans, wir haben ja vereinbart, dass ich auf die Zeit achte. Mit Blick auf die Uhr wäre es nun sinnvoll, wenn du bald zum Schluss kommst«). Manche bevorzugen auch nonverbale Signale, wie etwa mit dem Finger auf die Uhr zeigen oder leise ans Schienbein treten oder einen mahnenden Zettel dem Redner zuschieben. Der Fantasie des Trainerduos sind hierbei keine Grenzen gesetzt. Wichtig ist lediglich, dass die Zeichensprache von beiden eindeutig verstanden wird und man auch entsprechend darauf reagiert.

Vorbereitungsfragen durch Checklisten klären: Trainer, die gemeinsam auftreten, sollten bedenken, dass ein starkes Duo nicht nur der Seminargruppe einen großen Lerneffekt bietet, sondern auch die gegenseitige Lernpartnerschaft bereichern kann. Die Chance, vom Know-how anderer Trainer profitieren zu können, ist nicht zu unterschätzen. Nicht immer haben Trainerkollegen Zeit, sich vor einem gemeinsamen Auftrag intensiv kennen zu lernen. Abhilfe können Checklisten schaffen, anhand derer sich die beiden Referenten gegenseitig befragen können. Probieren Sie es einfach einmal aus, notfalls geht dies auch per Telefon oder E-Mail, wenn die Zeit wirklich nicht ausreichen sollte, um sich vorab persönlich zu treffen. Wichtige Fragen, die geklärt werden sollten, sind beispielsweise:

- Wie sieht unser gemeinsames Konzept aus (Inhalt, Methodik-Didaktik, Zeitplan)?
- Wer hat welches Standing bei der Zielgruppe?
- Wie teilen wir uns die Leitung auf (gleichberechtigt oder Haupt- und Nebenrolle)?
- Wer übernimmt welchen Part im Seminar?
- Welche Rolle ist für mich schwierig beziehungsweise welchen Part will ich auf keinen Fall erfüllen?

- Wie stellen wir uns zu Beginn des Trainings vor?
- Wie gehen wir mit Konflikten im Seminar um (bezüglich Thema und Teilnehmer)?
- Welche Signale oder Zeichen vereinbaren wir zur besseren Abstimmung untereinander?
- Was tun wir im worst case?

Wenn Trainer sich gut vorbereiten, ihre jeweiligen Rollen und Aufgaben gezielt absprechen, können sie dabei motivierende Erfahrungen sammeln. Dies bestätigen mir auch immer wieder Trainerkollegen. Anbei zwei Beispiele, die positiv stimmen.

Beispiel A

Unterschiedliche Rollen bewusst spielen
Ich erinnere mich an eine Trainingssituation, in der ein Trainerkollege den Part des »bad guy« und ich den Part der »good woman« spielte. Hintergrund war, dass wir gemeinsam ein Rhetorik- und Körpersprache-Seminar durchführen sollten. Das vom Auftraggeber ausgewählte kleine Landhotel war ein Novum in dreierlei Hinsicht: Für die Organisatoren war die Zusammenarbeit mit dem Hotel neu. Wir als Trainer kannten das Hotel nicht, und auch für die angereisten Teilnehmer war die Unterkunft ungewohnt, da ihnen eher Seminare in einem Stadthotel vertraut waren. Ich reiste als Erste an und fand einen Seminarraum vor, der für acht Teilnehmer plus zwei Referenten mit seinen 15 m^2 zu klein und zu eng war. Ich gab dies meiner Ansprechpartnerin vor Ort zu bedenken und wurde dabei von meinem Kollegen nach seiner Anreise bestärkt. Zwar ging aus dem Schriftverkehr zwischen Hotelleitung und unserem Auftraggeber eindeutig hervor, dass ein größerer Seminarraum vereinbart worden war, doch war dieser Raum von einer anderen Gruppe bereits besetzt.
Im Gespräch mit der Hoteldirektorin und uns beiden Trainern wurde dieser Punkt angesprochen, die Hotelleitung war jedoch nicht gewillt, den ursprünglichen Vertrag zu erfüllen. Mein Kollege drohte mit Abreise und weiteren Konsequenzen. In vorheriger Absprache mit mir übernahm er die Rolle des »bad guy«. Ich hingegen agierte als kompromissbereite Trainerin (good woman), die vor allem im Sinne der Teilnehmer (die eigentlichen Opfer dieser misslichen Lage) eine gute Lösung finden wollte. Zu dritt fanden wir tatsächlich einen Kompromiss, der allerdings für Trainer wie Seminargruppe einen erheblichen Mehraufwand bedeutete: Wir splitteten die Gruppe und verlegten den Körpersprache-Part in einen örtlichen Gemeindesaal – ungefähr zehn Minuten vom Hotel entfernt. Die Teilneh-

mer des Rhetorik-Parts mussten sich in einer großen Hotelsuite einfinden. Da die jeweiligen Teilgruppen lediglich vier Personen umfassten, war dies eine akzeptable Raumaufteilung. Die Gruppen mussten jeweils vor- und nachmittags den Raum und damit den Trainer wechseln. Die Teilnehmer im Gemeindesaal wurden mit einem Shuttlebus zu den Essenszeiten in das Hotel-Restaurant chauffiert. Eine Notlösung gewiss, aber was wäre die Alternative gewesen? Das Seminar abzusagen? Durch die Rollenverteilung in »gute Frau« und »böser Mann« war es uns als Trainertandem immerhin gelungen, die Hotelleitung so unter Druck zu setzen, dass sie uns Raumalternativen anbieten musste. Für das Hotel entstanden dadurch erhebliche Mehrkosten, und unser Auftraggeber stornierte alle anderen anstehenden Seminare.

Beispiel B

Sinnvolle Arbeitsaufteilung
Eine Trainerin berichtet wie folgt: »Ich habe mit einem Kollegen kürzlich ein Führungstraining durchgeführt. Ein Teil des Seminars bestand darin, die eigene Leitungskompetenz mit Hilfe von Pferden wahrzunehmen. Da mein Kollege sehr versiert in Führungstheorien ist, waren wir uns in der Vorbereitung schnell einig, dass er sich vor allem auf die Theorievermittlung konzentrieren wird, ich hingegen in erster Linie auf die Beziehungsebene achte. Schon am ersten Seminartag löste eine Reitübung bei einer Teilnehmerin Emotionen aus, die mit Kindheitserinnerungen zusammenhingen, sie brach in Tränen aus und verließ den Reitstall. Ich folgte ihr nach wenigen Minuten, nachdem ich mich per Blickkontakt mit dem Kollegen verständigt hatte, dass er mit der restlichen Gruppe weiterarbeiten kann. Ich führte dann mit der Teilnehmerin ein gutes Gespräch mit der Folge, dass sie am nächsten Tag wieder am Training teilnahm. Ohne die Arbeitseinteilung zwischen mir und meinem Co wäre wohl dieser Konflikt nicht so einfach zu lösen gewesen.«

Man sieht also: Eine gute Zusammenarbeit muss keine Hexerei sei, wenn beide Partner bereits vor Seminarbeginn hilfreiche Strategien für mögliche Konfliktfelder entwickeln. Dennoch können vor Ort Dinge geschehen, die eine Neuorientierung erfordern und die Konfliktkompetenz beider Trainern auf eine harte Probe stellen. Konzentrieren wir uns nun auf die typische Zusammenarbeit *während* eines Trainings.

Konflikte während der Zusammenarbeit im Seminar

Mit folgenden Worten eröffnet Herr Mustermann eine zweitägige Inhouse-Schulung zum Thema »Mitarbeiterbeurteilung«:

»Sehr verehrte Teilnehmerinnen und Teilnehmer. Sie alle kennen mich als engagierten Personalreferenten und Trainer. Ich werde in Kürze eine neue Aufgabe übernehmen, und der Herr hier an meiner Seite, Herr Schneider, wird meine Nachfolge antreten. Herr Schneider, ich gebe Ihnen nun das Wort, damit Sie sich selbst vorstellen können.«

Was halten Sie als Leserin oder Leser von diesen Einstiegsworten?

Übung

Notieren Sie sich Ihre Gedanken zu den Einstiegsworten.

Mir gefällt dieser Einstieg, weil ...

....

....

....

Mit gefällt dieser Einstieg nicht, weil ...

....

....

....

Wie auch immer Ihre Meinung zu den Sätzen des Herrn Mustermann ausfällt – fast jeder Trainer weiß, wie wichtig die *Einstiegsphase eines Seminars* ist. Ein Trainertandem sollte sich daher von Beginn an als Team, aber auch als individuelle Experten präsentieren. Im Falle von Herrn Mustermann ist offensichtlich, dass der ältere Profi dem Neuling einen guten Start ermöglichen möchte, indem er ihm seinen Einstieg selbst überlässt. Das ist nicht selbstverständlich, da der gemeinsame Auftritt (»alter Hasen« und junger Kollegen) durchaus Konfliktpotenzial bergen kann. Denn wer mit einem erfahrenen Profi-Trainer gemeinsam zum ersten Mal ein Seminar durchführt, hat zunächst einen schweren Stand: Die Angst, weniger kompetent zu wirken und von Teilnehmern entweder abgelehnt oder als zweitrangiger Referent angesehen zu werden, ist verständlicherweise groß. Der erfahrene Trainer kann seinen Co unterstützen, indem er sich an bestimmten Stellen bewusst zurückhält und seinem Partner diesen Part überlässt – vielleicht ihm sogar einen größeren Zeit- und Handlungsraum zur Verfügung stellt. Auch zu Beginn des Workshops können in der Vorstellungsrunde die Unterschiedlichkeiten zwischen Profi und Neuling offen angesprochen werden. So kann beispielsweise die Trainerin Sabine Müller ihren Kollegen Stefan Meier mit den Worten vorstellen:

Ältere Profis sollten junge Trainerkollegen unterstützen

»Ich bin Ihnen ja als Referentin bereits seit längerem bekannt. Herr Meier als Spezialist für Konfliktmoderation und Teamentwicklung hat diesen Weg noch vor sich. Doch ich bin sicher, dass Sie seine Kompetenz bald zu schätzen wissen. Unsere Zusammenarbeit am heutigen Trainingstag werden Herr Meier und ich uns wie folgt aufteilen.«

Eine andere Variante stellt die bewusste Überbetonung der Unterschiede dar. So kann eine Trainerkollegin sich durchaus gezielt von ihrem Co abgrenzen, etwa mit den Worten:

»Ich bin nicht Frau Schneider, ich bin nicht 53 Jahre alt, ich komme nicht aus Kaiserslautern. Im Gegensatz zum detaillierten Produktwissen meines Kollegen bin ich spezialisiert auf die Analyse von Gesprächsmustern und das Beziehungsmanagement zwischen Verkäuferpersönlichkeit und Kunde.«

Im *ersten Fall* überwiegt sicherlich bei der Mehrzahl der Teilnehmer der Eindruck, dass sich beide Trainer gezielt auf ihre Vorstellung eingestimmt haben. Sie spüren das Bedürfnis der Seminarleitung, dem jungen Kollegen eine faire Chance zu geben. Die *zweite Variante* wirkt hingegen provokativer, ist aber auch witziger. Wenn die Trainerin ihre Übertreibungen locker rüberbringt und die Gruppe darüber schmunzeln kann, ist das Eis gebrochen. Trockener Humor sollte allerdings zum jeweiligen Naturell passen. Seminargruppen haben in der Regel ein gutes Gespür, wie authentisch sich Trainerinnen und Trainer äußern.

Als Fazit gilt es also festzuhalten: Seminarleiter sollten sich individuell vorstellen und dabei ihr jeweiliges Fachgebiet klar und präzise nennen. Optimal ist es, wenn sie zusätzlich der Gruppe verdeutlichen können, wie ihr Know-how das Kompetenzfeld des Co-Trainers ergänzt. Dadurch haben die Teilnehmer in der Regel von beiden Trainern einen positiven Eindruck, was im Laufe des Trainings durch das gemeinsame Tun zusätzlich zum Ausdruck kommt. Dies ist eine wichtige Ausgangslage, denn im Laufe eines Trainings lauern noch viele Fallstricke, die für Verwirrung sorgen können. Es sind vor allem *drei Konfliktbereiche*, die einem Duo die Zusammenarbeit erschweren.

- Ich bin besser als du (Konkurrenz um Fachwissen und Didaktik, Streit und Widerspruch vor der Gruppe).
- Ich bin beliebter als du (Konkurrenz um die Zuneigung der Gruppe).
- Ich muss auf dich verzichten (bei unvorhersehbaren Ereignissen bin ich auf mich alleine gestellt).

Konfliktfeld »Ich bin besser als du«

Unterschiedliches Fachwissen und unterschiedliche Methodik/Didaktik können Konflikte auslösen

Konflikte in der Zusammenarbeit entstehen oft durch einen unterschiedlichen Wissensstand der Akteure. Selbst wenn beide Referenten über ein solides, sich ergänzendes Fachwissen verfügen, kann die Crux darin bestehen, dass ein Trainer die Durchsetzung seiner persönlichen Interessen in den Vordergrund stellt, da er innerlich davon überzeugt ist, »der bessere Mann« oder sie »die bessere Frau« zu sein. Ich erinnere daran, dass im ersten Kapitel die häufigsten Konfliktstile kurz skizziert wurden. Ein durchaus gängiges Konfliktverhalten besteht in der Formel »Ich bin o.k., du bist nicht o.k.« Falls Trainer diese Haltung verinnerlicht haben, sind Konflikte mit dem Co vorprogrammiert. Diese Störung lässt sich nur beheben, wenn Trainer über ihre Konfliktpersönlichkeit reflektieren und beide Referenten vor dem Training eine konkrete Arbeitsteilung vornehmen. Sollten nämlich zwei Profis ihr unterschiedliches Fachwissen oder ihre unterschiedliche Didaktik statt zum Wohl der Gruppe als offene Konkurrenz austragen, kann es zu peinlichen Szenen kommen, wie das folgende Beispiel zeigt.

Kurt und Werner, zwei Managementtrainer, waren verantwortlich für die Durchführung eines Strategieworkshops. Schon am ersten Tag wurden große Uneinigkeiten zwischen beiden offensichtlich. Kurt bestand partout darauf, die Teilnehmer in Arbeitsgruppen aufzuteilen, sein Partner dagegen plädierte für die Weiterarbeit im Plenum. Die beiden bekriegten sich coram publico. Einerseits waren manche Teilnehmer unangenehm berührt, andererseits amüsierte sich die Gruppe köstlich über die beiden Referenten. Die Wirkung ist offensichtlich: Wenn zwei sich streiten, freut sich häufig der Dritte (in diesem Fall die Gruppe). Man kann nur allen Trainern davon abraten, dieses Verhalten zu imitieren, weil es unprofessionell wirkt. Zudem muss das Duo damit rechnen, Folgeaufträge zu verlieren, da viele Auftraggeber offensichtliche Unstimmigkeiten zwischen Trainern nicht tolerieren.

Tipps für ein Trainertandem

- Das persönliche Konflikt- und Konkurrenzverhalten als Trainer immer wieder reflektieren.
- Bei Unstimmigkeiten: Pause einlegen, um klare Absprachen zu treffen.
- Keinen Streit vor der Gruppe austragen.

Konfliktfeld »Ich bin beliebter als du«

Dass Trainer untereinander Konkurrenzkämpfe vor der Gruppe ausfechten, kommt in der Praxis immer wieder vor. Besonders konfliktreich wird es jedoch, wenn beide Hauptverantwortliche um die Zuneigung der Gruppe oder einzelner Teilnehmer buhlen. Missverständnisse oder Neid können entstehen, wenn ein Trainer merkt, dass sein Kollege oder seine Kollegin »besser ankommt«. Dazu folgendes Beispiel:

Herr Schmitt und Herr Kleister leiten gemeinsam ein Führungskräftetraining. Herr Kleister ist ein lockerer Typ, seine theoretischen Inputs unterlegt er mit der einen oder anderen Anekdote und geht ausführlich auf die Fragen der Teilnehmer ein. In den Pausen wird er von der Gruppe umringt. Der Kollege Schmitt wird hingegen eher ignoriert, obwohl auch dieser seine Aufgaben verantwortungsbewusst übernimmt. Er moderiert sachlich und nüchtern und visualisiert die wichtigsten Ergebnisse auf Flipchart. Aber man spürt, dass er bei der Gruppe weniger »ankommt« als Herr Kleister. Am späten Nachmittag ist die Aufteilung in zwei Arbeitsgruppen vorgesehen, die jeweils von einem der Trainer betreut werden. Von 14 Teilnehmern entscheiden sich elf für die Gruppe von Herrn Kleister, dagegen nur drei Personen für Herrn Schmitt. Herr Schmitt ist irritiert und bittet seinen Kollegen, um eine kurze Abstimmungspause.

Was ist geschehen? Offensichtlich hat die Seminargruppe einen Lieblingstrainer auserkoren, auch wenn dies von Herrn Kleister gar nicht bewusst provoziert wurde. Die Sympathien sind auf seiner Seite. Das Problem besteht nun darin, dass der »emotional unterlegene« Trainer Schmitt an Selbstvertrauen verlieren kann. Um dies zu verhindern, ist Konfliktklärung dringend angesagt, damit die Situation nicht weiter eskaliert. Auch hier sind mehrere Lösungswege möglich. Zunächst einmal sollte sich ein Trainertandem vor Augen führen, dass es weniger um die eigene Beliebtheit geht als vielmehr um den gemeinsamen Seminarerfolg. Diese nüchterne Betrachtung findet allerdings dort ihre Grenze, wo sich Neid- und Konkurrenzgefühle einstellen.

Neid und Konkurrenzgefühle gehören zum Trainingsalltag dazu, sollten die Zusammenarbeit jedoch nicht dominieren

So konnte ich in Train-the-Trainer-Seminaren und Einzelcoachings immer wieder erfahren, dass sich Trainer schlicht und ergreifend ärgern, wenn Kollegen »besser« ankommen als sie selbst. Abhilfe kann hier ein klärendes Gespräch unter vier Augen schaffen. Die beiden Trainer könnten beispielsweise das Seminar unterbrechen und der Gruppe zu verstehen geben, dass sie sich neu positionieren müssen, etwa: »Wir werden jetzt das Training für 20 Minuten unterbrechen, um uns neu abzustimmen. Nutzen Sie die Pause, um sich zu erfrischen, Kaffee zu trinken oder einen kurzen Spaziergang zu machen. Also, bis bald hier im Plenum!«

Ich persönlich habe die Erfahrung gemacht, dass man als Trainer oder Trainerin einfach akzeptieren muss, wenn der Co beliebter ist. Wenn Gruppenarbeiten anstehen und sich die meisten Teilnehmer für das Thema des Kollegen entscheiden, würde eine Fifty-fifty Aufteilung nur gekünselt wirken. Im obigen Fall würde nichts dagegen sprechen, eine Arbeitsgruppe mit elf und eine mit drei Personen zu betreuen. Allerdings wäre es sinnvoll, wenn sich die beiden Trainer diesbezüglich abstimmen, zum Beispiel den Zeitplan neu überdenken. Denn der Kollege, der »nur« mit drei Teilnehmern arbeitet, benötigt unter Umständen weniger Zeit für bestimmte Übungen. Für welches Vorgehen ein Trainerduo sich auch entscheidet, wichtig und hilfreich ist ein offenes Gespräch *nach* dem Training über die unterschiedlichen Sympathiewerte der beiden. Denn wenn sich ein Kollege seinem Co des Öftern emotional unterlegen fühlt und Neidgefühle entstehen, macht eine Zusammenarbeit auf Dauer keinen Sinn.

Tipps für ein Trainertandem

- Sofortiges oder baldiges Abstimmungsgespräch durchführen, wenn Unklarheiten bestehen.
- Gemeinsames Überdenken des Seminarkonzepts: Kann der »unterlegene« Kollege einen zusätzlichen Part übernehmen, in dem er sich stärker profilieren kann? Wenn ja,
- Entscheidung treffen: Soll man die Gruppe überhaupt zum jetzigen Zeitpunkt aufsplitten oder weiterhin gemeinsam im Plenum agieren? Ich rate zur Gruppenarbeit. Die Anzahl der Teilnehmer in den verschiedenen Arbeitsgruppen kann durchaus variieren und muss nicht fifty-fifty sein (s. S. 57)
- Offene Aussprache nach dem Training über die jeweiligen emotionalen Befindlichkeiten.
- Ein zusätzlicher Tipp: Ein Trainerkollege erzählte mir, dass er mit seinem Co die unterschiedlichen Sympathien einmal offen gegenüber der Seminargruppe kommunizierte. Beide verwiesen auf ihre unterschiedlichen Aufgabenbereiche und Kompetenzen und hoben den Nutzen hervor, den beide Trainer der Gruppe insgesamt bieten. Als es um die Bildung von zwei Arbeitsgruppen ging, fanden die Themen der beiden Referenten gleichermaßen Anklang.

Konfliktfeld »Ich muss auf dich verzichten«

Selbst bei bester Abstimmung im Vorfeld können Konflikte entstehen, die so nicht vorhersehbar sind. Vor Beginn eines Trainings oder während eines Seminars kann beispielsweise ein Trainer erkranken oder durch eine Familienangelegenheit so stark beansprucht werden, dass er vorzeitig abreisen muss. Die Folge: Der Ablauf des Seminars droht aus dem Gleichgewicht zu geraten, und Konflikte mit dem Co sind vorprogrammiert. Dazu ein Fallbeispiel, das mir ein Trainerkollege kürzlich schilderte:

> »Bei meiner Ankunft stellte sich heraus, dass mein Kollege, der die Hauptverantwortung für das Seminar hatte, erkältet war. Seine Stimme war leise und heißer, er war unsicher, ob er die beiden Tage durchstehen könnte. Mein Angebot, einige thematische Schwerpunkte zu verändern, lehnte er ab. Am frühen Nachmittag wurde es jedoch so schlimm, dass er kein Wort mehr herausbrachte, hohes Fieber kam hinzu. Die Gruppe zeigte zwar Verständnis, ich war jedoch sehr über den Kollegen verärgert, weil ich letztendlich fast alles alleine stemmen musste.«

Ähnliche Probleme schilderte eine Trainerin, deren Co-Trainer komplett ausgefallen war:

> »Bei meiner Ankunft im Seminarhotel fand ich eine Nachricht vor, dass ich den Auftraggeber anrufen solle. Während des Telefonats teilte mir mein Kunde mit, dass der Co-Trainer erkrankt sei und man auf die Schnelle keinen Ersatz finde. Er bat mich, das Seminar alleine durchzuführen. Ich habe zwar von Beginn an den Teilnehmern reinen Wein eingeschenkt, merkte aber schon bald, dass einige doch sehr enttäuscht waren, andere zweifelten gar daran, dass ich das umfangreiche Seminarprogramm alleine bewältigen könne. Ich habe dann das Lehrprogramm entschlackt und das Training zeitlich verkürzt, weil ich mich bestimmten inhaltlichen Schwerpunkten einfach nicht gewachsen fühlte. Die Tatsache, dass ich die Gruppe früher als geplant abreisen ließ, hat mir später beim Kunden viel Ärger eingebracht.«

Das Beste aus jeder Konfliktsituation machen und Regelungen für mögliche Konflikte vereinbaren

Beide Fälle zeigen, dass unerwartete Störungen, wie beispielsweise Krankheiten, auftreten können, die den Seminarverlauf gefährden können. Im ersten Beispiel hat zwar der Co-Trainer gehofft und sich bemüht, seine Erkältung in den Griff zu bekommen, doch letztendlich musste der Kollege das Seminar ohne dessen Unterstützung durchführen. In solchen Fällen nutzen keine Vorwürfe nach dem Motto: Wärest du doch besser abgereist. Es geht vielmehr konkret darum, *aus der vorhandenen Situation das Beste zu machen*. Insofern wäre es durchaus angebracht gewesen, die Aufgaben neu zu verteilen – zum Beispiel den kranken Kollegen mehr visualisieren lassen und ihn damit stimmlich zu entlasten – statt darauf zu hoffen, dass alles wie geplant verlaufen kann. Nach dem Training (wenn der Kranke wieder fit ist), braucht es auf jeden Fall einen Austausch zwischen den Kollegen, wie man ähnliche Fälle künftig anders regeln kann.

Im zweiten Beispiel konnte zwar die Trainerin von Beginn an alleine agieren, musste sich jedoch erst einmal den nötigen Respekt der Gruppe erarbeiten, da diese sich Inputs von zwei Referenten erhofft hatte. Die Entscheidung, das Lehrprogramm zu entschlacken und das Training zu verkürzen, ist eine kluge Lösungsoption – allerdings war dies nicht mit dem Auftraggeber abgestimmt. Dadurch war der Konflikt mit dem Kunden vorprogrammiert. Er hätte vermieden werden können, wenn sich die Trainerin telefonisch vorab ihre Entscheidungsfreiheit vom Auftraggeber bestätigen lässt.

Tipps für ein Trainertandem

- Bemühen Sie sich, aus der aktuellen Situation das Beste zu machen. Beiderseitige Vorwürfe nach dem Motto »Bleib zu Hause, wenn du erkältet bist«, sind daher nutzlos und völlig überflüssig. Konzentrieren Sie sich stattdessen auf eine neue Aufgabenverteilung, die dem aktuellen Kontext gerecht wird.
- Wenn ein Co-Trainer verhindert ist, sollte das Seminarthema auf die Kompetenzen des Referenten zugeschnitten werden, der das Training durchführt.
- Stellen Sie den Teilnehmern die überarbeitete Agenda vor und begründen Sie Ihre Entscheidung mit dem Ausscheiden des Kollegen. In aller Regel sind dann die Teilnehmer auch für das »neue« Seminarprogramm zu begeistern.
- Suchen Sie nach dem Training gemeinsam nach Lösungswegen, wie man mit Krankheitsfällen umgehen kann, denn Krankheiten sind niemals auszuschließen und können jeden treffen.
- Fragen Sie den Auftraggeber um Rat und fordern Sie klare Zuständigkeiten und Verantwortlichkeiten. Dazu gehört zum Beispiel auch die Möglichkeit, ein Training früher zu beenden.

Das erfolgreiche Trainertandem: So funktioniert eine gute Kooperation

»Eins und eins ist mehr als zwei.« Auf die Zusammenarbeit zweier Seminarleiter bezogen, bedeutet dieser Satz, dass im Idealfall eine Kooperation Synergien auslöst und Lernsituationen ermöglicht, von denen ein einzelner Trainer nur träumen kann. Zumal es kurzweiliger und motivierender für die Teilnehmer ist, wenn ein Team harmoniert, und gleichzeitig entlastet dies die beiden Trainer, da die Verantwortung geteilt wird. Die angesprochenen Beispiele haben bereits einige Handlungsmöglichkeiten in Konfliktfällen aufgezeigt. Dennoch gibt es darüber hinaus hilfreiche Verhaltensregeln, die ich Trainern als *Konfliktprophylaxe während des Seminarverlaufs* empfehle. Partnerschaftlich ein Seminar zu leiten und gemeinsam im Plenum Ergebnisse zu präsentieren stellt ein Trainerteam jedes Mal vor besondere Herausforderungen. Allerdings muss ein sinnvolles Arrangement nicht immer wieder neu erfunden werden – im Gegenteil. Auch hier bietet sich eine Checkliste (Frageliste; s. S. 113) an, die beiden Trainern ermöglicht, selbst in stressigen Seminarphasen relativ entspannt zu agieren.

Zum Schluss noch einige Anmerkungen zum Thema *Zusammenarbeit nach dem Training*. Zu Beginn dieses Kapitels wurde betont, dass es für eine erfolgreiche Kooperation notwendig ist, sich gemeinsam auf ein Seminar vorzubereiten. Das gilt auch für die Nachlese. Nehmen Sie sich Zeit, um die gemeinsame Arbeit zu reflektieren. Gerade für Teams, die mehrmals miteinander arbeiten (müssen), sind solche Abstimmungen ein absolutes Muss. Ich habe häufig erlebt, dass zwar der Aufwand anfangs hoch ist, jedoch im Laufe der Zeit, wenn man gut aufeinander eingespielt ist, die Phase der Vor- und Nacharbeit konzentrierter abläuft und damit auch zeitsparender. Die Nachlese sollte neben der inhaltlichen Reflexion ein gegenseitiges Feedback umfassen: Fragen Sie Ihren Kollegen um eine ehrliche Rückmeldung. Welche Stärken und welche Schwächen sieht er beziehungsweise sie? Nutzen Sie die Erfahrung und die Wahrnehmung anderer Profis, um sich ständig zu verbessern und weiterzuentwickeln.

Eine offene Aussprache kann dabei zwei Perspektiven eröffnen – im besten Falle kann die Zusammenarbeit fortgeführt werden oder im worst case ein Ende finden. Dies ist dann der Fall, wenn große Kompetenzunterschiede zwischen

Checkliste mit hilfreichen Fragen: Erfolgreich kooperieren – aber wie?

Wer übernimmt welchen Part im Plenum?
Tipp: Teilen Sie sich die Arbeit auf. Während beispielsweise ein Trainer die Gruppendiskussion moderiert, kann der Co die wichtigsten Aussagen der Teilnehmer visualisieren.

Was tut der eine, während der andere redet?
Tipp: Finden Sie gemeinsam eine gute Mischung zwischen Ruhe und Dynamik. Während eine Person im Stehen präsentiert, ist es wichtig, dass der Co-Trainer ruhig und souverän im Hintergrund agiert (zum Beispiel technische Hilfsdienste übernimmt oder einfach nur ruhig auf einem Stuhl sitzt und das Geschehen aufmerksam verfolgt).

Wer setzt welches Medium ein (Flipchart, Moderationskoffer, Laptop, Beamer usw.)?
Tipp: Vielfalt nutzen statt Einfalt bieten, sollte hier die gemeinsame Devise lauten. Jeder Trainer hat einige Lieblingsmedien, die er gerne einsetzt und mit denen er am besten umgehen kann. Stimmen Sie sich im Team darüber ab.

Wie gehen wir als Team mit technischen Pannen um?
Tipp: Bedenken Sie, dass bei Präsentationen mit elektronischen Medien durchaus technische Pannen auftauchen können. Sie sollten auf jeden Fall den Namen Ihres Ansprechpartners im Seminarhotel kennen, der Ihnen rasch helfen kann, sofern Sie selbst nicht die Panne beheben können. Einer der beiden Trainer kann sich dann darum kümmern und im Notfall ein Ersatzmedium organisieren.

Wie treten wir gemeinsam optisch auf?
Tipp: Klären Sie Stilfragen, denn ein stimmiges Außenbild ist nicht zu unterschätzen. Selbstverständlich erwartet von Ihnen niemand, dass sie als Duo in einer »Einheitskluft« auftreten. Doch vielleicht macht es Ihnen Spaß, sich bezüglich der Kleidung abzustimmen, um so auch visuell als Team zu wirken?

Was tun wir, wenn unsere Zusammenarbeit trotz allem nicht funktioniert?
Tipp: Splitten Sie die Seminargruppe auf und arbeiten Sie parallel. Nach einer gewissen Zeit sollten Sie die Teilgruppe Ihres Kollegen übernehmen und umgekehrt, damit die Teilnehmer vom Know-how beider Referenten profitieren. Üben Sie sich beide in Geduld – vor allem, wenn Sie zum ersten Mal miteinander arbeiten. Eine effiziente Zusammenarbeit funktioniert selten auf Knopfdruck.

Wenn die Chemie nicht stimmt, macht eine Zusammenarbeit keinen Sinn

zwei Trainern bestehen oder wenn sich zwei Trainer einfach nicht besonders mögen. Wenn »die Chemie nicht stimmt«, sollten man auf eine Zusammenarbeit verzichten. Ohne eine gewisse Sympathie kann ein Duo nicht als Team agieren. Ich kann dies aus eigener Erfahrung bestätigen. Ich musste vor einigen Jahren mit einem Trainer zusammenarbeiten, weil sich ein gemeinsamer Auftraggeber dadurch Synergieeffekte erhoffte. Das Gegenteil war jedoch der Fall. Unsere Trainingsthemen ergänzten sich zwar gut, aber wir mochten uns einfach nicht und fanden keinen Draht zueinander. In der konkreten Seminarsituation zeigten sich große Unterschiede in der jeweiligen Wahrnehmung – vielleicht auch deshalb, weil wir uns nicht sonderlich sympathisch fanden. Beide waren wir gleichwohl Profis genug, um dies nicht vor der Gruppe auszutragen. Beide waren wir auch klug genug, um unserem Auftraggeber zu signalisieren, dass eine weitere Zusammenarbeit als Trainerpaar keinen Sinn macht. Das Problem wurde dadurch gelöst, *bevor* es zum Konflikt wurde. Geschäftliche Partnerschaft kann einfach nicht erzwungen werden, so wünschenswert sie auch oft ist.

Viele Unternehmen favorisieren ein gemischtgeschlechtliches Trainertandem für ihre Weiterbildungen

Solche Erfahrungen sollen natürlich niemanden daran hindern, sich auf die Suche nach klugen Rezepten zu begeben, um den Erfolg von Seminaren sicherzustellen. Manche Auftraggeber sind davon überzeugt, dass *ein* Erfolgsfaktor darin besteht, ein engagiertes gemischtgeschlechtliches Trainerduo zu verpflichten. Die Annahme, dass eine partnerschaftliche Seminarleitung – verkörpert durch beide Geschlechter – sich psychologisch positiv auf die Gruppe auswirkt, ist nicht von der Hand zu weisen. Wissenschaftliche Studien und viele Praxiserfahrungen bestätigen, dass sich Frauen beispielsweise stärker für die Gruppenatmosphäre verantwortlich fühlen und Konflikte früher wahrnehmen als ihre männlichen Kollegen. Andere Beobachter gehen eher von der schlichten Tatsache aus, dass ein »Mann-Frau-Duo« eine Abwechslung für die Seminargruppe darstellt und dadurch die Chance für den Trainingserfolg vergrößert. Im letzten Abschnitt dieses Kapitels gehe ich daher der Frage nach, ob Frauen anders trainieren als Männer.

Trainieren Frauen anders als Männer?

Frauen als Trainerinnen

Dass Männer und Frauen sich in bestimmten Verhaltensweisen unterscheiden, wird in vielen wissenschaftlichen Untersuchungen bestätigt. Während jedoch einige Wissenschaftler die biologischen Faktoren und ihre Einflüsse betonen, sehen andere stärker in der Erziehung und im sozialen Umfeld die Gründe, warum beide Geschlechter sich unterschiedlich verhalten. Besonders deutlich wird dies in Kommunikationsprozessen – so auch im Bereich der Erwachsenenbildung. Die Sprache ist ohne Zweifel *das* Instrument von Trainern und Trainerinnen schlechthin, egal, ob sie EDV-Wissen vermitteln, Konflikttrainings durchführen oder Teamentwicklungen begleiten. Sozialwissenschaftliche Studien, unter anderem von Senta Trömel-Plötz, Luise F. Pusch, Deborah Tannen oder Wilfried Wieck (siehe Literaturverzeichnis), zeigen vor allem folgende Unterschiede im Kommunikationsverhalten von Frauen und Männern:

- Frauen verwenden in Gesprächen öfter einschränkende Formulierungen als Männer (Konjunktive oder Füllworte wie vielleicht, eventuell, könnte es nicht sein, dass ...).
- Frauen registrieren atmosphärische Störungen in Gesprächen früher und reagieren darauf intensiver.
- Männer unterbrechen ihre Gesprächspartnerinnen öfter als umgekehrt.
- Männer betonen in Gesprächen stärker ihren Status und heben die eigene Leistung hervor.

Im Trainingsalltag treten diese Unterschiede zwischen den beiden Geschlechtern nicht zwingend bei jedem Seminar auf. Die Tatsache, dass viele Menschen – so auch Trainerinnen und Trainer – an beruflichen Herausforderungen wachsen, nimmt Einfluss auf ihre jeweilige Persönlichkeitsstruktur insgesamt, insbesondere auch auf ihren Kommunikationsstil. So habe ich in den letzten Jahren immer wieder erlebt, dass erfahrene Trainerkolleginnen ihre Standpunkte auch in reinen Männerrunden klar und deutlich vermitteln und sich gegen permanente Unterbrechungen im Gespräch erfolgreich zur Wehr setzen konnten.

Nichtsdestotrotz bieten die angeführten Interaktionsmuster für alle Trainerinnen eine gute Hilfestellung, über das persönliche Kommunikationsverhalten zu reflektieren. Denn was nutzen die Erkenntnisse aus Wissenschaft und Forschung, wenn sie im Trainingsalltag nicht angewandt werden? Daher lohnt es sich durchaus, das eigene Seminarverhalten ab und an bewusst unter der Genderperspektive zu betrachten. Damit dies kein abstrakter Vorsatz bleibt, konzentrieren Sie sich am besten auf wenige Punkte, die Sie dann allerdings auch konsequent ausprobieren sollten: Achten Sie beispielsweise während Ihres nächsten Seminars darauf, ob Sie in Diskussionsrunden häufiger von *Teilnehmerinnen* oder häufiger von *Teilnehmern* unterbrochen werden. Oder wenn Sie ein Training mit einem vertrauten Kollegen durchführen, bitten Sie ihn darauf zu achten, dass er Ihnen anschließend Feedback zu Ihrem Gesprächsstil gibt – und zwar gezielt zu der Fragestellung: »Welche *einschränkenden Formulierungen* habe ich während des Seminars verwendet?« Auf diese Weise sensibilisieren Sie sich für ihre Sprechweise und erfahren gleichzeitig viel über ihre eigene Persönlichkeit sowie Ihre Wirkung auf andere.

Frauen achten oftmals auf andere Konfliktfaktoren im Seminar als Männer

Was die Bewältigung von Konflikten betrifft, so zeigt sich immer wieder, dass Frauen hier eine gewisse Sensibilität in den Seminaralltag transportieren, was durchaus von vielen Trainern geschätzt und anerkannt wird. So meinte ein Kollege in einem Interview: »Mit Frauen ist es im Training angenehmer zu arbeiten. Man ist besser im Dialog, man achtet auch auf weiche Faktoren im Seminar« und ein anderer Trainer ergänzt:

> »Oft sind es Frauen, die auf Zwischentöne reagieren, die Diskussion durch Nachfragen in Fluss halten oder konfliktreiche Themen ansprechen. Daher arbeite ich gerne mit einer Frau als Co-Trainerin.«

Frauen als Seminarteilnehmerinnen

Trainerin zu sein ist das eine, als Teilnehmerin eine Fortbildung zu besuchen das andere. Betrachtet man auf dem Weiterbildungsmarkt die Entwicklungen der vergangenen 20 Jahre, wird deutlich, dass Frauen als Zielgruppe stark umworben sind. Die Bildungsthemen, die Frauen ansprechen, unterscheiden sich auf den ersten Blick nicht wesentlich von der Wünschen ihrer männlichen Kollegen. Darüber hinaus scheint es ein Bedürfnis für Angebote zu geben, die sich ausschließlich an das weibliche Geschlecht richten, beispielsweise »Rhetorik für Frauen« oder »Führungskräftetrainings für Frauen« oder »Networking for women« oder »Existenzgründungworkshops nur für Frauen«. Die Motivation, an reinen Frauenkursen teilzunehmen, hat dabei viele Gründe, wie mir Teilnehmerinnen immer wieder bestätigen:

- Austausch unter Gleichgesinnten,
- lockere Atmosphäre,
- weniger Konkurrenzdruck,
- angstfreies Lernen,
- Aussprache über geschlechtsspezifische Probleme (zum Beispiel sexuelle Belästigung am Arbeitsplatz).

In einem Kommunikationstraining an einer Münchner Universität brachte dies eine Wissenschaftlerin wie folgt auf den Punkt:

> »Meine Kollegen und mein Chef tauschen sich intensiv in ihren jeweiligen Männerzirkeln aus. Sie bilden Netzwerke, zu denen ich keinen Zugang habe. Ich denke, es ist dringend an der Zeit, dass ich mir Unterstützung von Gleichgesinnten hole.«

Frauen wünschen sich also durchaus den Austausch nur mit Frauen, allerdings wollen die meisten Geschlechtsgenossinnen auf Fortbildungen in gemischten Teams auf keinen Fall verzichten, wie eine Bankangestellte mir gegenüber betonte:

> »Die wirtschaftliche Realität sieht heute glücklicherweise so aus, dass die Berufstätigkeit von Frauen anerkannt ist. Und da ich mit Frauen und Männern zusammenarbeite, ist es auch für mich normal, Fortbildungen zu besuchen, an denen Männlein und Weiblein teilnehmen.«

Sprache prägt das Bewusstsein und offenbart die Sensibilität für Genderfragen

Wenn Kursleiterinnen und -leiter sich an solchen Aussagen orientieren und sich gleichzeitig die vorab erwähnten Kommunikationsunterschiede zwischen den Geschlechtern vor Augen führen, wird offensichtlich, dass Trainingskompetenz stets auch die Sensitivität für Genderfragen beinhalten sollte. Eine zentrale Rolle spielt auch hierbei wieder die Wortwahl der Referentin beziehungsweise des Referenten. Im Umgang mit der Sprache zeigt sich nämlich sehr deutlich, wie ernst Trainerinnen und Trainer das Thema Gleichberechtigung tatsächlich nehmen. Gerade weil die Praxis zeigt, dass Werte, Vorurteile, Rituale und Normen ständige Begleiter eines Seminars sind, sollten Trainerinnen wie Trainer geschlechtsspezifische Rollenbilder entsprechend berücksichtigen und würdigen. Zum Abschluss dieses Kapitels möchte ich daher noch allen Kolleginnen und Kollegen einige gendergerechte Vorgehensweisen für den Seminaralltag vorschlagen.

Gendergerechtes Vorgehen im Seminar

- Reflektieren Sie immer wieder Ihr eigenes Trainerverhalten. Gibt es typische weibliche oder typische männliche Verhaltensweisen, die Ihnen selbst auffallen oder auf die Sie Kollegen oder Kolleginnen aufmerksam machen? Möchten Sie daran etwas verändern?
- Achten Sie auf Ihre Wortwahl im Seminar: Sprechen Sie in einer gemischtgeschlechtlichen Gruppe auch beide Geschlechter grammatikalisch korrekt an? Benutzen Sie beispielsweise Worte wie Kundin, Teilnehmerin, Mitarbeiterinnen gegenüber Frauen?
- Greifen Sie die unterschiedlichen Lebens- und Erfahrungswelten von Frauen und Männern in Seminaren auf, wenn es thematisch passt. Nutzen Sie den daraus resultierenden Perspektivenwechsel für Diskussionen, zum Beispiel: Würde sich eine Frau in diesem Konfliktfall anders verhalten?
- Leben Sie Partnerschaft im Seminar vor, indem Sie beispielsweise den Kommentaren von Frauen genauso Beachtung schenken wie den Ausführungen von Männer und umgekehrt (das ist leider nicht selbstverständlich!).
- Zitieren Sie einmal zur Abwechslung berühmte Frauen. Viele Trainer und Trainerinnen lassen Sprüche, Geschichten, Anekdoten in ihre Seminararbeit einfließen. Oft handelt es sich dabei allerdings um Dichter und Denker, Erfinder und Entdecker. Bedauerlicherweise werden selten kluge Frauen erwähnt, die es jedoch zu allen Zeiten gegeben hat und aktuell gibt.

Kapitel 4
Konflikte im Seminarumfeld

Trainer müssen nicht nur Konflikte mit Teilnehmern und Co-Referenten bewältigen – auch mit Kunden und dem Veranstaltungspersonal vor Ort kann es zu Problemen kommen. In diesem Kapitel liegt daher der Fokus auf dem Seminarumfeld. Ich werde Ihnen zahlreiche Anregungen geben, worauf Sie in Auseinandersetzungen mit Auftraggebern und Tagungsmanagement unbedingt achten sollten.

Konflikte zwischen Trainer und Auftraggeber

Unterschiedliche Interessen und Zielvorstellungen

Stellen wir uns folgendes Szenario vor:

> Ein kaufmännischer Leiter einer Großdruckerei sucht für seine Außendienstmitarbeiter einen Trainer, der ein zweitägiges Seminar zum Thema »Kundenorientierung« durchführen kann. Er wählt aus verschiedenen Imagebroschüren drei Favoriten aus: zwei Trainer und eine Trainerin. Er telefoniert mit diesen drei Personen, die zum Teil selbstständig und zum Teil Kooperationspartner von Traineragenturen sind. Zu Herrn Schweig, einem der beiden Trainer, bekommt er sofort am Telefon einen guten Draht. Der Mann macht nicht nur einen sympathischen, sondern auch einen kompetenten Eindruck. Er verweist auf seine Referenzen und beteuert, bereits 27-mal dieses Thema erfolgreich für Außendienstler verschiedener Branchen vermittelt zu haben. Der kaufmännische Leiter gibt Herrn Schweig telefonisch den Auftrag; einige Tage später liegen ein Seminarvertrag, die Teilnehmerliste und Auskünfte zum Seminarhotel im Briefkasten des Trainers.
> Wochen später muss sich der Leiter beim Mittagessen in der Kantine von mehreren Kollegen bittere Klagen über das Training anhören. »Wen haben Sie uns denn da geschickt? Dem mussten wir ja erst erklären, wie unser Außendienst funktioniert – diesen Herrn Schweig brauchen Sie nicht mehr zu buchen«.

Was war passiert? Offensichtlich ist, dass in der Rubrik Pleiten, Pech und Pannen beide Seiten gravierende Fehler gemacht haben. Der *Auftraggeber* in Gestalt des kaufmännischen Leiters hat sich auf eine Imagebroschüre und ein Telefonat verlassen, der *Trainer* hat auf der anderen Seite auf wichtige Fragen verzichtet. Aus Zeitnot oder Bequemlichkeit hat der kaufmännische Leiter es versäumt, sich einen persönlichen Eindruck vom Trainer zu verschaffen. Hinzu kommt, dass in Zeiten leerer Kassen viele Kunden dazu neigen, die Qualität von Trainerleistungen quasi vorauszusetzen und sich für das günstigste Weiterbildungsangebot zu entscheiden. Für zusätzliche Verwirrung sorgen die verschiedenen Zertifikate, Studienabschlüsse und Zusatzausbildungen, die Trainer Personalverantwortlichen vorlegen. Vielfach können Unternehmen diese Qualifikationen nicht richtig für ihr internes Fortbildungsprogramm einschätzen, zumal Titel wie »Managementtrainer« oder »Unternehmensberater« keine geschützten Berufsbezeichnungen sind.

In der Tat ist es für Firmen nicht einfach, *Trainerqualität* zu messen. Viele Unternehmen sehen vor allem in der Teilnehmerbeurteilung (Resonanzbogen) eine sinnvolle Möglichkeit, Seminarerfolge erfassen zu können. Die Teilnehmerzufriedenheit ist zwar ein sinnvolles Kriterium, sagt jedoch leider wenig darüber aus, ob die Umsetzung der Seminarinhalte in der Praxis von Erfolg gekrönt ist. Dennoch gibt es einige Möglichkeiten, um die Qualität des Trainers und seiner Dienstleistung einschätzen zu können. Zwei Bewertungskategorien spielen dabei eine erhebliche Rolle: die Input- und die Output-Kriterien.

Die Qualität von Trainern ist durchaus messbar

Input	Output
Ausbildung (und eventuelle Zusatzausbildungen) des Trainers	Teilnehmerzufriedenheit mündlich
Berufs- und Praxiserfahrung des Trainers	Feedbackbogen schriftlich
Methoden- und Medienvielfalt des Trainers	Transfersicherung der Seminarinhalte
Das Trainingskonzept für das geplante Seminar	

Entscheidend ist, was der Trainer erreicht (Output). Bestimmte Voraussetzungen (Input) machen jedoch den Erfolg wahrscheinlicher, deshalb ist es wichtig, dass Unternehmen auch auf Input-Kriterien achten. Ein Auftraggeber kann durch Vorgespräche mit dem Referenten, durch Einladungen zu Ausschreibungen und Präsentationen, durch schriftliche Auftragsvergabe und letztendlich durch einen Vertrag die Anforderungen an Fortbildungsmaßnahmen festlegen. Jedes Unternehmen sollte dazu in der Lage sein – wohlwissend, dass es eine Erfolgsgarantie niemals geben kann. Kunden und Trainer können lediglich möglichst optimale Voraussetzungen schaffen, damit Seminare und Workshops gut gelingen.

Vorsicht ist immer angesagt, wenn die Zufriedenheit mit einem Trainern, der bereits jahrelang für einen Kunden tätig ist, massiv abnimmt und sich Seminarteilnehmer über den Trainer und dessen Seminarmethoden beschweren. Dann sollte der Auftraggeber auf jeden Fall die Gründe für die Unzufriedenheit oder den Misserfolg herausfinden. Oft lässt sich dies im Gespräch mit dem Trainer klären, manchmal braucht es aber auch eingehender Recherche seitens des Unternehmens. Falls sich beispielsweise der Verdacht erhärtet, dass der Trainer Mitglied der Scientologen oder einer anderen Sekte ist, wäre es wünschenswert, wenn die Geschäftsführung entsprechende Konsequenzen zieht.

Auftraggeber sollten Qualitätsansprüche definieren können

Jedem Auftraggeber steht es also gut zu Gesicht, eigene Qualitätsansprüche für Trainer zu formulieren. Andererseits braucht auch ein Trainer eine klare Zielklärung mit dem (neuen) Kunden. Daher ist es wichtig, auf ein Kennenlerngespräch zu bestehen, um die Ziele des Auftraggebers und des Teilnehmerkreises zu erfahren. Im Gespräch sollte der Trainer auf jeden Fall folgende Fragen klären:

- Wurden bereits schon ähnliche Schulungsmaßnahmen durchgeführt und wenn ja, mit welchem Erfolg?
- Ist die Maßnahme Bestandteil eines größeren Weiterbildungsprogramms?
- Soll es sich um ein Basistraining oder ein Vertiefungsseminar handeln?
- Welche Rahmenbedingungen gibt der Auftraggeber vor (zum Beispiel Seminarhotel, Seminardauer)?
- Woran misst der Auftraggeber den Erfolg der Maßnahme?
- Was erwartet sich der Kunde nach der Schulungsmaßnahme (Transfer)?

Trainer müssen die Qualität ihres Angebots kennen und vermitteln können

Seriöse Trainer werden immer ihr Know-how betonen, aber gleichermaßen darauf verweisen, welche Grenzen ihr Weiterbildungsangebot hat, wenn beispielsweise nur ein Trainingstag statt drei Tage zur Verfügung steht. Dem Druck der Auftraggeberseite, möglichst viel Fachwissen in kurzer Zeit einzukaufen, sollten Sie klare und realistische Ziele entgegenhalten. Vorausgesetzt, Sie als Trainer sehen sich nicht als Guru oder Zauberer, ist es nicht möglich, in acht Stunden (abzüglich etwa zwei Stunden Pausen) ein Intensivtraining mit vielen Übungen durchzuführen, bei dem alle Teilnehmer eingebunden sind und intensiv ihr Verhalten reflektieren. Es geht darum, deutlich zum Ausdruck zu bringen, was der Trainer kann, was er will und wofür er partout nicht zur Verfügung steht (zum Beispiel für eine überzogene Erwartungshaltung).

Ich habe vor kurzem erlebt, dass mir ein potenzieller Kunde ein Infoblatt vorlegte und fragte: Können Sie das auch? Auf dem Blatt stand die Headline »In einem Tag zum perfekten Mega-Gedächtnis«. Als ich das verneinte, wollte er die Gründe wissen. Ich erwiderte: Erstens bin ich eine Expertin im Bereich Kreativtechniken und nicht für Gedächtnistraining (dann erklärte ich in einigen Sätzen die Unterschiede) und zweitens: Ich halte es für unmöglich, innerhalb eines Tages zu einem perfekten Mega-Gedächtnis zu kommen, sehr wohl jedoch zu einem *besseren* Gedächtnis! Der Kunde lachte, stimmte mir zu und dann diskutierten wir über meine Feldkompetenz.

Mag sein, dass es einen Trend gibt, sich durch Übertreibungen von der Masse der Trainer abzuheben. Jeder Trainer muss für sich entscheiden, welche Verhaltensweisen zu ihm passen und welche er lieber unterlassen sollte. Als freier Trainer auf dem Weiterbildungsmarkt zu überleben stellt dabei eine besondere Herausforderung dar, wie im nachstehenden Exkurs erläutert wird.

Exkurs: Freie Trainer als Unternehmer – die Selbstständigkeit aktiv gestalten

Im Juni 1997 war ich Teilnehmerin eines Freiberufler-Kongresses in München. Ein Computertrainer referierte über seine Erfahrungen mit Auftraggebern, die mit meinen durchaus vergleichbar waren und sind. Er verwies beispielsweise darauf, dass viele Freiberufler leider mit einem negativen Selbstverständnis an ihre Arbeit herangehen, und vermutete, dass der Grund ihrer Selbstständigkeit weniger in ihrer freien Entscheidung lag, sondern aus der Not geboren wurde – sie haben ihren festen Job verloren und versuchen nun, als Freiberufler ihre Existenz zu sichern. Ich konnte und kann immer noch dieser Aussage zustimmen.

Freiberufliche müssen sich als selbstständige Unternehmer verstehen, die von ihren Kunden als gleichberechtigte Geschäftspartner angesehen werden. Dass dies in wirtschaftlich schwierigen Zeiten schwer ist, kann jeder betätigen, der dieses Status innehat. Die »Freien« gehen ein hohes persönliches Risiko ein, was Auftragslage, Honorare und soziale Absicherung betrifft. Es gibt keine Sicherheit für sie. Kein Wunder also, dass die »unfreiwilligen Freien« (diejenigen, die sich aus existenzieller Not heraus selbstständig machen) diesen Zustand ängstlich und sorgenvoll betrachten. Statt dieser Sicherheit gibt es jedoch für Freiberufler eine attraktive Alternative, die da lautet: Freiheit und Unabhängigkeit. Manche Selbstständige verziehen jetzt vielleicht ihre Mundwinkel zu einem müden Lächeln und sagen: »Mein Hauptauftraggeber hat meine Stundensätze seit drei Jahren deutlich gedrückt. Ich bin abhängig von meinen Kunden, und da soll ich mich als freier Unternehmer fühlen?«

Objektiv gesehen, sind Freie jedoch *nicht* abhängig von Kunden, und wenn sie es sind, dann bieten sie tatsächlich ihre Dienstleistung lediglich einem oder zwei Auftraggebern an. Finanziell mag dies ja durchaus attraktiv sein, es ist jedoch kein Wunder, dass dadurch Abhängigkeitsgefühle entstehen, denn die Anhängigkeit ist real! Ich behaupte: Nur in der Professionalität unserer Dienstleistung, in der permanenten Weiterentwicklung unseres Fachgebiets und in der Zusammenarbeit mit verschiedenen Kunden kann das hohe persönliche Risiko von Freiberuflern ausgeglichen werden und dadurch aus dem Risiko eine echte Chance werden. Dazu müssen wir jedoch uns aktiv verkaufen und persönlich weiterentwickeln – moderne Schlagworte, die jedoch eine Notwendigkeit darstellen und nicht nur in Sonntagsreden von Wirtschaftsverbänden und politischen Parteien als mahnende Worte zu verstehen sind.

Wenn eine Trainerin Expertin ist für den Bereich Organisationsentwicklung, sollte sie dies nicht nur Kunden vermitteln, die bereits mit ihr zusammenarbeiten, sondern auch potenziellen, neuen Auftraggebern. Diese kann sie auf vielfältige Weise kennenlernen: auf Tagungen und Kongressen, per Kalt-Akquise, durch andere Freiberufler, durch Ex-Kollegen, durch Anzeigenwerbung und durch Kontaktvermittler (Headhunter). Gerade Neukunden bieten die Chance, den eigenen Auftritt, die eigene Performance zu verbessern und auch Facetten des eigenen Fachgebiets anzuwenden, die bisher bei Alt-Kunden (oder Ex-Kunden) noch nicht gefragt waren. Hinzu kommt, dass die Zusammenarbeit mit verschiedenen Auftraggebern die eigene Unabhängigkeit bewahrt, neue Perspektiven eröffnet sowie die eigene Lernfähigkeit aktiviert. Dass Konflikte dabei an der Tagesordnung sind, ist sicherlich für viele Trainer nicht neu. Allerdings fehlt ihnen oft das nötige Know-how, wie man sich in Auseinandersetzungen mit Kunden verhalten soll. Der nächste Abschnitt wird sich dieser Thematik widmen.

Konflikten aktiv begegnen: Vom Erstkontakt bis zur Transfersicherung

Schritt 1: Das Kontaktgespräch

Gleich vorweg: Ob es überhaupt eine »richtige« Gesprächsführung zwischen Auftraggeber und Trainer gibt, bezweifele ich. Das Problem liegt meines Erachtens weniger in der kompetenten Gesprächsführung beider Seiten, sondern zeigt sich eher in der *Haltung*, mit der sich beide begegnen. In vielen Gesprächen mit selbstständigen Trainerinnen und Trainern wurde mir klar, dass es zwei konträre Einstellungen gibt, wie sich Kollegen und Kolleginnen gegenüber ihren »Geldgebern« verhalten. Die einen gehen davon aus, dass der Auftraggeber als Arbeitgeber hierarchisch höher gestellt ist und die Bedingungen diktieren kann. Der Einfluss des Trainers besteht lediglich darin, die besten Bedingungen für sich selbst (und die Seminargruppe) auszuhandeln. Andere Trainer wiederum betonen ihre Selbstständigkeit und sind der Überzeugung, dass es auch in schwierigen wirtschaftlichen Zeiten gelingen kann, ein partnerschaftliches Miteinander zu gestalten. Sie gehen davon aus, dass sich beide Seiten für die Fortbildungsmaßnahme verantwortlich fühlen und beide an einem effektiven Seminar interessiert sind. Entsprechend wird Erfolg als Zielvorgabe definiert, die das Image des Unternehmens ebenso fördert wie das Ansehen des Trainers und die Motivation der Seminargruppe.

Wünschenswert ist ein partnerschaftliches Gespräch zwischen Auftraggeber und Trainer

Eine partnerschaftliche Einstellung beeinflusst zwangsläufig den Gesprächsverlauf und die Atmosphäre, denn sie führt dazu, dass beide Seiten deutlich ihre jeweiligen Anliegen zum Ausdruck bringen. Vom Auftraggeber ist beispielsweise zu vernehmen, dass er eine Weiterbildungsreihe zum Thema »Innovationsmanagement« plant, die mehrere Module umfassen soll und ausschließlich für die Zielgruppe Entwicklungsingenieure gedacht ist. Der Trainer kann zum Ausdruck bringen, welche inhaltlichen Schwerpunkte er in einer Reihe setzen würde, ob es Sinn macht, alleine oder mit einem internen Co-Referenten zu agieren, genauere Angaben zu der Zielgruppe zu erfragen usw. Beide Gesprächspartner tragen Verantwortung für das gemeinsame Gesprächsergebnis. Die Grundlage eines partnerschaftlichen Gesprächs ist vor allem:

- die echte Bereitschaft miteinander zu reden und sich zuzuhören,
- das echte Interesse an der Position des anderen,
- der Wille, beim Thema zu bleiben,
- der bewusste Verzicht auf Tricks und persönliche Angriffe.

Bestandteile des Erstkontakts sind häufig Fragen bezüglich der Zielgruppe, der Lernform, möglichen Seminarinhalten und sonstigen Rahmenbedingungen. Meist wollen sich Kunde wie Trainer dabei von ihrer besten Seite zeigen. Man beschnuppert sich, klärt Fragen, und in der Regel geht Schritt 1 gleich in Schritt 2 über (Absprachen und Verträge). Manchmal zeichnen sich jedoch in diesem »Abtasten« bereits einige Konflikte ab, die nicht leicht zu lösen sind. Im Folgenden zwei typische Beispiele:

Fallbeispiel A
Ein Trainer, spezialisiert auf dem Gebiet »Moderation von Meetings«, erhält einen Anruf von einer PR-Agentur. Der Artdirector kommt schnell zum Punkt: Die Besprechungskultur im Unternehmen lasse zu wünschen übrig. Berater, die als Projektleiter agieren, nehmen oft ihre Moderationsrolle nicht wahr, die Brainstormingrunden ufern in der Regel zeitlich aus, meistens dauern sie drei Stunden und mehr, außerdem nehmen daran zu viele Mitarbeiterinnen und Mitarbeiter teil, was die Ineffizienz wohl noch verstärke. Niemand wisse, was man dagegen unternehmen kann. Nun sei er auf der Suche nach geeigneten Referenten, die auf dieses Thema spezialisiert sind. Im Übrigen sei der Trainer ihm von einem Kollegen empfohlen worden. Man einigt sich am Telefon auf ein baldiges persönliches Kennenlerngespräch, zumal Agentur als auch Trainer in der gleichen Stadt sind. Das Gespräch wird immer wieder verschoben, insgesamt viermal wird ein neuer Termin vereinbart. Nach sechs Wochen erreicht ihn eine E-Mail, dass man sich für einen anderen Referenten entschieden hat.

Wie kann der Trainer mit diesem Konflikt umgehen? – Offensichtlich hat der Artdirector im Vorfeld mehrere potenzielle Referenten kontaktiert. Das ist legitim, und jeder Trainer, auch bekannte und anerkannte Profis, konkurriert mit Kollegen auf dem Weiterbildungsmarkt. Wenn allerdings Erstgespräche nicht zustande kommen, sollte ein Trainer dies als erstes Warnsignal deuten. In dem dargestellten Fall hätte der Referent spätestens bei der dritten Absage offen seine Irritation ansprechen können, etwa mit den Worten: »Herr Schneider, ich bin jetzt erstaunt darüber, dass unser Gespräch zum wiederholten Male verschoben wird. Ich bin ein Freund klarer Worte, daher meine Frage: Sind Sie an einem Treffen mit mir tatsächlich noch interessiert oder hat sich Ihre Anfrage mittlerweile erledigt?«

Ferner kann der Trainer dem potenziellen Kunden auch ein schriftliches Angebot unterbreiten, ohne sich vorab getroffen zu haben. Manche Referenten bevorzugen diesen Weg, weil sie sich durch schriftliche Unterlagen erhoffen, stärker im Gedächtnis des Auftraggebers verankert zu bleiben. Was Sie als Trainer jedoch stets tun sollten, wenn kein Erstkontakt zustande kommt und Sie dennoch eine Absage erhalten: Schreiben Sie einen kurzen, sachlichen Brief oder eine E-Mail. Bringen Sie dabei Ihr Bedauern deutlich zum Ausdruck, gleichzeitig jedoch auch Ihre Verwunderung über die unzureichende Unternehmenskommunikation mit externen Beratern und Trainern. Dadurch erreichen Sie zweierlei: Sie schaffen damit Ihrem Ärger mit sachlichen Worten Luft und geben ein klares Feedback zur Unternehmensethik, Stichwort: professioneller Umgang mit Geschäftspartnern. Zeigen Sie also Haltung und nehmen Sie Stellung, auch wenn lukrative Aufträge scheitern! Das bedeutet aktives Konfliktmanagement!

Bei Absagen ohne Begründung sachlich per Telefon, Brief oder E-Mail reagieren

Fallbeispiel B
Eine Trainerin, die seit vielen Jahren Beurteilungsschulungen in Banken durchführt, sitzt dem Personalchef einer Sparkasse gegenüber, der unter anderem auch für Weiterbildungsmaßnahmen verantwortlich ist. Das Gespräch verläuft zunächst offen und informativ für beide Seiten. Als es um die Honorarfrage geht und die Trainerin ihren Tagessatz nennt, meint der Gesprächspartner: »Für eine Frau verlangen Sie aber ein saftiges Honorar!«

Wie kann die Trainerin mit diesem Konflikt umgehen? – Es gibt genügt Beispiele, dass Frauen und Männer aufgrund ihres Geschlechts unterschiedlich behandelt werden. Manche Diskriminierungen erfolgen so subtil, dass die Betroffenen es selbst gar nicht registrieren. In diesem Fall ist es jedoch anders. Der Personalchef spricht ganz klar aus, dass er ein hohes Honorar von einer Trainerin einfach nicht erwartet. Denkbar sind nun verschiedene Reaktionen:

- Die Trainerin kann die spitze Bemerkung »für eine Frau« bewusst überhören und dem Gegenüber eine offene Fragen stellen, beispielsweise: Was verstehen Sie denn unter einem saftigen Honorar?
- Die Trainerin kann ihren Honorarsatz mit ruhigen Worten wiederholen und deutlich zum Ausdruck bringen, welchen Gegenwert der Auftraggeber für ihre Leistung bekommt. Zum Beispiel: »Sie haben richtig gehört: Mein

Tagessatz liegt bei 1.500 Euro. Für dieses Honorar erhält ihr Unternehmen folgende Leistungen ...«

- Die Trainerin kann humorvoll und selbstbewusst ihr Geschlecht ins Spiel bringen, indem sie sagt: »Aber ich bitte Sie, Herr Meier, Sie legen doch sicherlich sowohl an ihre Mitarbeiterinnen wie Mitarbeiter gleiche Leistungsmaßstäbe an. Freiberuflichen Trainerkollegen zahlen Sie doch auch den von mir genannten Honorarsatz, der übrigens in der Branche üblich ist. Gleicher Lohn für gleiche Arbeit ist ein Grundsatz der Gleichstellung von Mann und Frau. Oder sind Sie hier anderer Meinung?«

Für welche Variante Sie sich als Trainerin in solchen Fällen zukünftig entscheiden, die Antwort muss mit Ihrer Persönlichkeit »kompatibel« sein, ansonsten verlieren Sie Ihre Souveränität während des Gesprächs. Als Trainerin müssen Sie stets mit frauenfeindlichen Sprüchen rechnen. Diese sind vielleicht nicht immer böse gemeint, verfehlen jedoch ihre Wirkung nicht. Mein wichtigster Tipp lautet daher: Legen Sie sich gewisse Antworten im Vorfeld zurecht, die Sie guten Gewissens vertreten können. Dies stärkt Ihr Selbstvertrauen und Ihre Kompetenz.

Schritt 2: Absprachen und Verträge

Es ist also offensichtlich: Die Kennenlernphase eröffnet Chancen wie auch Risiken. Wenn allerdings das Gespräch beidseitig zur Zufriedenheit verläuft und keine Konflikte wie die geschilderten auftreten, wird die Zusammenarbeit zwischen Kunde und Trainer konkretisiert. Meist erstellt der Trainer im Anschluss an das Gespräch ein Weiterbildungskonzept, das die Wünsche und Zielvorstellungen des Auftraggebers berücksichtigt. Die Konzepterstellung an sich ist vor allem eine Frage der Routine und der Erfahrung. Besonders wichtig ist es dabei, dass sich der Trainer angemessen schriftlich präsentiert, seine pädagogisch-didaktische und fachliche Kompetenz verdeutlicht und dabei die Sprache des Unternehmens berücksichtigt. So wird ein Konzept, das sich an freie Journalisten als Zielgruppe richtet, andere Formulierungen beinhalten als eine Konzeption, die auf Naturwissenschaftler oder Ingenieure abzielt. Ist der Kunde damit einverstanden, bestätigt er den Auftrag meist schriftlich per Brief oder E-Mail. Theoretisch ist zwar eine mündliche Zusage für beide Seiten ebenso bindend, denn Vereinbarungen müssen nicht zwangsläufig schriftlich erfolgen. In der Regel fühlen sich jedoch beide Seiten wohler, wenn Absprachen schriftlich dokumentiert werden. Daher ist ein Seminarvertrag durchaus der übliche Weg. In dieser Phase ist Raum für Verhandlungen. Ein Thema steht nun klar auf der Agenda: das *Honorar* für die Trainingsleistung.

Jeder Trainer ist gut beraten, sich im Vorfeld zu überlegen, welches Honorar er für seine Dienstleistung verlangen möchte. Denn nur so kann er in der Verhandlungssituation auch Zugeständnisse machen oder – was auch der Fall sein kann – dankend das Angebot der Gegenseite ablehnen. Wenn beispielsweise ein Auftraggeber ein zweitägiges Führungskräftetraining für 1.000 Euro einkaufen möchte, wird wohl die Mehrzahl der Profi-Trainer dieses Angebot ablehnen, da sie einschätzen können, dass das Preis-Leistungs-Verhältnis nicht in Einklang zu bringen ist. Wenn wir allerdings von einer Win-win-Lösung ausgehen, also einer Gesprächsstrategie, die beide Seiten als Gewinner sehen möchte, wird man sich einigen. Ob dies im geschilderten Falle bei 2.000 oder 5.000 Euro oder höher liegt, ist abhängig vom finanziellen Etat des Auftraggebers und der Kompromissbreitschaft des Trainers. Darüber hinaus gilt es, folgende Absprachen schriftlich zu fixieren:

- Ort und Dauer des Trainings,
- Thema/Themen,
- Zielgruppe und mögliche Teilnehmerzahl,
- Schweigepflicht,
- Stornogebühren bei Absagen oder Krankheit,
- Rechnungsstellung, Kontoverbindung,
- Fälligkeitstermin der Überweisung,
- Gerichtsstand bei Meinungsverschiedenheiten,
- Ablehnung der Lehre der Scientologen (optional).

Kein Training ohne Vertrag

Ich habe Trainer kennengelernt, die über eigene Vertragsmuster verfügen und diese auch Auftraggebern vorlegen, andere Referenten orientieren sich an den Verträgen der jeweiligen Firma beziehungsweise der jeweiligen Organisation. Auch hier lassen sich keine allgemein verbindlichen Aussagen treffen. Wer als Neuling im Trainermarkt arbeiten möchte, dem oder der empfehle ich, sich entweder Literatur über Trainingsverträge zu besorgen, sich von einem Anwalt beraten zu lassen oder sich bei Berufsverbänden zu informieren. Der auf Weiterbildungsfragen spezialisierte Rechtsanwalt Hans Olbert hat dazu in seinen Fachbüchern mehrere Mustervorlagen veröffentlicht, an denen sich Trainer orientieren können (siehe Literaturverzeichnis).

Gehen wir nun davon aus, dass sich Kunde und Trainer rasch einigen und es zu einer Vertragsunterzeichnung kommt – ist dann alles sozusagen »in Butter« oder gibt es dennoch möglichen Konfliktstoff? Wenn man nämlich das

Vertragswerk genau analysiert wird deutlich, dass nur *eine* Beziehungsebene geregelt ist – nämlich die zwischen Trainer und Auftraggeber. Aus der Tatsache, dass ein gewisses Honorar vereinbart und schriftlich festgelegt ist, ergibt sich für den Trainer eine Leistungspflicht: Er muss trainieren. Für die Zielgruppe des Seminars, die Teilnehmer, ergibt sich jedoch daraus keine automatische Lernpflicht. Streng genommen müsste es also *zweierlei Verträge* geben: den Geschäftsvertrag mit dem Kunden sowie einen Seminarvertrag zwischen dem Trainer und den Teilnehmern. Da in der Regel nur Ersteres existiert, sind Konflikte vorprogrammiert, wie das folgende Beispiel zeigt:

> Der Kommunikationstrainer Herr Schulz soll ein Argumentationstraining für ein mittelständiges Unternehmen durchführen, Zielgruppe sind Mitarbeiterinnen und Mitarbeiter, die für Verkauf und Kundenservice zuständig sind. Das Seminar findet in einem Hotel statt. Gleich zu Beginn weist der Trainer im Auftrag des Unternehmens auf einige organisatorische Besonderheiten hin. Dazu gehören, dass die Teilnehmer alle alkoholischen Getränke selbst zahlen, die Essenszeiten eingehalten werden und abends eine Lerneinheit vorgesehen ist. Das Murren mancher Zuhörer quittiert er mit den Worten: Ich gebe nur das weiter, was ihr Arbeitgeber wünscht. Das Seminar gestaltet sich im Laufe des Tages schwierig. Die Übungen und Anregungen, die Herr Schulz vorschlägt, werden zwar zunächst von der Gruppe positiv aufgenommen, doch nach der Auswertung eines Rollenspiels meint ein Teilnehmer zum Trainer: »Muss ich jetzt damit rechnen, dass mein Vorgesetzter von meinem Problem erfährt?« Herr Schulz gibt dazu keine Antwort.

Wie kann der Trainer diesen Konflikt vermeiden? Offensichtlich fehlt dem Trainer Schulz das Wissen darüber, dass es zweierlei Verträge gibt: die Abmachungen mit dem Kunden *und* einen »Vertrag« mit der Seminargruppe. Trainer und Gruppe sehen sich häufig im Tagungshaus zum ersten Mal. Viele werden zur Fortbildung geschickt, sind also nicht freiwillig dabei. Die Tatsache, dass es einen externen Trainer gibt, nährt die Fantasie, dass dieser als verlängerter Arm des Arbeitsgebers fungiert und im Anschluss an das Training entsprechend Rapport erstattet. Ob diese Ängste nun berechtigt sind oder nicht: Sie lassen sich aus der Welt schaffen oder zumindest minimieren, wenn es klare Abmachungen zwischen Referent und Gruppe gibt. Es ist daher empfehlenswert, als Trainer ein »Commitment« mit den Teilnehmern zu finden. Derartige Übereinkünfte werden in der Regel nicht schriftlich vereinbart. Sie umfassen Regelungen, wie man beispielsweise im Seminar miteinander umgeht, und

Auch mit der Seminargruppe sollte man einen Vertrag (»Commitment«) vereinbaren

betonen die Vertraulichkeit zwischen Seminarleitung und Seminargruppe. Selbstverständlich bleibt ein Restrisiko für den Trainer, da er nicht weiß, ob die Teilnehmer ihm seine Verschwiegenheit ernsthaft glauben. Im geschilderten Beispiel hätte Herr Schulz spätestens bei der Bemerkung des Teilnehmers die Initiative ergreifen und diese Vertraulichkeit zwischen ihm und der Gruppe ansprechen müssen.

Da solche Konflikte im Trainingsgeschäft an der Tagesordnung sind, plädieren manche Trainer und Autoren wie Bernhard Leidner oder Fanita English für einen *Dreiecksvertrag zwischen Kunde, Trainer und Teilnehmer* (siehe Literaturverzeichnis). Sie verweisen darauf, dass solche Verträge in der Praxis zwar nicht dreiseitig transparent ausgehandelt werden, doch Trainer und Auftraggeber ihre Verantwortlichkeiten gegenüber der Seminargruppe teilen müssen. Für den Kunden wie Trainer muss klar sein, dass nicht nur im Beratungskontext, sondern auch in Seminaren oder Workshops die *Schweigepflicht* ein wertvoller Bestandteil der Erwachsenenbildung ist (das bedeutet: Was Teilnehmer im Seminar sagen, wird vom Trainer nicht nach »oben« weitergeleitet). Zur *effizienten Konfliktprophylaxe* gehört außerdem, dass Arbeitgeber in der Seminareinladung den Teilnehmerkreis sowohl über den Inhalt wie das organisatorische Prozedere informieren. Wenn Trainer dann im Seminar auf bestimmte Punkte eher beiläufig verweisen (zum Beispiel alkoholische Getränke werden von der Firma nicht übernommen), werden sie nicht als »Hardliner« oder »Buhmann« wahrgenommen.

Schritt 3: Resonanzbogen als Feedback

Seminare werden von den Teilnehmern bewertet und im Idealfall vom Auftraggeber und vom Trainer ausgewertet. Dies ist nicht nur eine erprobte, sondern auch eine sinnvolle Praxis, da die Seminargruppe sowohl den Trainer als Persönlichkeit als auch die inhaltlichen Schwerpunkte und die Methodik/Didaktik beurteilen kann. Der Sinn von Resonanzbogen ist die Beurteilung eines Seminarverlaufs inklusive Lerninhalte und Trainerpersönlichkeit. Professionelle Referenten nutzen das schriftliche Feedback, um mehr Klarheit über ihre eigenen Stärken und Schwächen zu erhalten und/oder Seminarkonzeptionen zu verbessern. Das Unternehmen erhält Entscheidungshilfen, ob die Fortbildung erfolgreich war und ob die Zusammenarbeit mit dem Trainer fortgesetzt werden soll oder nicht. Auch in dieser Phase sind Konflikte durchaus an der Tagesordnung. Erinnern Sie sich an Beispiel B (s. S. 12f.) im ersten Kapitel? Der Trainer hat den Fehler begangen, auf die Resonanzbogen gänzlich zu verzichten. Der Auftraggeber hat dies unter anderem zum Anlass genommen, dem Seminarleiter keine weiteren Aufträgen zu geben.

Resonanzbogen können vom Auftraggeber oder vom Trainer selbst entwickelt werden

Wenn Unternehmen Weiterbildungsmaßnahmen als Evaluationsinstrument nutzen wollen, entwickeln sie eigenständige Mustervorlagen für das Teilnehmerfeedback. Stellt der Auftraggeber keine Vorlagen zur Verfügung, empfehle ich allen Trainern, *eigene Resonanzbogen* zu entwickeln. Inhalt wie Layout können zwar frei formuliert und gestaltet werden, dennoch haben sich drei Fragestellungen als sinnvoll erwiesen, die Teilnehmer beantworten sollten:

- Wie empfand ich die Seminarleitung?
- Was gefiel mir inhaltlich und methodisch besonders gut?
- Worin sehe ich Verbesserungsbedarf?
- Was ich sonst noch sagen möchte ... (optional)

Ihre Meinung ist gefragt				
Insgesamt beurteile ich den Ablauf und die Inhalte des Workshop als ...	sehr gut	gut	noch o.k.	unzureichend
Die Methodik/Didaktik im Workshop (Erläuterungen, Medieneinsatz, Handouts) war ...	sehr gut	gut	noch o.k.	unzureichend
Zum Verhältnis von Theorie und Praxis wünsche ich mir ...	mehr Praxis	keine Veränderung	mehr Theorie	weiß nicht
Die Dauer des Workshops sollte ...	länger sein	so bleiben	kürzer sein	weiß nicht
Das Gelernte kann ich im Berufsalltag verwenden ...	auf alle Fälle	teils/teils	auf keinen Fall	weiß nicht
An einer Vertiefung des Workshops (Refresh, Aufbautraining) bin ich ...	sehr interessiert	interessiert	wenig interessiert	nicht interessiert
Welche Kreativmethoden finde ich besonders interessant und warum?				
Was ich sonst noch sagen möchte ...				

Meinungsbogen

Veranstaltung: ....

Termin: ....

Ort: ....

Liebe Mitarbeiterin, lieber Mitarbeiter,

Ihre Rückmeldung auf diesem Fragebogen unterstützt uns bei der Planung und Optimierung unserer Qualifizierungsmaßnahme. Mit dieser Hilfe erreicht unsere Weiterbildung eine Qualität, die unserem Unternehmen und Ihnen gleichermaßen zugute kommt. Deshalb bitten wir Sie, sich für die Beantwortung der folgenden Fragen einige Minuten Zeit zu nehmen!
Die Anmerkungen sind eine Möglichkeit für Sie, zusätzliche Eindrücke zu den jeweiligen Fragestellungen zu äußern. Dabei können und sollen Sie auch Verbesserungsvorschläge und Kritik anbringen.

1. **Wie zufrieden waren Sie *insgesamt* mit der Qualifizierungsmaßnahme?**

– –	–	+	+ +

– – überhaupt nicht zufrieden
+ + sehr zufrieden

Anmerkungen: ....

....

....

2. **Inwieweit stimmten die angekündigten bzw. vereinbarten Inhalte mit den tatsächlichen Inhalten überein?**

– –	–	+	+ +

– – gar nicht
+ + voll und ganz

Anmerkungen: ....

....

....

3. **Wie beurteilen Sie zum jetzigen Zeitpunkt den Nutzen dieser Qualifizierungsmaßnahme für Ihre Arbeit?**

	– –	–	+	+ +
a) Ich habe mein Fachwissen erweitert	– –	–	+	+ +
b) Ich kann das Neugelernte voraussichtlich am Arbeitsplatz anwenden	– –	–	+	+ +
c) Ich nehme Anregungen/Erkenntnisse für meine tägliche Arbeit mit	– –	–	+	+ +
d) Ich habe hilfreiche Kontakte geknüpft	– –	–	+	+ +

– – trifft gar nicht zu
+ + trifft voll und ganz zu

Anmerkungen: ....

....

....

Referent/in: | | |

4. Wie beurteilen Sie folgende Aspekte der Qualifizierungsmaßnahme?

– – äußerst unbefriedigend + + sehr gut

	Referent/in 1	Referent/in 2	Referent/in 3
a) Meine inhaltlichen Fragen wurden beantwortet	– – | – | + | + +	– – | – | + | + +	– – | – | + | + +
b) Die Inhalte waren gut gegliedert, ein »roter Faden« war für mich stets erkennbar	– – | – | + | + +	– – | – | + | + +	– – | – | + | + +
c) Visuelle Hilfsmittel wurden angemessen eingesetzt	– – | – | + | + +	– – | – | + | + +	– – | – | + | + +
d) Der Lernprozess ermöglichte mir eine aktive Mitarbeit (Gruppenarbeit, praktische Übungen)	– – | – | + | + +	– – | – | + | + +	– – | – | + | + +
e) Es herrschte eine gute Lernatmosphäre	– – | – | + | + +	– – | – | + | + +	– – | – | + | + +

Anmerkungen: ....

....

....

5. Wie beurteilen Sie die Seminarunterlagen für den Einsatz in der Qualifizierungsmaßnahme? – – | – | + | + + – – | – | + | + + – – | – | + | + +

Anmerkungen: ....

....

....

6. Wie beurteilen Sie die Seminarorganisation?

a) Zeitlicher Ablauf der Qualifizierungsmaßnahme	– – | – | + | + +
b) Ausstattung der Veranstaltungs-/Gruppenräume	– – | – | + | + +
c) Unterkunft	– – | – | + | + +
d) Verpflegung	– – | – | + | + +
e) Informationsgehalt der Einladungsunterlagen	– – | – | + | + +

Anmerkungen: ....

....

....

Vielen Dank für Ihre Mitarbeit!

Schritt 4: Rechnungsstellung

Stellen wir uns nun vor, dass auch Schritt 3 gut gelungen ist: Die Fortbildung wurde erfolgreich vom Trainer durchgeführt; die Zielgruppe sowie der Kunde sind zufrieden. Was nun? Der Trainer stellt einige Tage nach dem Seminar eine Rechnung, die sich auf den zuvor geschlossenen Vertrag bezieht. Natürlich ist es wünschenswert, dass Verträge eingehalten und Rechnungen beglichen werden. Dies klingt selbstverständlich, ist es aber in wirtschaftlich schweren Zeiten nicht. Immer mehr Trainer und Berater beklagen sich darüber, dass ihre Kunden zwar zahlen, sie jedoch oft viele Wochen (manchmal auch Monate) auf ihr Honorar warten müssen. Das übliche Prozedere, dass spätestens vier Wochen nach Rechungsstellung das vereinbarte Honorar überwiesen wird, ist nicht immer garantiert.

In solchen Fällen ist Ihr Geschick als Kommunikationsprofi gefragt. Rufen Sie beim Auftraggeber an und fassen Sie nach. Gehen Sie dabei nicht unbedingt von einer schlimmen Intrige aus. Manchmal bleiben Rechnungen liegen, weil jemand krank ist, oder sie landen statt in der Buchhaltung in einer anderen Abteilung. Es gibt viele Gründe, warum es zu Zahlungsverzögerungen kommen kann. Missverständnisse sind dazu da, aus dem Weg geräumt zu werden. Wer allerdings als Trainer merkt, dass er bestimmte Kunden ständig anmahnen muss, der sollte sich ernsthaft überlegen, ob er mit diesem Auftraggeber auf Dauer weiterhin zusammenarbeiten möchte. Denn wer nachlässig in finanziellen Angelegenheiten ist, ist meist auch auf anderen Gebieten ein unzuverlässiger Geschäftspartner. Daher rate ich zu folgender Vorgehensweise, falls sich Kunden als *säumige Zahler* erweisen:

- Suchen Sie zunächst das Gespräch (wie beschrieben). Fragen Sie höflich nach, ob die Rechnung eingegangen ist und ob es dazu noch Fragen gibt. Lassen Sie sich zusichern, dass Ihr Honorar bald überwiesen wird.
- Schicken Sie nach spätestens sechs Wochen eine Mahnung. Mahnung bedeutet, dass Sie erneut Ihre Rechnung zusenden und mit einer Mahngebühr versehen.
- Sollte die Rechnung immer noch nicht überwiesen werden, rate ich, noch einmal anzurufen und den Druck zu verstärken. Sie können zusätzlich ein- oder zweimal schriftlich mahnen. Ausgaben, die für die Eintreibung von Forderungen anfallen, können übrigens ab der 2. Mahnung als Verzugsschaden gegenüber dem Schuldner geltend gemacht werden.
- Wenn Mahnschreiben und Anrufe keine Wirkung zeigen, dann ist eine Mediation oder eine gerichtliche Auseinandersetzung unvermeidlich. Darüber erfahren Sie später mehr (s. S. 144).

Musterrechnung

Firma Knoxx & Co
Personalabteilung
Herr Heinz Mayer
Karlstr. 60

53115 Bonn

Bonn, den 16. Januar 2007
Steuer-Nr. 409/112233
Rechnungs-Nr. 030917

Argumentationstraining
11. bis 12. Januar 2007, Göttingen

Honorar für 1,5 Tage	Euro	2.400,00
19 % MWSt.	Euro	456,00

Zwischensumme	Euro	2.856,00
Reisekosten (Belege anbei)		
Bahn München-Göttingen	Euro	82,00
Taxi	Euro	18,50

	Euro	100,50
Gesamt	**Euro**	**2.956,50**

Rechnung überweisen an:

Beate Mustermann
Stadtsparkasse München
BLZ: 701 500 00
Konto: 11-223 345

Schritt 5: Nachlese und Transfersicherung

»Ist Seminarnachbereitung mit dem Auftraggeber zwingend, und ist es sinnvoll, auf Transfersicherung zu bestehen und dies im Vertrag verpflichtend aufzunehmen?«, fragte mich in einer Coachingsitzung ein Kollege. Zunächst einmal gilt: Mit der Beendigung eines Trainings ist die Aufgabe der Seminarleitung erfüllt. Was danach kommt, entscheidet letztendlich der Kunde. Nachlesegespräche und Transfersicherungsmaßnahmen als feste Vertragsbestandteile sind optional. Trainer sollten auf jeden Fall auf deren Nutzen hinweisen, (rechtlich) einfordern können sie diese Aktionen jedoch nicht.

Was die *Nacharbeit* betrifft, so genügt meist Auftraggebern, die bereits seit Jahren mit externen Trainern zusammenarbeiten und mit deren Leistung zufrieden sind, ein Blick in die Resonanzbogen, um sich einen Eindruck zu verschaffen. Sie verzichten des Öfteren auf eine ausführliche Trainingsnachlese. Anders sieht dies sicherlich aus, wenn Trainer zum ersten Mal in einem Unternehmen eingesetzt werden. Hier gehört eine ausführliche Nacharbeit zum Pflichtprogramm. Für den Trainer können sich daraus weitere Aufträge ergeben, sofern die Fortbildungsmaßnahme erfolgreich war. Eine offene Informationspolitik gegenüber dem Auftraggeber nach einem Seminar ist meiner Erfahrung nach das A und O einer guten Zusammenarbeit. Bieten Sie als Trainer Ihrem Kunden, der ja Vertrauen in Sie setzt, auf alle Fälle ein Bilanzgespräch an. Die Nachlese ist eine Verpflichtung zum Rapport und sollte ernst genommen. Ein mündliches Gespräch zwischen den Vertragspartnern erweitert und ergänzt die schriftlichen Eindrücke der Seminarteilnehmer. Damit ist eine gute Ausgangslage für weitergehende Transferleistungen gelegt, sofern sich beide Seiten darauf einigen können.

Transfersicherungsmaßnahmen werden leider oft nicht konsequent umgesetzt

Eine intensive *Transfersicherung* scheitert allerdings in der Praxis häufig am konkreten Willen und an der Disziplin der Beteiligten. Untersuchungen zeigen, dass selbst qualitativ gute Seminare nicht zu einer erfolgreichen und nachhaltigen Umsetzung im Berufsalltag führen. Ein Kollege berichtet mir dazu seine Erfahrung:

> »Vor einiger Zeit wurde ich von einem Kunden eingeladen, für den ich Monate zuvor einige Führungsseminare für Projektleiter durchgeführt hatte. Als ich ihn auf den Teilnehmerkreis ansprach, meinte er zu mir: Herr Leist, die interne Fortbildung war ja damals durchaus ein Erfolg. Allerdings habe ich in den letzten Meetings festgestellt, dass viele Kollegen sich wieder in alten Verhaltensmustern bewegen. Ich muss Ihnen ehrlich sagen, dass ich im Moment den Eindruck habe, dass alles umsonst war.«

Der Frust des Kunden ist verständlich und zeigt gleichzeitig, wie schwer Seminarerfolge im Unternehmensalltag zu sichern sind. Genau genommen handelt es sich bei *Transfer um einen Lernprozess, der alle Interventionen vor, während und nach einem Training umfasst, die zur Umsetzung des Gelernten notwendig sind.* Das Umsetzen der Seminarergebnisse ist zwar primär Angelegenheit der Teilnehmer und des Unternehmens, der Trainer kann allerdings dank einer guten Seminardurchführung und einer gezielten Nacharbeit mit dem Kunden zur Sicherung der Lerninhalte beitragen. Häufig ist er dann allerdings eher als Berater und weniger als Trainer gefordert.

Wichtige Bestandteile der Transfersicherung

Vor dem Training
- Transfergespräche mit den Vorgesetzten/mit dem Auftraggeber
- Lernbedarf erheben
- Eventuell Vorbereitungsmaterialien für Seminar erstellen

Während des Trainings
- Arbeit mit Fallbeispielen aus dem Berufsalltag der Teilnehmer
- Verschiedene Verhaltensoptionen diskutieren und trainieren

Nach dem Training
- Lerngruppen bilden (Lernpartnerschaften der Teilnehmer)
- Transfergespräche mit den Vorgesetzten/mit dem Auftraggeber
- Planung und Durchführung weiterer Vertiefungs- und Aufbauseminare
- Einzel-Coachings oder Team-Coaching

Der Nutzen von Transfer ist offensichtlich: Lernbedarf-Ermittlung, stärkere Praxisrelevanz des Seminars, höhere Motivation der Teilnehmer, stärkere Verbindlichkeiten für die Teilnehmer, Intensivierung der Kommunikation zwischen Mitarbeiter und Vorgesetzten. Trainer können jedoch lediglich für Transfersicherung werben, indem sie deren Nutzen herausstellen. Solange viele Auftraggeber den Erfolg von Weiterbildungsmaßnahmen lediglich in einem »guten Seminar« realisiert sehen, ist zu befürchten, dass Transferleistungen vernachlässigt werden.

Die Geld-Zurück-Garantie: Trainings zum Schnäppchenpreis?

Unternehmen reagieren in Krisenzeiten mit Budgetkürzungen. Für die Belegschaft bedeutet dies häufig Personalabbau; für Berater sowie Trainer bedeutet es, mit weniger Aufträgen und oft auch mit einem kleineren Honorarbudget auskommen zu müssen. Nicht immer legen dabei die Kunden ihre Preisvorstellungen so offen auf den Tisch, wie dies eine Trainerin schildert:

> »Vor kurzem erhielt ich einen Anruf von einem Unternehmen, das ›auf die Schnelle noch eine Trainerin sucht, die ein bisschen was zur Entscheidungsfindung in Teamprozessen sagen könne‹. Geplant seien parallele Workshops von zweistündiger Dauer. Als er mir den Honorarsatz von 500 Euro für einen Trainingstag nannte, lehnte ich mit dem Hinweis ab, dass dies leider die Kosten meiner Vorbereitungszeit plus Workshop-Leitung nicht deckt. Die lapidare Antwort lautete: »Wenn Sie sich das erlauben können, uns abzusagen, müssen wir das wohl so akzeptieren.«

Zunächst einmal: Es ist normal in Wettbewerb mit anderen zu treten, dabei zu gewinnen oder zu verlieren. Trainer, die selbstständig sind und für verschiedene Auftraggeber arbeiten, kennen dieses Prozedere. Wie immer gilt dabei: Der Ton macht die Musik! Wenn Absagen nachvollziehbar sind, dann mag man sie bedauern, kann allerdings die Entscheidung des Kunden leichter nachvollziehen und damit auch akzeptieren. Ärger und Frust stauen sich erst an, wenn Auftraggeber entweder überhaupt keine Begründung liefern oder mit ablehnenden Standardfloskeln reagieren (»wir haben uns das völlig anders vorgestellt« oder »das ist uns zu teuer«). Das Interesse des Auftraggebers, gute Leistung zum Schnäppchenpreis einkaufen zu wollen, ist vor allem dann entlarvend, wenn er – wie dies im Falle der Trainerin geschehen – statt auf eine Absage souverän zu reagieren, beleidigend im Tonfall wird.

In der Praxis erleben Trainer zudem, dass Honorarkürzungen immer stärker mit dem Stichwort »Effizienz« begründet werden. Man verweist darauf, dass Weiterbildungsmaßnahmen auf ihren Nutzen überprüft werden müssen nach dem Motto: Was viel nützt, darf etwas kosten, was wenig oder nichts nützt, darf auch kaum etwas kosten. Viele Personalverantwortliche sehen daher in der *erfolgsabhängigen Vergütung* eine optimale Lösung. Drei Argumente werden dabei immer wieder genannt:

- Trainer investieren mehr Zeit in die Ermittlung des Lernbedarfs der jeweiligen Zielgruppe, wenn die Vergütung erfolgsabhängig ist.
- Trainer und Auftraggeber reflektieren stärker als bisher den Lernerfolg von Bildungsmaßnahmen, wenn die Vergütung erfolgsabhängig ist.
- Trainer können mehr pädagogische Freiräume und individuelle Experimentiermöglichkeiten genießen, wenn die Vergütung erfolgsabhängig ist.

Honorarvergleiche alleine sind ein unzureichendes Bewertungskriterium

Was dabei übersehen wird: Diese Argumente sind für seriöse und professionelle Trainer und Trainerinnen schon längst Selbstverständlichkeiten. Wer beispielsweise als selbstständiger Verkaufstrainer vor 30 Jahren Schulungen in Versicherungen durchgeführt hat, der musste sich bereits damals überlegen, welche Lerninhalte er mit welcher Methodik/Didaktik vermittelt. Seine jeweiligen pädagogischen Freiräume musste er mit dem Auftraggeber aushandeln – auch daran hat sich bis heute nichts geändert. Hinzu kommt, dass der Erfolg von Weiterbildungsmaßnahmen damals wie heute schwer zu messen ist. Wer Trainerhonorar und Seminarerfolg eng und unmittelbar miteinander verquicken möchte, sollte bedenken, dass sich das Verhalten von Teilnehmern nach einer Fortbildung nicht über Nacht ändert und sich positive Veränderungen oft erst nach einer gewissen Zeit zeigen. Garantieversprechen über das künftige Verhalten einer Seminargruppe zu geben ist daher unseriös.

Statt komplizierte Regeln zur honorarabhängigen Vergütung zu formulieren, sollten Firmen und Organisationen sich überlegen, was ihnen Aus-, Fort- und Weiterbildung ihrer Mitarbeiterinnen und Mitarbeiter Wert sind. Statt zu sagen: Was darf Bildung überhaupt kosten?, ist zu fragen: Wie viel ist unserem Unternehmen ein qualifizierter Mitarbeiterstab überhaupt wert? Aufbauend auf dieser Fragestellung gilt es, mittel- und langfristige Weiterbildungskonzepte zu entwickeln, deren Module sich gegenseitig ergänzen und ständig der Entwicklung des Unternehmens angepasst werden. Um Seminarkosten oder Trainingshonorare transparent zu machen und gleichzeitig kosteneffizient vorzugehen, haben Auftraggeber zudem die Möglichkeit, Honorare aufzusplitten. So können sie zum Beispiel die Konzept- und Vorbereitungsarbeiten eines Trainers von der Seminardurchführung und den daran anknüpfenden Transfermaßnahmen trennen. Damit werden Weiterbildungskosten transparent, und das Unternehmen kann entscheiden, wie viel Honorar welche einzelne Dienstleistung wert ist.

Fazit: Wenn sich ein Unternehmen primär am Trainerhonorar als Wertmaßstab orientiert, wird es der Persönlichkeit des Seminarleiters, seinen Lerninhalten sowie seiner Methodik/Didaktik stets den zweiten Rang einräumen. Der qualitative Vergleich von Weiterbildungskonzepten und Trainer-Know-how bleibt auf der Strecke, weil ein Dialog darüber leider selten geführt wird, oft sogar überhaupt nicht erwünscht ist. Das ist umso bedauerlicher, weil der Trainer dadurch seine Dienstleistung nicht angemessen präsentieren kann. Es ist aber sinnvoll, wenn Kunden und Trainer gemeinsam über die Qualität und den Nutzen professioneller Fortbildungsmaßnahmen diskutieren. Der Kostenfaktor spielt dabei eine Rolle, ist aber nicht der einzig wichtige Diskussionspunkt.

Qualitätsmanagement erfordert den Vergleich von Weiterbildungskonzepten und -durchführungen

Und was kann ein Trainer tun, wenn eine Zusammenarbeit dennoch an den unterschiedlichen Honorarvorstellungen scheitert? Der einzige Tipp, den ich hierzu geben kann, lautet: Verkaufen Sie weiterhin aktiv Ihre Ideen und Konzepte. Präsentieren Sie sich als Fachmann und Fachfrau, die auf bestimmte Weiterbildungsthemen spezialisiert sind. Und dieses Expertenwissen darf und muss seinen Preis wert sein. Machen Sie sich bewusst, dass Auftraggeber, die ausschließlich die preiswertesten Trainerleistungen einkaufen möchten, keine professionellen Ansprechpartner im Weiterbildungsbereich sind. Deshalb gilt: Finger weg von solchen Kunden, Wunden lecken und auf zu neuen Ufern!

Was tun bei Meinungsverschiedenheiten oder im Streitfall?

Stellen Sie sich bitte folgenden Fall vor: Ein Personalentwickler eines großen Versicherungsunternehmens bestellt bei einem Trainer 30 Seminartage, insgesamt gestückelt in zehn Seminaren à drei Tage. Nach sechs erfolgreichen Trainingsmodulen (also 18 Tagen) teilt der Personaler dem Referenten mit, dass durch Umstrukturierungsmaßnahmen im Unternehmen der Weiterbildungsetat gekürzt worden sei und nur noch ein Seminarmodul durchgeführt werden kann. Der Trainer verweist auf seinen Vertrag, möchte allerdings einen Streit vor Gericht vermeiden. Der Auftraggeber verharrt jedoch auf seinem Standpunkt. Wie kann sich der Trainer verhalten?

Wie so oft, gibt es auch in solchen Konfliktfällen *verschiedene Handlungsoptionen*. Vor einer gerichtlichen Auseinandersetzung sollte auf jeden Fall der Verhandlungsweg gewählt werden. Dabei bieten sich zwei Lösungsoptionen an – die Verhandlung zu zweit oder die Verhandlung unter Hinzunahme einer Schiedsstelle.

Lösungsoption Verhandlung

Verhandlungen gehören für Trainer zum Beruf, denn sie sind es gewohnt, sich mit verschiedenen Auffassungen auseinandersetzen zu müssen – dabei geht es nicht nur um Honorare, sondern auch um Mitsprache bei Hotels, der Größe des Teilnehmerkreises und der Ausrichtung der Lerninhalte. Wenn allerdings Trainer in Situationen wie im angeführten Beispiel geraten, muss ihnen bewusst sein, dass sie sich bereits auf einer hohen Konfliktstufe befinden. Wer sich das neunstufige Konfliktmodell von Friedrich Glasl nochmals vor Augen führt (s. S. 23f.), wird feststellen, dass im geschilderten Fallbeispiel die Stufe 3 bereits erreicht ist – gekennzeichnet durch das Schaffen vollendeter Tatsachen und dem Verlust von Vertrauen und Empathie. Eine wertschätzende Haltung in dieser Phase zu bewahren, ist nicht einfach, weil Wut und Ärger die nüchterne Sichtweise auf die Situation vernebeln können. Entscheidend ist jedoch in dieser Phase, dem Gegenüber zu signalisieren, dass eine konstruktive Konfliktklärung noch erwünscht ist und man bereit ist, den Konflikt zu klären.

Die *individuelle Verhandlungsführung* hat stets damit zu tun, welche eigenen Ziele man überzeugend vermitteln möchte. Dabei hilft es, vor der Verhandlung mit dem Auftraggeber so konkret wie möglich die eigenen Ziele zu formulieren. Dabei bietet sich an, die Ziele in Maximal- und Minimal-Ziele zu unterteilen und herauszufinden, zu welchen Kompromissen man bereit ist. Denn nur wenn man weiß, welche Schmerzgrenzen auf keinen Fall überschritten werden sollten, ist man überhaupt in der Lage Übereinkünfte treffen zu können, mit denen beide Seiten gut leben können (Win-win-Situation).

Individuelle Vorbereitung für schwierige Verhandlungen

Eigene Verhandlungsziele in drei Schritte aufteilen
- Was sind meine Maximalziele?
- Was sind meine Minimalziele?
- Welche Kompromisse bin ich bereit einzugehen?

Reflexion der Standpunkte der Gegenseite
- Wie denkt der andere?
- Wie argumentiert der andere?
- Wie verhält sich der andere?

In Verhandlungen sollte man die eigene Position sowie die Position des Gesprächspartners berücksichtigen

Weiterhin ist wichtig zu bedenken, sich nicht nur auf die eigenen Ziele und Positionen zu konzentrieren, vielmehr die Interessen, Werte und Bedürfnisse der Gegenseite ebenfalls zu berücksichtigen (siehe Kasten). Der mentale Perspektivenwechsel hilft, gedanklich den Konflikt zu deeskalieren. Folgende Frage sollten Sie bedenken: Wie würde ich mich anstelle des anderen fühlen, wie denken, wie argumentieren, wie mich verhalten? Dabei geht es nicht darum, die Position des Gegenübers unkritisch zu übernehmen, sondern vielmehr das eigene Konfliktlösungsrepertoire zu erweitern. Einem guten Verhandlungsgespräch sollte dann nichts mehr im Wege stehen, sofern der Geschäftspartner ebenfalls daran interessiert ist, die Auseinandersetzung zu klären. Im »best case« halten sich beide Seiten an die üblichen, fairen Verhandlungsgrundsätze, die da lauten:

- Verhandeln Sie in gutem Glauben.
- Finden Sie den richtigen Ton.
- Stellen Sie die jeweiligen Positionen vor und hören Sie einander zu.
- Nehmen Sie sich Zeit zur Diskussion und zum Nachdenken.
- Entwickeln Sie gemeinsam Lösungsideen (Win-win-Lösung).
- Erstellen Sie gemeinsam einen Umsetzungsplan mit Controlling.

Lösungsoption Mediation/Schiedsstelle oder Gerichtsprozess

Nicht immer trauen sich Trainer zu, Konflikte mit Auftraggebern eigenständig zu lösen. Dies aus gutem Grunde, denn selten ist man ein guter Coach in eigener Sache. Wer selbst im Konfliktsumpf steckt, benötigt Hilfe von außen und sollte dies auch nutzen. Das gilt für professionelle Trainer ebenso wie für Berater und sollte nicht als Schwäche, sondern als Stärke ausgelegt werden. Sollten also der Mut, die Erfahrung und die Kraft fehlen, eine Verhandlung unter vier Augen durchzuführen, bietet sich Plan B an: die Hinzunahme einer externen Konfliktmoderation (siehe auch fünftes Kapitel). Der Einsatz einer dritten, neutralen Person macht auf der Konfliktstufe 3 dann Sinn, wenn beide Parteien noch hoffen, den Konflikt lösen zu können und beide dies auch wollen, obwohl die Fronten deutlich zutage treten.

Neben der Möglichkeit einer Mediation gibt es im Bildungssektor seit längerem die Diskussion über ein »Schiedsgericht für die Weiterbildungsbranche«. Sie ist eine Einrichtung des Trainertreffens Deutschlands im Verbund mit mehreren Anwälten der Telekanzlei (siehe Internetlinks). Die Rechtsanwälte der Telekanzlei verfügen selbst über eigene Trainererfahrungen in Industrie und Mittelstand. Sie wollen in einem Konflikt zwischen Seminarleiter und Auftraggeber moderierend vermitteln, um die Einschaltung staatlicher Gerichte zu verhindern. Nach Auskunft der Initiatoren steckt allerdings das Konzept noch in den Kinderschuhen. Ob derartige Dienstleistungen zukünftig verstärkt in Anspruch genommen werden, bleibt daher abzuwarten.

Eine gerichtliche Auseinandersetzung ist manchmal leider unvermeidlich

Wenn eine Mediation scheitert, weil sich eine Partei nicht auf Verhandlungen einlässt, ist der Gang zum Gericht unvermeidlich. Trainerinnen und Trainer erleben immer wieder, dass Auftraggeber kein faires Geschäftsgebaren an den Tag legen. Das passiert sogar in den Milieus, bei denen es man dies überhaupt nicht vermutet, zum Beispiel im Gewerkschaftsbereich oder in sozialen Institutionen wie ich selbst und andere Trainerkollegen dies bereits erlebt haben. »Wertschätzende Haltungen werden dann massiv verletzt, wenn beispielsweise Gespräche verweigert, Geschäftsbriefe oder E-Mails nicht beantwortet werden, man bedroht oder erpresst wird«, sagte mir kürzlich ein Kollege, dessen Auseinandersetzung mit einem Kunden auf gerichtlichem Wege geklärt werden musste. Und fügte weiter hinzu: »Jede ernste Auseinandersetzung mit einem Auftraggeber zeigt, wie konfliktresistent man selbst als Persönlichkeit ist, was man sich gefallen lässt und was nicht. Sollen sich bestimmte Grundhaltungen und Werte nicht mehr decken, ist das Ende der Zusammenarbeit ein folgerichtiger Schritt.«

Konflikte zwischen Trainer und Tagungsmanagement

Wenn die Rahmenbedingungen nerven

Wer als Tourist unterwegs ist und in Hotels übernachtet, dem ist in aller Regel ein schönes, ruhiges Zimmer mit Standardkomfort sowie gutes Essen und Trinken das wichtigste Anliegen. Wer als Trainer in einem Hotel ein dreitägiges Seminar durchführt, hat weitergehende Ansprüche. Der Trainer beziehungsweise die Trainerin wird dabei mit Bereichen konfrontiert, die normalen Hotelgästen verschlossen sind. Man lernt die Bankett-Managerin ebenso kennen wie den Verkaufsleiter oder den Haustechniker. Der optimale Fall ist natürlich gegeben, wenn der Auftraggeber ein »festes Trainingshotel« hat und bereits seit Jahren mit dem Hotelmanagement vor Ort arbeitet. Man kennt und schätzt sich, weiß um die Wünsche und Eigenarten der verschiedenen Referenten, zum Beispiel wünscht die Trainerin Frau Schuster einen Stuhlkreis, der Trainer Herr Meier hingegen eine Bestuhlung in Hufeisenform vor Beginn des Seminars. Derlei Absprachen werden meist direkt zwischen Hotel und Auftraggeber verhandelt, zumal auch von der Seminardauer die jeweiligen Tagespauschalen abhängen, die Unternehmen an Hotels zahlen. Im Idealfall betritt ein Trainer zu Beginn des Trainings den Seminarraum und findet für ihn optimale Rahmenbedingungen vor – beispielsweise flexible Tisch- und Stuhlelemente, Medien wie TV und Videorekorder oder DVD-Player, CD-Player, Flipchart, Moderationswände und Moderationskoffer, Beamer und dergleichen mehr.

Leider ereignen sich immer wieder Konfliktsituationen, die, im Nachhinein betrachtet, gut in den Griff zu bekommen wären, sofern man als Seminarverantwortlicher der Tagungsorganisation mehr Aufmerksamkeit schenken würde. Eine Trainerin gab dazu folgendes Beispiel:

»Ich erinnere mich an ein Seminar, das im März 2004 in einem kleinen Tagungshotel in der Nähe von Kassel stattfand. Innerhalb von drei Tagen musste ich dreimal den Raum wechseln, weil viele Veranstaltungen parallel stattfanden mit zum Teil wohl erheblich mehr Gästen als ursprünglich geplant. Ich habe zwar gegen die Raumänderungen protestiert, konnte mich aber nicht so richtig gegenüber dem Personal durchsetzen, zumal die Leute mir auch einfach leidtaten. Die Hoteldirektion bedankte sich zwar am Schluss mit einem Abschiedsgeschenk pro Teilnehmer, doch hat die Seminaratmosphäre eindeutig unter den häufigen Raumwechseln gelitten.«

Bei allem Verständnis für gestresstes Hotelpersonal. Auch Sie als Trainer beziehungsweise Ihr Kunde als Veranstalter haben das Recht auf Vertragserfüllung. Selbstverständlich kann es immer wieder zu Änderungen kommen, doch wenn eine Seminargruppe sich dreimal auf andere Räumlichkeiten einstellen muss, dann ist dies zweimal zu viel! In solchen Situationen sollten Sie sich klar und unmissverständlich äußern und auf bestimmte Rahmenbedingungen schlicht und ergreifend bestehen.

Tipps für Trainer

- Seien Sie rechtzeitig vor Ort (Faustregel: spätestens ein bis zwei Stunden vor Seminarbeginn) und prüfen Sie den Seminarraum. Finden Sie alles vor, was Sie benötigen? Eine individuell zusammengestellte Checkliste kann Ihnen dabei zusätzlich Ihre Vorarbeit erleichtern.
- Führen Sie sofort ein Gespräch mit dem zugehörigen Ansprechpartner vor Ort, wenn Sie Mängel feststellen oder Veränderungswünsche haben. Denn nur so kann auch das Hotelpersonal Ihre Anregungen berücksichtigen, bevor die Gruppe den Raum betritt.
- Nehmen Sie unangemessene Räumlichkeiten niemals stillschweigend hin, vor allem dann nicht, wenn Sie andere Bedingungen vorfinden, als im Vertrag zwischen Auftraggeber und Hotel festgelegt. Bestehen Sie auf dem vereinbarten Raum oder fordern Sie eine entsprechende Alternative.
- Rufen Sie notfalls Ihren Kunden als Unterstützer an, wenn das Hotelpersonal sich uneinsichtig zeigt. Die Raumfrage muss definitiv vor Beginn des Seminars entschieden werden, denn sie bietet den äußeren Lernrahmen und ist daher nicht zu unterschätzen

Auch bei einem eher unverfänglichen und erfreulichen Thema wie »Essen« kann es zu erheblichen Störungen kommen. Zunächst einmal gilt: Welches Essen lecker ist und welches nicht, ist eine individuelle Geschmackssache. Dennoch gibt es für die Seminarkost einige Grundregeln, an die sich auch die meisten Tagungsstätten halten: ein reichhaltiges Frühstücksbuffet mit vielen Leckereien, eine leichte Kost in den Seminarpausen vor- und nachmittags (Obst, Joghurt, kleine Snacks) sowie eine Auswahl an Mittags- und Abendmenüs, die auch vegetarische Gerichte berücksichtigen. Außerdem sollten stets genügend Getränke (Mineralwasser, verschiedene Säfte) bereitstehen. Konflikte im Hinblick auf das Essen gibt es meist nur, wenn *lange Wartezeiten beim Essen* entstehen. Dazu folgender Kommentar eines Trainers:

> »Ich leitete ein Seminar in einem großen Tagungshaus. In den ersten beiden Seminartagen wurde unsere Gruppe in den Mittagspausen und beim Abendessen richtig verwöhnt. Alle äußerten sich zufrieden über Service und Qualität des Essens. Am dritten Seminartag warteten wir allerdings vergeblich auf unser Menü. Geplant war eine Pause von 13:00 bis 14:00 Uhr, danach sollte eine letzte Theorieeinheit erfolgen und dann das Training gegen 15:30 Uhr beendet werden. Um 14:00 Uhr bekamen wir erst unser Suppe beziehungsweise unseren Vorspeisensalat. Ich habe mich dann mit der Gruppe abgestimmt, dass wir gleich im Anschluss an das Mittagessen zur Abschlussrunde übergehen.«

Tipps für Trainer

- Viele Hotels bitten bereits in der Vormittagspause die Seminarteilnehmer darum, sich für ein bestimmtes Mittagessen zu entscheiden. Meistens wird eine Menüliste verteilt, in die sich alle Seminargäste eintragen. Dadurch ist in der Regel ein schneller Service beim Mittagessen garantiert.
- Stimmen Sie sich als Trainer über passende Essenszeiten rechtzeitig mit dem Hotelservice ab. Gerade wenn mehrere Seminargruppen zu Gast sind, müssen Sie mit der Bankettabteilung einen sinnvollen Zeitplan finden.
- Einigen Sie sich mit der Gruppe, wenn verzögerte Essenszeiten den Seminarablauf durcheinanderbringen: Wann treffen wir uns wieder im Plenum? Wann führen wir das Seminar fort?
- In der Regel herrscht am letzten Seminartag frühe Aufbruchstimmung. Planen Sie daher eine etwas kürzere Mittagspause ein und stimmen Sie sich entsprechend mit dem Bankettservice ab – statt Menü kann es auch ein Büfett geben. Das spart Zeit und wird von der Gruppe meist gerne angenommen.
- Als Variante bietet sich auch an, das Seminar vor dem Mittagessen zu beenden und der Gruppe freizustellen, wer noch was vor Ort isst oder mit einem Lunchpaket abreist.

Bei Themen wie »Umgang mit Essenszeiten« werden Probleme und Konflikte primär auf der Sachebene berührt. Anders sieht es dagegen aus, wenn sich die Kritik gegen eine Person richtet, sich zum Beispiel am *unfreundlichen Service* entzündet. Muffiges Personal haben sicherlich schon viele Menschen erlebt – im Urlaub, in einem Restaurant, im Kaufhaus. Wenn sich jedoch Tagungspersonal gegenüber Trainern oder Seminarteilnehmern unprofessionell oder unhöflich benimmt, wirft dies nicht nur ein schlechtes Licht auf das Hotel insgesamt, sondern kann eine gute Seminaratmosphäre gründlich vermiesen. Ein Trainer, der mit seinen Teilnehmern, auch länger als geplant auf das Essen warten musste, berichtete Folgendes:

»Anfangs hat die Mehrzahl der Gruppe noch geduldig gewartet, dann wurde ich selbst immer unruhiger und habe einer jungen Bedienung, die an unseren Tisch kam, heftige Vorwürfe wegen des mangelhaften Service gemacht. Die Dame zeigte ein mürrisches Gesicht, zuckte mit den Achseln, antwortete mir allerdings nicht. Doch kurze Zeit später – oh Wunder – wurde unser Essen serviert. Meine harschen Worte haben wohl Wirkung gezeigt. Allerdings habe ich mich später gefragt, ob es Alternativen zu meinem Verhalten gegeben hätte.«

Kritik stets an konkreten Verhaltensweisen festmachen, nicht die Person insgesamt diffamieren

In der Praxis geraten Trainer immer in Stresssituationen, die rasches Eingreifen erforderlich machen. Wenn Zeitpläne durch äußere Störungen durcheinandergewirbelt werden, sind innere wie äußere Konflikte vorprogrammiert. Auch hier stellt sich die Frage, wie ein Trainer in solchen Fällen rasch deeskalieren und gleichzeitig die Balance zwischen den eigenen Bedürfnissen und denen der Gruppe herstellen kann. In zwischenmenschlichen Auseinandersetzungen sollten sich Seminarleiter dabei an einer goldenen Kommunikationsregel orientieren, die da lautet: Trenne Person und Sache. Die wichtigsten Punkte bezüglich *unfreundlichem Service* habe ich in den folgenden Tipps (im Kasten auf der gegenüberliegenden Seite) zusammengefasst.

Auch *Störungen während des Seminars durch Hotelpersonal* führen zu unangenehmen Konflikten.

Vor einigen Jahren fand ein dreitägiges Kreativitätsseminar in Bonn mit mir als Trainerin statt. Veranstalter waren zwei Kooperationspartner, die bereits seit vielen Jahren erfolgreich zusammenarbeiteten. Die Vertreterinnen beider Institutionen waren auch in der Abschiedsrunde vor Ort anwesend, um das Feedback der Gruppe zum Seminar und zu mir als »neue Trainerin« zu erfahren. Das Abschiedsritual kurz vor dem Mittagessen war in vollem Gange, als eine »Küchenfee« den Raum betrat und verkündete »Essen ist fertig«! Ich unterbrach kurz die Feedbackrunde und sagte knapp: »Wir brauchen noch ungefähr 20 Minuten.« Die Dame verschwand, nach fünf Minuten war ein erneutes Klopfen zu hören, eine andere Servicekraft streckte den Kopf in die Tür und meinte nun: »Entschuldigung, aber das Essen steht bereits auf dem Tisch!« Noch bevor ich etwas erwidern konnte,

Tipps für Trainer

- Selbst wenn Trainer und Teilnehmer ein gemeinsames Feindbild (= unfreundlicher Service) haben, sollten Sie sich als Seminarverantwortlicher Ihrer Vorbildfunktion bewusst sein. Die Gruppe registriert sehr wohl, wie konfliktresistent der Trainer ist. Gehen Sie also mit gutem Beispiel voran, indem Sie Ihre Kritik in einem angemessenen Tonfall äußern.
- Lernen Sie, Ihre negativen Gefühle zu steuern und erst mal bestimmt, doch nicht aggressiv zu agieren. Harsche Worte können zwar zur gewünschten Reaktion führen, doch kann auch eine sanftere Kritik unter vier Augen Wirkung erzielen.
- Klären Sie Kritik am Servicepersonal stets unter vier Augen – sachlich und in einem angemessenen Tonfall. Sprechen Sie klar an, was Sie stört, und geben Sie zu verstehen, dass man als Gast des Hauses sich dieses und jenes Verhalten wünscht. Brüskieren Sie allerdings das Hotelpersonal nicht, indem Sie lauthals Ihren Unmut vor allen Hotelgästen äußern. Denn auch von Ihrem Auftritt hängt es ab, ob sich der »schnippische Service« entschuldigt und Sie und Ihre Gruppe freundlich bis zum Seminarende unterstützt.
- Sollte das Gespräch mit dem unmittelbaren Ansprechpartner keine Wirkung zeigen, wenden Sie sich mit Ihrer Kritik an die nächsthöhere Hierarchieebene, zum Beispiel an die Hoteldirektion.
- Auch der Auftraggeber sollte über einen Konflikt mit dem Hotelpersonal informiert werden. Allerdings genügt es in der Regel, wenn Sie nach dem Training Ihrem Kunden Ihre Eindrücke schildern. Vor Ort sollten Sie selbst das Problem zu lösen versuchen.

stand eine der Auftraggeberinnen auf, eilte zur Tür und sagte laut: »Ich kläre das« und verschwand. Die Gruppe fühlte sich nun offensichtlich unter Druck gesetzt, was sich darin zeigte, dass jeder Teilnehmer seine abschließenden Kommentare stark kürzte. Als die Reihe an mir war, mich zu verabschieden, betrat die Auftraggeberin wieder den Raum und meinte zu ihrer Kooperationspartnerin: »Das ist doch unmöglich, wie das Personal sich hier aufführt. Kannst du das nicht abstellen?« Das Seminar war zwar vorbei, aber der Disput, den sich die beiden Geschäftsführerinnen noch im Seminarraum lieferten, bot beim gemeinsamen Essen reichlich Gesprächsstoff. Ich selbst brachte bei der Nachbesprechung mit den beiden Damen meine Irritation zum Ausdruck und bat für die zukünftige Zusammenarbeit das Küchenproblem zu lösen. Was im Übrigen auch geschah.

Störungen durch Hotelangestellte sind nicht immer vermeidbar, nehmen allerdings selten ein solches Ausmaß an wie im geschilderten Fall. Wenn Sie die nachfolgenden Tipps beachten, können Sie sicherlich in Zukunft souveräner mit diesen Irritationen umgehen.

Tipps für Trainer

- Finden Sie deutliche Worte, indem Sie Störungen freundlich, aber entschieden unterbinden, etwa: »Wir sind bald mit dem Seminar zu Ende. Bitte stören Sie unsere Sitzung nicht mehr!«
- Wenn Trainer solo agieren, dann bei mehrfacher Störung das Seminar kurz unterbrechen und die Angelegenheit klären.
- Wenn ein Trainertandem gemeinsam agiert (oder ein Auftraggeber anwesend ist), sollte eine Person den Seminarraum verlassen und die Störungen abstellen, während der andere das Training fortführt.
- Schreiben Sie einen Beschwerdebrief an die Hoteldirektion nach dem Seminar. Damit machen Sie Ihrem berechtigten Ärger Luft und beugen bereits prophylaktisch künftigen Konflikten vor – vor allem dann, wenn Sie als Trainer wissen, dass weitere Seminare in dieser Tagungsstätte stattfinden werden.
- Verdeutlichen Sie der Hotelleitung Ihre Einflussmöglichkeit bei der Wahl von Tagungsstätten. Auch wenn Störungen vor Ort geklärt werden, ist dies keine Garantie für eine weitere Zusammenarbeit zwischen Trainer und Tagungshotel. Erinnern Sie sich an das Trainertandem »good guy and bad woman« im dritten Kapitel? Der Konflikt hatte für die Tagungsstätte ein negatives Nachspiel. Für das Hotel entstanden erhebliche Mehrkosten durch die zusätzliche Anmietung von Räumen (Gemeindesaal), und der Auftraggeber stornierte in Absprache mit den Trainern bereits gebuchte Seminare.

Kompetenz vor Ort: Was muss ich als Trainer beachten?

Seit vielen Jahren versuchen Tagungshotels in Deutschland Trainer und Unternehmen von der Qualität ihrer Häuser zu überzeugen. Wenn »Lernen« im Fokus steht, dann weiß ein gutes Hotelmanagement, dass viele Trainer und Teilnehmer zu Recht anspruchsvoll sind. Denn Lernen an sich muss nicht nur Spaß machen, sondern die Freude daran auch durch das Umfeld unterstützt werden. So sollten zum Beispiel die Sitzmöbel möglichst ergonomisch sein, die Gruppe auch abends ungestört arbeiten können, die Mahlzeiten möglichst abwechslungsreich und schmackhaft sein. Von flexiblen Raumgrößen, über Lichtverhältnisse bis hin zu einer modernen technischen Ausstattung sollten alle Wünsche erfüllt werden. Nicht zu vergessen: Die Freundlichkeit des Personals, die Freizeitangebote nach den Seminarzeiten, die gute Erreichbarkeit und die Lage des Hotels – das alles sind Ansprüche, die es zu erfüllen gilt. So hängt die Güte eines Tagungshotels auch vom Engagement des Personals ab und dem Wissen darum, welche Wünsche Veranstalter, Referenten und Teilnehmer an ihre Lernumgebung stellen.

Auch wenn man davon ausgeht, dass die Betreiber von Tagungsstätten im Laufe der Zeit ein Gespür für die Bedürfnisse ihrer Kundschaft gewinnen, so ist dies leider nicht immer der Fall. Da das operative Geschäft oft viel Energie bindet, ist es für Seminarhotels schwierig, allen Ansprüchen gerecht zu werden. Abhilfe kann in solchen Fällen nur der systematische und regelmäßige Blick von außen verschaffen. Fachleute empfehlen daher oftmals eine professionelle Marktforschung, um Qualitätsstandards für Seminarhotels zu schaffen und zu sichern. Dabei stellt sich meist heraus, dass für ein gutes Lernumfeld keine übertriebenen Wellnessangebote, keine Candle-Light-Dinner und kein glanzvolles Ballbankett vonnöten sind. Wichtig ist eine liebevoll gestaltete Umgebung, die Lernen fördert. Dass für Auftraggeber, Trainer und Teilnehmer dabei der Zeitfaktor eine zusätzliche Rolle spielt, versteht sich meiner Meinung nach von selbst. Bei einem mehrtägigen Training kann es beispielsweise wichtig sein, dass in der Nähe des Hotels Spazierwege, Wanderpfade oder Joggingstrecken vorhanden sind. Bei einem vierstündigen Workshop in einer Tagungsstätte wird hingegen weder eine Sauna noch einen Fitnessraum zur Erholung und

Entspannung genutzt, weil die Teilnehmer meist unmittelbar nach dem Training abreisen. Natürlich kann auch eine ungewöhnliche Umgebung eine zusätzliche, intensive Lernatmosphäre ermöglichen: Ein Hotel auf einem Berggipfel oder an einem See, ein Kloster oder ein historischer Saal – diese Orte bieten für besondere Seminare, zum Beispiel eine Open-Space-Veranstaltung oder ein Kreativtraining, einen inspirierenden Lernrahmen.

Tagungshotels sollten bestimmte Lernstandards erfüllen

Hotels, Tagungsstätten und Seminarzentren sind Wettbewerber in einem großen Bildungsmarkt. Angesichts der Tatsache, dass alle Seminarhotels an einer guten Auslastung interessiert sind, sind sie bemüht, den anwesenden Gästen einen angenehmen Aufenthalt in einer ungestörten Lernatmosphäre zu ermöglichen. Die meisten Hotels sind nicht nur an internationales Publikum gewöhnt, sondern ebenfalls daran, den verschiedenen Gästen ihre jeweiligen Wünsche zu erfüllen. Als Trainer kann man primär davon ausgehen, dass die Angestellten in einem Seminarhotel wissen, welche Ansprüche ein Referent und eine Seminargruppe normalerweise haben – etwa flexible Möbel im Seminarraum, Grundausrüstung an Medien. Gute Häuser achten darauf, dass sich Trainer und Gruppe wohlfühlen. Nachfolgend einige Beispiele, die die *Kompetenz vor Ort* deutlich zeigen.

Positives Beispiel A: Ungewöhnliche Begrüßung
Im Sommer 2003 war ich als Referentin eines Versicherungskonzerns nach Essen eingeladen. Das Hotel machte auf den ersten Blick einen angenehmen Eindruck: Umgebung, Lage, Eingangsbereich. An der Rezeption war niemand zu sehen, doch auf einem Flipchart stand zu lesen: »Hallo Frau Pink! Herzlich willkommen in unserem Hause. Die Hoteldirektion, Herr und Frau Weber, feiert heute mit der Belegschaft im Garten ein Sommerfest. Wir möchten uns auf diesem Wege bei unseren Angestellten für ihre engagierte Arbeit bedanken. Wir bitten daher um Verständnis, wenn es heute Abend etwas lauter zugehen sollte. Bitte benutzen Sie das Telefon am Empfang und rufen Sie Herrn Meier an (Tel. 321579), falls Sie bei Ihrer Ankunft niemanden an der Rezeption vorfinden. Herr Meier hilft Ihnen gerne weiter und beantwortet gerne Ihre Fragen. Danke für Ihr Verständnis – Ihre Familie Weber.

Positives Beispiel B: Betreuung im Notfall
Frau Schuster, eine Trainerin, verletzte sich bei einer Seminarvorbereitung. Sie schnitt sich mit dem Moderationsskalpell in den kleinen Finger der rechten Hand. Zufällig war der Veranstaltungsmanager noch anwesend, mit dem sie kurz zuvor die Essens- und Pausenzeiten abgesprochen hatte.

Er leistete sofort schnelle, unbürokratische Hilfe und veranlasste, dass die Trainerin sofort zum Notarzt gefahren wurde. Zum Glück konnte der Arzt die Wunde sogleich nähen, sodass das Seminar wie geplant rechtzeitig beginnen konnte. »Die Verletzung und der Verband an meiner Hand haben dazu geführt, dass mich die Teilnehmer so richtig bemuttert haben«, meinte Frau Schuster. »Es war eine tolle Erfahrung, dass ich dank der Unterstützung durch das Hotelpersonal und der Seminargruppe mein körperliches Malheur fast vergessen konnte. Alle waren supernett, und ich weiß, dass ich dieses Hotel sicherlich weiterempfehlen werde!«

Positives Beispiel C: Investition in interne Fortbildung
Ein Trainer berichtet: »Kürzlich konnte ich zufällig erleben, dass Hotel-Mitarbeiterinnen und Mitarbeiter geschult wurden. Aus Versehen stand ich in einem Seminarraum, von dem ich ausging, das er mir zugedacht war, aber es war eine Inhouse-Schulung zum Thema ›Umgang mit Reklamationen‹. Glücklicherweise betrat ich den Raum während der Seminarpause, sodass ich weder Teilnehmer noch Referenten störte. Rasch war das Missverständnis geklärt, und ich konnte in dem mir zugewiesenen Seminarraum meinen Kurs vorbereiten. Abends traf ich zufällig den Referenten der Inhouse-Schulung und fragte ihn, welche Inhalte er den Hotelangestellten vermittele. Ich verließ nach drei Tagen zufrieden dieses Hotel, nicht nur, weil mein Training erfolgreich war, sondern auch, weil ich den Eindruck gewonnen hatte, dass die Hoteldirektion in das Know-how ihrer Angestellten investierte.«

Es gibt also durchaus Tagungshäuser, die sich verpflichtet fühlen, von sich aus das Beste zu tun, um optimales Lernen zu ermöglichen. Allerdings sollten Sie sich als Trainer darauf nie verlassen, dass Ihnen der rote Teppich ausgerollt wird und keinerlei Störungen und Konflikte entstehen. Daher sollten Sie selbst zur Konfliktvorbeugung beitragen. Das ist nicht schwer, sofern man zwei Punkte regelmäßig beachtet:

- richtige Ansprechpartner vor Ort finden,
- professionelles Feedback geben (mündlich und schriftlich).

Trainer sollten einen festen Ansprechpartner im Hotel haben

Der *richtige Ansprechpartner im Hotel* wird Trainern in der Regel vor Ort genannt – meist handelt es sich um den Eventmanager oder die Bankettchefin oder die technische Hausleitung. Falls das Hotel beim Einchecken Ihnen keine Namen nennt, fragen Sie gezielt danach. Gutes Namensgedächtnis hin oder her: Schreiben Sie sich diese Namen immer auf und fragen Sie auch nach einer Ersatzperson oder dem Stellvertreter. Es erleichtert die Trainerarbeit ungemein, wenn man weiß, an wen man sich in Notsituationen wenden kann. Manche Hotels haben im Seminarraum ein Telefon mit den Namen der Ansprechpartner platziert, die Trainer kontaktieren können. Vor allem in großen Tagungshäusern mit langen Wegstrecken zu den einzelnen Seminarräumen ist dies ein Luxus, den viele Trainer schätzen. Im Idealfall steht nach einem telefonischen Hilferuf die besagte Person nach wenigen Minuten im Seminarraum. Alternativ können sich Trainer (wie übrigens auch die Teilnehmer) jederzeit an die Damen und Herren an der Rezeption wenden. Und last but not least kann eine Seminarleitung ihre Kritik auch an die Hoteldirektion beziehungsweise die Geschäftsführung des Tagungshauses richten.

Was *Feedbackgespräche* betrifft, so ist ein mündliches Nachlesegespräch zwischen Trainer und Auftraggeber durchaus üblich, nicht jedoch ein ausführliches Gespräch zwischen Hotel und Seminarleitung. Verläuft ein Seminar zur vollen Zufriedenheit aller, reisen die Trainer ebenso wie die Teilnehmer danach meist unverzüglich ab – vielleicht bedankt man sich noch an der Rezeption mit einigen freundlichen Worten. Die Kompetenz vor Ort können Trainer jedoch zusätzlich würdigen, wenn sie sich schriftlich äußern. In vielen Hotelzimmern liegen Feedbackbogen bereit, die es dem Gast ermöglichen, das Hotel insgesamt, das Zimmer, den Service, das Essen, die Fitnessräume und vieles mehr zu beurteilen. Auch Sie als Trainer können diese Möglichkeit nutzen, um unmittelbar eine Rückmeldung an die Tagungsstätte zu geben. Die Professionalität eines Hauses zu beurteilen ist dabei mehr als eine subjektive Einschätzung. Denn wenn man bedenkt, dass professionelle Trainer das Tagungszentrum primär unter dem Blickwinkel »Lernort« betrachten, muss ein Seminarhaus am Feedback eines Trainers durchaus interessiert sein, denn es kann davon nur profitieren.

Feedback zum Hotel kann mündlich oder schriftlich erfolgen

Lob ist dabei ebenso wichtig wie kritische Anmerkungen. Denn Beschwerden sind eine Resonanz auf einen Zustand beziehungsweise Umstand, der verbesserungswürdig ist. Ein aufgeschlossenes Hotelmanagement weiß ein ehrliches und konstruktives Feedback von Seminarleitern durchaus zu schätzen. Aus der Sicht serviceorientierter Tagungsstätten ist nämlich ein Gast, der kommentarlos abreist, ohne seine Kritik zu äußern, ein »verlorener Kunde«. Man muss damit rechnen, dass er nie wieder eine Übernachtung bucht, kennt allerdings nicht die Gründe für dieses Verhalten. Daher mein Appell: Nehmen Sie als Trainer die Tagungshäuser durchaus kritisch unter die Lupe, gehen Sie allerdings offensiv damit um, damit ein aufgeschlossenes Tagungsmanagement auch darauf reagieren kann. Äußern Sie positive wie negative Kritik schriftlich! Damit erweisen Sie sich als fairer und aufmerksamer Hotelgast.

Inhouse-Schulung statt Hotel: Welcher Ort ist wann sinnvoll?

Manche Trainer bevorzugen Hotels in der Stadt, andere im ländlichen Raum, wiederum andere plädieren für Trainings am Arbeitsplatz (training on the job). Jede Wahl hat Vor- und Nachteile. Es ist eine Sache des Auftraggebers darüber zu entscheiden, in welchen Räumen Weiterbildungsveranstaltungen durchgeführt werden. Der Einfluss des Trainers ist hierbei meistens gering. Mitsprache hat er jedoch in der Regel dann, wenn es um die Ausstattung und um die Größe der Seminarräume geht. Wenn zwölf Teilnehmer zu schulen sind, ist ein Raum von 15 m^2 sicherlich zu eng, bedenkt man, dass nicht nur Menschen, sondern auch Medien Platz in Anspruch nehmen.

Den *Nachteil* bei Inhouse-Schulungen sehe ich vor allem in drei Punkten:

Inhouse-Schulungen haben einige Nachteile

- Die Teilnehmer gehen »auf die Schnelle« während einer Seminarpause an ihren Schreibtisch, checken ihre E-Mails oder telefonieren. Die Folge: Ein Training, das einen Ausstieg aus der Arbeitswelt für einige Stunden ermöglichen soll, um mit einem gewissen Abstand berufliche Aufgaben und Probleme zu reflektieren, wird so zum »Nebenbei-Training« mit marginaler Wirkung.
- Die Firmenräume sind für Trainingszwecke oft nicht geeignet. Viele Seminare finden in Konferenzräumen statt, die zwar für Meetings, nicht jedoch für Trainings oder Workshops gedacht und konzipiert wurden.
- Teilnehmer von Inhouse-Schulungen werden oft während der Weiterbildungsmaßnahmen von Vorgesetzten abberufen und in den Berufsalltag eingebunden.

Ich denke dabei an das Beispiel einer IT-Firma in Berlin, für die ich ein Kreativtraining als eintägige Inhouse-Schulung durchführen sollte.

Man führte mich bei meiner Ankunft in einen Konferenzraum – sehr modern und sehr geschmackvoll eingerichtet. Etwa zwei Drittel des Raums nahm ein großer, ovaler Konferenztisch ein, der nicht teilbar, geschweige verschiebbar war, weil er aus massivem Eichenholz bestand. Um den Tisch

standen zwölf schwarze bequeme Lederstühle, Typ »Ohrensessel«. An einer Wand war ein Whiteboard angebracht, in einer Ecke stand ein Flipchart-Ständer, links davon zwei Pinnwände.
Mein erster Eindruck: Der Raum ist zweifelsohne für eine Besprechung geeignet, jedoch weniger für einen Kreativ-Workshop, der davon lebt, dass viele interaktive Übungen stattfinden. Dass das Seminar dennoch erfolgreich war, hing letztendlich damit zusammen, dass nur sechs Personen teilnahmen. Wir konnten so die Hälfte der Stühle entsorgen und hatten damit deutlich mehr Freiraum zur Verfügung, was die Lernatmosphäre positiv beeinflusste.

Das Lernklima ist auch dann gestört, wenn Teilnehmer unfreiwillig im Lernprozess unterbrochen werden. So erzählte mir eine Trainerin, dass es bei einem Azubi-Seminar von Beginn an zu erheblichen Störungen kam:

»Die Auszubildenden wurden immer wieder abberufen und mit beruflichen Aufgaben beschäftigt. Dies geschah entweder durch dringende Telefonate (›Kannst du mir mal bitte kurz helfen?‹) oder Klopfen an der Tür (›Entschuldigung, aber der Peter soll mal zu seinem Chef kommen‹). Ich habe nach einer Weile das Training unterbrochen und mich an die Geschäftsführung gewandt mit dem Hinweis, dass eine Fortbildung unter diesen Umständen keinen Sinn macht. Man hat sich dann bei mir entschuldigt, und ich konnte das Azubi-Training ohne weitere Probleme fortführen.«

Überprüfen lohnt: Welcher Ort/Raum ist für welche Weiterbildungsmaßnahme sinnvoll?

Diese beiden Beispiele zeigen, dass Inhouse-Fortbildungen zwar auf den ersten Blick für den Auftraggeber eine bequeme und kostensparende Lösung darstellen (durch eigene Sitzungsräume entfallen Hotelbuchungen), allerdings auch erhebliche Nachteile beinhalten. Sinnvoll sind interne Fortbildungen immer dann, wenn es um Informationsveranstaltungen wie Vorträge geht oder kurze Workshops von drei bis vier Stunden durchgeführt werden. Schon bei Tagesseminaren oder Coachingsitzungen scheiden sich die Geister: Es gibt Trainerkollegen, die mit Inhouse-Veranstaltungen generell keine Probleme haben, sofern ein störungsfreier Ablauf garantiert ist. Andere sind der Auffassung, dass Teilnehmer stressfreier lernen, wenn der räumliche Abstand zu ihrem Arbeitsalltag gegeben ist, und plädieren daher für die Fortbildung »out of office«. Auf der nächsten Seite finden Sie im Kasten einige Orientierungshilfen für Trainer wie Auftraggeber, um den richtigen Rahmen für geplante Fortbildungsmaßnahmen zu finden.

Der richtige Ort für die richtige Lernform	
Inhouse können stattfinden	**Tagungshotels eignen sich für**
• Vorträge in kleiner Runde • Kurzworkshops (wenige Stunden) • Tagesseminare • Einzel-Coaching	• Veranstaltungen (Kongresse, Tagungen) mit vielen Teilnehmern • Tagesseminare • Mehrtägige Trainings

Exkurs: Wenn Trainer selbst Auftraggeber sind

Vor etwa vier Jahren war ich in München auf der Suche nach geeigneten Räumen für eigene Trainingsveranstaltungen und Coachings. Interessant war für mich dabei zu beobachten, wie unterschiedlich sich meine Ansprechpartner verhielten und wie sie ihre jeweiligen Häuser und Dienstleistungen präsentierten.

Hotel Nr. 1, immerhin ein Vier-Sterne-Haus, gab mir auf meine Anfrage zu verstehen, dass jeder Besprechungsraum pauschal abgerechnet wird, egal ob ich ihn zwei oder zehn Stunden nutzen möchte. Man würde mir 200 Euro pro Tag und Raum berechnen.

In Hotel Nr. 2 wurde mir zunächst ein Werbeprospekt in die Hand gedrückt. Ich solle mich dann wieder melden, wenn ich mir einen Eindruck über die verschiedenen exquisiten Tagungsräume verschafft hätte. Nach mehrmaliger, hartnäckiger Nachfrage an der Rezeption erschien die Eventmanagerin, zeigte Interesse für mein Anliegen und versprach, mir ein Angebot innerhalb von zwei Tagen zu erstellen.

In Hotel Nr. 3 führte mich der Verkaufsleiter durch verschiedene Stockwerke, notierte sich meine Raumwünsche und versprach, sich innerhalb der nächsten sieben Tage telefonisch oder per E-Mail zu melden. Er verwies mich auch auf ein weiteres Kooperationshotel ganz in der Nähe, dessen Service ich nutzen könnte, falls mein Wunschraum durch andere Kunden bereits belegt wäre.

Hotel Nr. 4 war der besagte Kooperationspartner von Hotel Nr. 3. Der dortige Bankettchef war bereits über mein Anliegen informiert und zeigte mir drei unterschiedliche Räume, einer mehr »plüschig«, einer sehr »nüchtern und cool« und einen Raum, der als »Bibliothekszimmer« bezeichnet wurde. Gleichzeitig gab er aus seiner Sicht eine kurze Beschreibung, welcher Menschentyp sich erfahrungsgemäß in welchen Räumlichkeiten wohler fühlt.

Ich überlasse es den Leserinnen und Lesern zu erraten, für welches Hotel ich mich entschieden habe. Wichtig erscheint mir zum Abschluss dieses Kapitels jedoch noch ein genereller Hinweis: Schärfen Sie als Trainer Ihr Bewusstsein für die *Vermarktung von Dienstleistungen*. Unsere Kunden – ob Unternehmen oder Tagungsstätten – können dabei als »Spiegel« fungieren und uns zeigen, wie man Menschen begeistert oder demotiviert.

Kapitel 5
Konflikttheorien als Lösungsmodelle für die Praxis

Ziel dieses Kapitels ist es, Ihnen einen Einblick in verschiedene Konflikttheorien zu geben. Ferner dient dieses Kapitel Trainern als Orientierung, welche Theoriemodelle in welchen Kontext passen. Abschließend werden einige körperorientierte Übungen vorgestellt, die Trainer als Anti-Stress-Programm für sich selbst sowie in Gruppensituationen anwenden können.

Konflikte im Fokus der Friedensforschung

Einige bekannte Namen und Institutionen (s. Literaturverzeichnis und Internetlinks):

- Johan Galtung: Strukturelle Gewalt
- Marshall Rosenberg: Gewaltfreie Kommunikation
- Institut für Friedenspädagogik e.V.
- Pro Streitkultur und andere Vereine und Organisationen

Wissen über Konflikttheorien ist hilfreich für die Seminarpraxis

Bisher erhielten Sie einen Überblick über die verschiedenen Konfliktfelder: Konflikte im Seminar, Konflikte mit Trainerkollegen, Konflikte mit den Auftraggebern und dem Tagungsmanagement. Nachfolgend werde ich Ihnen *Theorien* vorstellen, die Konflikte aus unterschiedlichen Perspektiven beleuchten. Für Trainer ist es durchaus sinnvoll, sich mit *verschiedenen Konflikttheorien* auseinanderzusetzen. Zwei Gründe sprechen dafür: Einerseits gilt es herauszufinden, welche Theorierichtung zur eigenen Persönlichkeit am besten passt. Andererseits kann fachliches Know-how immer dann hilfreich sein, wenn es darum geht, einen Konflikt aus unterschiedlichen Perspektiven zu betrachten. Zielsetzung dieses Buches ist nicht, einen umfassenden Überblick über alle Konflikttheorien zu geben; ich orientiere mich vor allem an dem Neun-Stufen-Modell von Friedrich Glasl und möglichen Deeskalationsstrategien, die sich aus diesem Modell ergeben. Dennoch sollen auch weitere Fachbereiche wie etwa die Friedens-, Kommunikations- sowie Lern- und Kreativitätsforschung auf den folgenden Seiten Berücksichtigung finden, da auch deren Forschungen und Erkenntnisse hilfreich sind, um Seminarkonflikte besser bewältigen zu können.

Konflikte als Bestandteil struktureller Gewalt

»Der Globe rächt sich auch im Seminar«, sagte ein Trainerkollege zu mir. Das war wenige Tage nach dem 11. September 2001. Er hatte an diesem Tag einen Workshop zum Thema »Zeitmanagement« durchgeführt. An einen normalen

Trainingsablauf war an diesem Tag allerdings nicht zu denken. Der Terroranschlag in den USA stellte weltweit alle anderen Aktivitäten in den Schatten. Die Macht des »Globe« (ein Begriff aus der Themenzentrierten Interaktion) kann also gewaltig sein, das heißt, Ereignisse globalen Ausmaßes wirken in jedem Winkel der Welt nach und beeinflussen die üblichen Arbeitsabläufe. Nun geschieht glücklicherweise nicht jeden Tag eine derartige Katastrophe, dennoch können die zahlreichen Probleme, Krisen und Kriege auf dieser Welt die individuellen Konflikt- und Gewalterfahrungen mehr oder weniger stark relativieren. Die Auswirkungen dieses Terrors zeigten sich wenige Monate später im amerikanischen Krieg gegen den Irak. Im weltweiten Protest gegen diese Eskalation der Gewalt wurde wiederholt auf den Teufelskreis von Armut und Unterdrückung hingewiesen, der die Gewaltbereitschaft vieler Menschen unterstützt. Ein Begriff, der in diesem Zusammenhang nach wie vor von aktueller Bedeutung ist, lautet: strukturelle Gewalt.

Der Begriff »strukturelle Gewalt« wurde in den 70er-Jahren von dem norwegischen Friedensforscher Johan Galtung geprägt, einem renommierten Berater, der für die UNESCO, die OECD und den Europarat tätig war. Das Verdienst von Galtung besteht vor allem darin, die bis dato gängigen Gewalttypologien und Gewalttheorien um eine wesentliche Form zu erweitern: die strukturelle oder indirekte Gewalt. Er versteht darunter Gewalt ohne einen Akteur und schreibt dazu: »Den Typ von Gewalt, bei dem es einen Akteur gibt, bezeichnen wir als personelle oder direkte Gewalt: die Gewalt ohne Akteur als strukturelle und indirekte Gewalt. In beiden Fällen können Individuen getötet oder verstümmelt, geschlagen oder verletzt und durch den strategischen Einsatz von Zuckerbrot und Peitsche manipuliert werden. Aber während diese Konsequenzen im ersten Fall auf konkrete Personen als Akteure zurückzuführen sind, ist das im zweiten Fall unmöglich geworden: Hier tritt niemand in Erscheinung, der einem anderen direkt Schaden zufügen könnte; die Gewalt ist in das System eingebaut und äußert sich in ungleichen Machtverhältnissen und folglich in ungleichen Lebenschancen.« (Galtung 1975, S. 12)

Soziale Ungerechtigkeiten sieht der Friedensforscher als wesentliche Bedingung und Wurzel für die weltweiten Gewalt- und Konfliktherde. Für das Zusammenleben der Menschen ist es wichtig, zwischen *Konflikten und Konfliktfolgen* zu unterscheiden. In seinem Buch »Strukturelle Gewalt« unterbreitet er im Kapitel »Konflikt als Lebensform« dazu folgende Thesen:

- Konflikte betreffen uns alle, deshalb ist auch eine Konfliktbewältigung unser aller Sache.
- Man muss Konflikte als »Salz des Lebens« schätzen, ja sogar mögen.

- Da man Konflikte nicht beseitigen kann, muss man die eigene Konfliktauffassung und das eigene Konfliktverhalten ändern.
- Es gibt keinen logisch zwingenden Zusammenhang zwischen der Existenz von Konflikten und destruktiven Konfliktattitüden.
- In Schulen, Wissenschaft und Unternehmen muss man Menschen ein begriffliches Instrumentarium an die Hand geben, mit dessen Hilfe sie Konflikte einschätzen können, und man muss sie lehren, Fantasie im Hinblick auf Konfliktbewältigung zu entwickeln.

Galtung vertritt damit ein Konzept der »Demokratisierung der Konfliktbewältigung« und plädiert ausdrücklich dafür, dass seine Ideen sich nicht nur an politische und wirtschaftliche Entscheidungsträger richten, sondern an alle Menschen, die Konflikte ohne Gewalt lösen wollen. Wer in der Erwachsenenbildung als Referent oder Kursleiter tätig ist, findet in Galtungs Veröffentlichungen viele Anregungen für die eigene Seminarpraxis. *Einen Hinweis* von ihm habe ich schon oft berücksichtigt – vor allem im Umgang mit schwierigen Teilnehmern. »Man halte Kontakt zu dem Gegner, anstatt ihm auszuweichen; man versuche, in einen Dialog mit ihm zu treten, anstatt sich von ihm zu isolieren oder ihn zu bekämpfen! Man bemühe sich, sich aus dem Sog des Schwarz-Weiß-Denkens zu befreien, anstatt sich den Luxus des herkömmlichen und destruktiven Konfliktklischees zu gestatten. Man versuche, die Koexistenz zweier widerstreitender Wirklichkeitsbilder im eigenen Bewusstsein zuzulassen ... mit anderen Worten: man bemühe sich, die Fähigkeit zu erwerben, Ambivalenz zu ertragen.« (Galtung S. 129f.) Dazu folgendes Beispiel:

Trainer sollten Ambivalenzen einordnen und ertragen können

Stellen Sie sich vor, Sie haben es mit einer unangenehmen Person im Seminar zu tun. Es handelt sich um einen Teilnehmer, der ständig dazu neigt, alles in Frage zu stellen oder Ihnen signalisiert, dass die klugen Seminarratschläge in seiner beruflichen Praxis auf keinen Fall Wirkung zeigen können. Sie als Trainer verlieren allmählich die Geduld. Sie verstricken sich entweder in einen heftigen Disput mit dem Teilnehmer oder ignorieren ihn. Statt die Gründe für seinen Widerstand zu erfassen und entsprechende Strategien zu entwickeln, zeigen Sie (unbewusst) eine deutliche Abwehrhaltung. Galtungs Vorschlag, *Ambivalenz zu ertragen und sich in Geduld zu üben*, ist meines Erachtens ein wichtiger Appell, sowohl auf die eigene innere Balance zu achten wie auch Empathie zum Gegenüber herzustellen. Ich nutze daher seine oben formulierten Sätze als persönliche innere Leitlinie, um den Kontakt auch zu schwierigen Seminargästen nicht zu vernachlässigen.

Gewaltfreie Kommunikation – eine Utopie?

Wer Kommunikation als Konfliktlösungsinstrument ansieht, weiß, wie wichtig die Wahl von Worten ist. Denn nicht nur der Ton macht die Musik, auch einfühlsame und der Situation angemessene Sätze sind im Umgang mit Konflikten entscheidend. Dr. Marshall B. Rosenberg, ein anerkannter Konfliktmediator und Gründer des internationalen Centers for Nonviolent Communication, hat dazu das »Modell der Gewaltfreien Kommunikation« (GFK) entwickelt. Dieses Konzept wird mittlerweile in mehr als zwölf Dutzend Ländern von Medizinern, Polizisten, Geistlichen und Krisenberatern eingesetzt, um Konfliktsituationen zu entschärfen. Im Zentrum des Modells steht der bewusste Umgang mit Sprache, um rücksichtsvoller mit sich und anderen umzugehen. Im Vorwort zu seinem Buch schreibt Rosenberg: »Wir betrachten unsere Art zu sprechen vielleicht nicht als gewalttätig, dennoch führen unsere Worte oft zu Verletzungen und Leid – bei uns selbst und bei anderen. Die gewaltfreie Kommunikation hilft uns bei der Umgestaltung unseres sprachlichen Ausdrucks und unserer Art zuzuhören. Aus gewohnheitsmäßigen, automatischen Reaktionen werden bewusste Antworten ...« (Rosenberg 2004, S. 3)

»Worte können Fenster sein – oder Mauern«

M. Rosenberg

Das Modell der Gewaltfreien Kommunikation

1. Beobachtungen: konkrete Situationen beschreiben, wie man sie wahrnimmt
2. Gefühle: das eigene Gefühl dazu ausdrücken und schildern
3. Bedürfnisse: Erwartungen äußern, die durch diese Gefühle erzeugt werden
4. Bitten: konkrete Handlungsanweisungen geben, diese als Bitte äußern und nicht als Forderung

Das vierstufige Konzept geht von der Grundannahme aus, dass alle Menschen in guten Beziehungen leben möchten und lernen können, sowohl die eigenen Bedürfnisse als auch die der anderen zu berücksichtigen. Hinter jedem aggressiven Verhalten stecken verschiedene Bedürfnisse, die zunächst erkannt werden müssen, bevor angemessene Reaktionen überhaupt möglich sind. Was auf den ersten Blick einfach erscheint, stellt jedoch eine hohe persönliche Herausforderung dar, da bei der Konfliktaustragung primär die gegenseitige Verurteilung an der Tagesordnung ist und nicht die Suche nach Verständigung. Kritiker des GFK-Modells führen an, dass durch die permanente Reflexion des eigenen Sprachverhaltens sowie das Erfassen der Sprachmuster des Gesprächspartners eine »Psychologisierung der Sprache« entstehen kann. Die rituelle Abfrage nach Gefühlen und Bedürfnissen dergestalt: »Geht es dir auch so, dass ...« oder

»Liege ich da richtig? Habe ich das richtig interpretiert?« oder »Ist das für dich so stimmig?« ist auf den ersten Blick durchaus gewöhnungsbedürftig. Allerdings gilt es zu bedenken, dass die Anwendung der »Gewaltfreien Kommunikation« einer gezielten und intensiven Fortbildung bedarf, man sich also dieses Fachwissen nur zum Teil durch Bücher aneignen kann.

GFK erfordert wie jedes Konfliktlösungsmodell *Erfahrung im Umgang mit Theorie und Praxis*. Manche Trainer, die ein GFK-Zertifikat besitzen, sind weltweit als Krisenberater in internationalen Konfliktfeldern tätig. Im Bereich der betrieblichen Aus- und Weiterbildung werden vor allem Teilelemente der GFK von Trainern und Beratern benutzt, zum Beispiel GFK-Fragestellungen in Verbindung mit Mediation, also außergerichtlicher Vermittlung in Streitfällen.

Der Beitrag der Friedenspädagogik: Pro Streitkultur statt Gewalt

Das Erforschen von Konfliktursachen und deren Lösung ist ohne den Beitrag der *Friedenspädagogik* nicht möglich. Friedenspädagogen betonen, dass Gewalt und Kriege kein Naturereignis sind. Sie setzen auf die Förderung einer Friedenskultur, deren Werte vor allem die Achtung der Menschenrechte sowie die Prinzipien der Toleranz und Gewaltlosigkeit umfassen. Friedenspädagogik versteht sich als umfassendes Lernkonzept, das sich aus den drei Säulen

- Friedenskompetenz,
- Friedensfähigkeit,
- Friedenshandeln

zusammensetzt. »Lernorte« für Friedenshandeln sind dabei neben der Erwachsenenbildung die Vorschulen und Schulen sowie nichtstaatliche Organisationen und Verbände. In Deutschland haben sich vor allem Mitte der 70er-Jahre friedenspädagogische Fachstellen gegründet, die bis heute aktiv sind, zum Beispiel das Institut für Friedenspädagogik in Tübingen und die Arbeitsgemeinschaft Friedenspädagogik in München (AGFP). Beide erstellen und veröffentlichen nicht nur Publikationen zu ziviler Konfliktarbeit, sondern bieten Einrichtungen der Kinder- und Jugendarbeit praxisorientierte Konzepte an oder erarbeiten mit diesen Gewaltpräventionsprojekte.

Konflikte konstruktiv zu lösen setzt ein positives Verständnis von Streit voraus. Projekte wie »Streitschlichtung an Schulen« oder »Pro-Streitkultur« bringen dies deutlich zum Ausdruck. Wenn Kinder und Jugendliche entdecken, welchen persönlichen Gewinn sie erfahren, wenn sie Konflikte gewaltfrei lösen – beispielsweise dass Beziehungen erhalten oder Freundschaften neu ge-

Konfliktlösungen setzen ein positives Verständnis von Streitkultur voraus

schlossen werden –, ist die Gewaltspirale unterbrochen. Allerdings machen Friedenpädagogen keinen Hehl daraus, dass junge Erwachsene anders streiten als ihre Eltern oder Lehrer. Das Verhalten von Jugendlichen gegenüber Gleichaltrigen führt zu anderen Spannungen als zum Beispiel das Verhalten zwischen Jugendlichen und pädagogischem Personal. Modelle der Konfliktaustragung können daher nicht 1:1 übernommen werden. Die Entwicklung einer Streitkultur als Bestandteil der Friedenspädagogik sollte deshalb nicht nur in jungen Jahren beginnen, sondern auch andere Lernmodule beinhalten, als dies bei Erwachsenen der Fall ist. Je früher und je häufiger Modellprojekte zum Thema »Besser miteinander zoffen« in der Kinder- und Jugendarbeit durchgeführt werden, umso größer ist auch die Chance, dass aus streiterprobten Kindern streitkompetente Erwachsene werden, die sich respektvoll begegnen und Konflikte mit zivilen und gewaltfreien Mitteln lösen.

Was haben nun Trainer davon, wenn sie sich mit Konzepten der Friedensforschung und -pädagogik auseinandersetzen? Bei Streitgesprächen zwischen zwei Personen im Seminar können das Wissen und die Anwendung friedvoller Strategien (zum Beispiel Elemente der Gewaltfreien Kommunikation) hilfreich sein, um den Konflikt zu klären oder zu entschärfen. Außerdem machen die Erkenntnisse der Friedensforschung deutlich, dass berufliche Konflikte stets in einem größeren Kontext stehen und viele Interessen berühren. Eine Trainerin gab mir dazu folgendes Fallbeispiel:

> »Ich bin in Change-Management-Projekten mit unterschiedlichen Einstellungen verschiedener Hierarchieebenen konfrontiert. Ein Konfliktherd ist die unterschiedliche Auffassung von jungen und älteren Führungskräften in manchen Fragen. Nicht selten kommt es dabei zu Aggressionen unter den Beteiligten. Ich lasse dann Streitkonzepte von beiden Seiten erstellen und siehe da: Die ›Jungen‹ wollen sich oftmals ganz anders zoffen als die Älteren. Die setzen mehr auf langwierige Verhandlungen; wohingegen die jüngeren Manager möglichst schnell ein maximales Ergebnis erzielen wollen. Wir schaffen es dann meist, gemeinsame ›Rules of Respect‹ zu formulieren. Einmal habe ich beim Abendessen in der Familie mit meinem Mann darüber geredet. Mein Sohn saß schweigend dabei und meinte auf einmal: Das Problem haben wir auch in der Schule. Nächste Woche werden einige Schüler als Streitschlichter ausgebildet. Darf ich da mitmachen? Mir ist in diesem Moment wieder einmal klar geworden, dass man nicht früh genug beginnen kann, Konfliktkompetenz zu erwerben, denn überall kriselt es.«

Konflikte und Kommunikationsforschung

Einige bekannte Namen (s. Literaturverzeichnis und Internetlinks):

- Friedemann Schulz von Thun: Die vier Seiten einer Nachricht (TALK)
- Paul Watzlawick: Grundregeln der Kommunikation
- Eric Berne: Transaktionsanalyse (TA)
- Ruth Cohn: Themenzentrierte Interaktion (TZI)
- Astrid Schreyögg: Konfliktcoaching
- Friedrich Glasl: Konfliktmanagement (Neun-Stufen-Modell)

Bekannt und immer wieder wichtig: TALK, TA und TZI

Das so genannte »Kommunikationsquadrat« oder die »vier Seiten einer Nachricht« wurde von einer Gruppe von Wissenschaftlern um Professor Dr. Friedemann Schulz von Thun entwickelt und vereinigt kommunikationspsychologische Ansätze verschiedenster Fachrichtungen. Schulz von Thun ist dabei zu der Erkenntnis gelangt, dass man der Differenziertheit zwischenmenschlicher Kommunikation nur dann gerecht wird, wenn man Informationen unter den vier Aspekten

- Inhalt,
- Beziehung,
- Selbstoffenbarung und
- Appell

analysiert.

Professor Dr. Oswald Neuberger, Kommunikationsforscher an der Universität Augsburg, hat für diesen Ansatz den einprägsamen Begriff *TALK* gewählt (von englisch: to talk) und meint damit:

T = Tatsachen (Inhaltsaspekt: Um welche sachlichen Inhalte geht es?)
A = Ausdruck (Selbstoffenbarungsaspekt: Was offenbare ich über mich selbst?)
L = Lenkung (Appell/Lenkungsaspekt: Was will ich mit meiner Nachricht bewirken?)
K = Kontakt (Beziehungsaspekt: Was halte ich von meinem Gesprächspartner oder meiner Gesprächspartnerin? In welcher Beziehung stehen wir zueinander?)

Für viele Trainer ist dieses Modell mittlerweile zu *der* Kommunikationstheorie schlechthin geworden, die in fast keinem Seminar mehr fehlen darf. Besonders beliebt ist es, ein *Rollenspiel unter den vier TALK-Aspekten zu analysieren*. Ich halte dies nach wie vor für eine effiziente Trainingsmethode, um Probleme in der Kommunikation mit anderen aufzuzeigen und darauf aufbauend Lösungen zu entwickeln. Dazu ein konkretes Bespiel:

> Stellen Sie sich vor, Sie sollen als Trainer in einem zweitägigen Seminar Führungskräfte dazu bewegen, ihre Vorgesetztenrolle zu reflektieren und unangenehme Mitarbeitergespräche souverän zu meistern. Ein Vorgesetzter berichtet über einen Mitarbeiter, der seit einigen Monaten einen deutlichen Leistungsabfall hat. Die Führungskraft ist ratlos, wie sie diesen Konflikt gegenüber dem Kollegen ansprechen soll. Der Trainer lässt dazu ein Rollenspiel durchführen. Obwohl er die Übung auf Video aufnimmt, vergibt er verschiedene Beobachteraufgaben. Von acht Teilnehmern konzentrieren sich zwei auf die inhaltlichen Aussagen des simulierten Mitarbeitergesprächs, zwei achten auf die Selbstoffenbarungsaspekte der beiden Diskutanten und jeweils zwei auf die Beziehungs- und Appellebene. In der anschließenden Gruppenauswertung – unterstützt durch die Videoaufzeichnung – wird dem Vorgesetzten das eigene ambivalente Konfliktverhalten deutlich. Seine Schwäche bestand darin, den Leistungsabfall seines Mitarbeiters murrend zu akzeptieren, ohne ihm klare Grenzen und Konsequenzen aufzuzeigen.

Dank der Analyse des »vier-seitigen-Rollenspiels« konnten praxisrelevante Verhaltensrichtlinien für das anstehende Gespräch formuliert und damit der Führungskraft konkrete Hilfestellung im Konflikt gegeben werden.

Eine enge Verzahnung mit einem weiteren Kommunikationsmodell, der so genannten *Transaktionsanalyse (TA)* von Eric Berne, gelingt Schulz von Thun durch die Darstellung des »inneren Teams« (s. drittes Kapitel). Hier steht der

Einzelne mit seiner inneren Befindlichkeit im Zentrum der Betrachtung. Als Ende der 50er Jahre der amerikanische Psychotherapeut Eric Berne die Transaktionsanalyse entwickelte, stand er noch stark in der Tradition Sigmund Freuds. Berne nahm in Anlehnung an Freud eine Teilung der Persönlichkeit in drei verschiedene »Ich-Zustände« vor. Berne bezeichnet sie als:

- Kind-Ich,
- Eltern-Ich,
- Erwachsenen-Ich.

Opfer, Retter, Verfolger sind beliebte Rollen von Erwachsenen

Die Transaktionsanalyse geht davon aus, dass jeder Mensch diese drei Ebenen in sich selbst verkörpert und dass man durch Beobachtung erkennen kann, in welchen der drei Zustände sich eine Person gerade befindet. Konflikte sind für Eric Berne demnach nichts anderes als *Spiele der Erwachsenen* (siehe Literaturhinweise). Bei diesen »Spielen« mit Ernstcharakter handelt es sich um verfestigte Interaktionsmuster, aus denen man schwer ausbrechen kann, da jeder Mensch seine »Lieblingszustände« hat und in Konflikt- und Stresssituationen in diese immer wieder zurückkehrt. Zwischenmenschliche Auseinandersetzungen besitzen eine große Ähnlichkeiten mit Dramen oder Krimis, wobei im Wesentlichen drei Rollen besetzt werden: Opfer, Retter, Verfolger.

Dazu wieder ein Exempel aus dem Seminaralltag: Eine Teilnehmerin, Frau Müller, beschreibt sich selbst als hoch motiviert im Job und sehr ehrgeizig. Sie arbeitet als Assistentin der Geschäftsleitung eines internationalen Konzerns. Der Geschäftsführer schätzt sie angeblich sehr, bei ihren Kollegen und Kolleginnen ist sie äußerst beliebt. Alle wissen: In Notfällen kann man sich auf Frau Müller stets verlassen. Sie kommt sehr früh zur Arbeit und verlässt erst spät das Büro. Sie hat ein offenes Ohr für alles und jeden, sprüht vor Ideen und Engagement. Hin und wieder stöhnt sie zwar über die Belastungen und den Stress, doch die Anerkennung ihrer Kolleginnen und Kollegen freut sie immer wieder und lässt sie so manchen Frust vergessen – so ihre Aussage im Seminar. Irgendwann bekommt Frau Müller jedoch starke Magenbeschwerden. Der Arzt rät ihr, kürzer zu treten und den Stress zu reduzieren, sonst drohen ihr gesundheitliche Gefahren. Das erzählt Frau Müller zu Hause und im Büro. Ihre Arbeitskollegen reagieren zunächst mit schlechtem Gewissen, dann zunehmend mit Ärger und Wut, weil Frau Müller angeblich immer öfter »die eingebildete Kranke« spielt, wie die Betroffene empört erzählt. »Wie soll ich mich denn nun in Zukunft verhalten?«, fragte mich die Teilnehmerin.

Ich nutzte dieses Fallbeispiel von Frau Müller, um ihr und der Seminargruppe, das Drama-Dreieck von Berne zu erläutern. Dadurch verdeutlichte ich ihre prekäre berufliche Situation und diskutierte anschließend mit allen Teilnehmern mögliche Wege aus diesem Dilemma. Denn die Geschichte von Frau Müller zeigt: Retterin (fürsorgliches Eltern-Ich) zu sein ist zwar schön, doch auch anstrengend, denn diese Rolle bedeutet enormen Stress. Die Arbeitskollegen oder Freunde sind daran gewöhnt, dass sie sich auf Rettertypen wie Frau Müller in jeder Problemlage verlassen können. Beklagt sich die starke Retterin, muss man dies nicht weiter ernst nehmen. Ein paar motivierende Worte genügen in der Regel, um die Retterin wieder zu aktivieren. Doch Rollen sind nicht zementiert; sie können schleichend wechseln. Hier geschicht es nach und nach: Die Retterin selbst gerät immer stärker in die Opferrolle. Es kommt zu Hilflosigkeit und Ohnmachtsgefühlen. Der Retterin beklagt sich bei Freundinnen und Kollegen, dass sie als Opfer der Zustände vieles erdulden und erleiden muss. Jetzt ist es nur noch ein kleiner Schritt, bis aus dem Opfer (Kind-Ich) eine Verfolgerin (kritisches Eltern-Ich) wird. Die Schuld an der Arbeitsüberlastung und der eigenen Unzufriedenheit wird anderen in die Schuhe geschoben. Das Opfer, das nun (unbewusst) die Rolle einer Verfolgerin einnimmt, beschimpft seine vermeintlichen Peiniger und macht ihnen ein schlechtes Gewissen (Kind-Ich). Dies wiederum löst verständlicherweise bei diesen Personen Ärger und Wut aus (kritisches Eltern-Ich). Das Drama-Dreieck als Wechsel zwischen den drei Rollen Opfer, Retter, Verfolger ist perfekt!

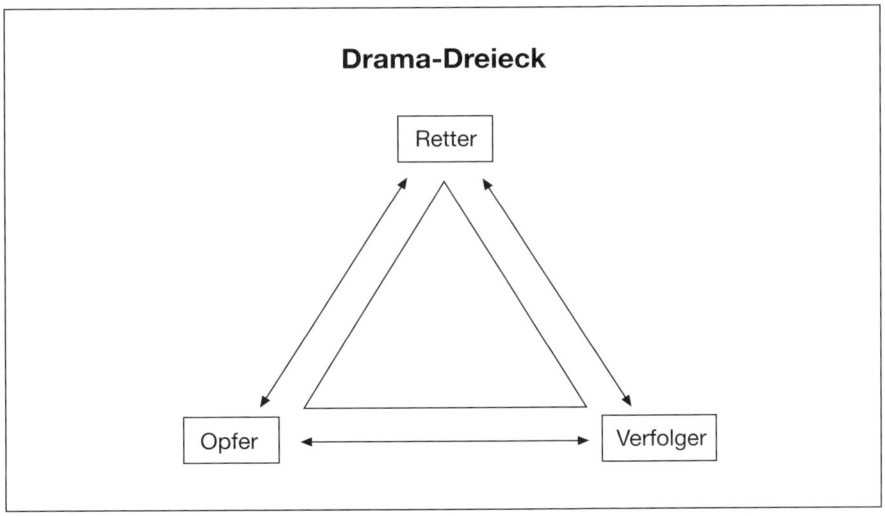

Trainer können also die Erkenntnisse der Transaktionsanalyse gezielt dazu nutzen, um konfliktreiche Situationen der Teilnehmer sowie deren Rollen im jeweiligen Kontext zu verdeutlichen. Darauf aufbauend, lassen sich dann mögliche Verhaltensänderungen und weitere Lösungsschritte in der Seminargruppe entwickeln.

Auch die *Themenzentrierte Interaktion (TZI)*, die mit dem Namen Ruth Cohn verbunden ist, eignet sich hervorragend, um in Seminaren die Fallstricke menschlicher Kommunikation und Interaktion zu verdeutlichen. In der TZI-Theorie werden die drei Einflussgrößen

- ICH (das Individuum),
- WIR (die Gruppe) und
- ES (das Thema)

als Eckpunkte eines Dreiecks dargestellt, wobei der GLOBE (die unmittelbare Umgebung und/oder das globale Umfeld) die Gruppe zusätzlich beeinflusst und als Kreis das Dreieck umschließt. Entscheidend ist, dass ICH, WIR und ES in einer Balance sein sollten. Keines darf einseitig gewichtet sein. Als diagnostisches Instrument kann TZI Hinweise auf Störungen und Konflikte in Seminargruppen geben und damit Trainern ermöglichen, konkrete Interventionen zu setzen.

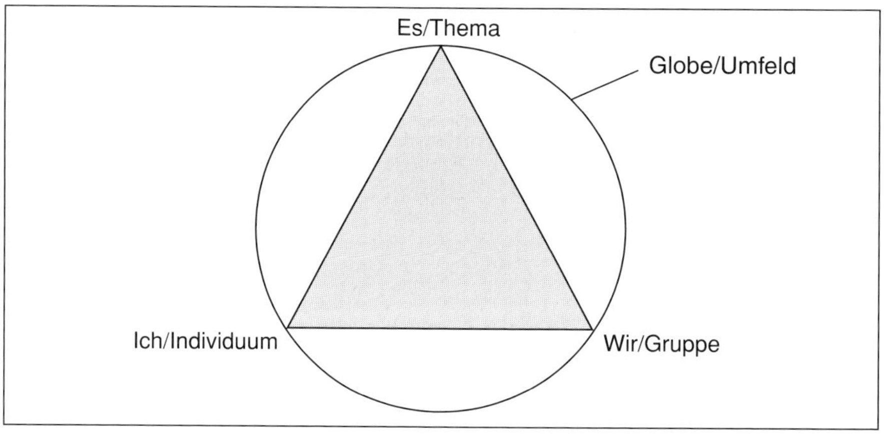

Ein Beispiel: Stellen Sie sich vor, dass es in einem Training zu einer deutlichen Frontenbildung kommt – die Gruppe ist gespalten, zwei Lager stehen sich gegenüber. Wie im zweiten Kapitel bereits geschildert, tut ein Trainer gut daran, in einem solchen Fall nach dem Motto vorzugehen »Störungen haben Vorrang«. In aller Regel wird er sich als Konfliktmoderator engagieren, der grundlegende Positionen beider Lager klärt und wieder eine gemeinsame Arbeitsbasis mit allen Teilnehmern findet. Eine weitere Möglichkeit besteht jedoch auch darin, das TZI-Modell für den vorhandenen Konflikt zu nutzen. Allerdings sollte der Kursleiter dabei bei der Erläuterung des TZI-Dreiecks *die Theorie deutlich auf den aktuellen Lagerstreit fokussieren*. Sätze wie »Schauen wir uns jetzt gemeinsam an, an welcher Stelle im Dreieck sich unser Gruppenkonflikt befindet« sollen verdeutlichen, dass Auseinandersetzungen zwischen Teilgruppen zur Lähmung im Trainingsverlauf insgesamt führen, da das WIR im Dreieck übergewichtet ist. Mit Hinweis auf das geplante Sachthema (ES) kann der Trainer hervorheben, dass eine Fortführung des Seminars nur möglich ist, wenn der Konflikt in der Gruppe geklärt und somit auch jede einzelne Person (ICH) wieder Platz im TZI-Dreieck finden kann. Wird dieser Balanceakt nicht nur verbal erklärt, sondern noch zusätzlich anschaulich auf Flipchart oder Pinnwand *visualisiert*, reagiert die Gruppe meist nachdenklich und nachfragend. Theorie-Know-how kann also durchaus zur Konfliktklärung und -lösung beitragen.

Als Fazit gilt festzuhalten: Die Themenzentrierte Interaktion hat sich in der Arbeit mit Gruppen ebenso bewährt wie die Transaktionsanalyse oder das TALK-Modell. Welches Modell in welcher Krisensituation am sinnvollsten einzusetzen ist, lässt sich nicht allgemeingültig beantworten. Jede Richtung bietet spezielle Ausbildungen an, so beispielsweise das WILL-Insitut (Workshop Institute für Living Learning) in der Schweiz, das Seminarleiter als TZI-Trainer qualifiziert.

Mediation, Konfliktmoderation und Konfliktcoaching als moderne Formen der Streitschlichtung

Mediatoren sind Vermittler, keine Richter

Unter Mediation versteht man ein Konfliktlösungsmodell unter Mitwirkung einer neutralen, dritten Person (im Idealfall: ein ausgebildeter Mediator). Ausgangspunkt ist die Überlegung, dass die Konfliktbeteiligten meist nicht in der Lage sind, selbst konstruktive Auswege zu finden. Eine typische Folge davon ist: Beide Seiten kämpfen um die »Wahrheit« und suchen die juristische Auseinandersetzung. Vor Gericht wird dann Recht gesprochen und damit eine Lösung herbeigeführt. Hier setzt die *Mediation* gewissermaßen als vorbeugende Maßnahme an. Statt lange Wartezeiten bis zum Gerichtstermin und hohe Anwaltskosten in Kauf zu nehmen, soll eine neutrale Person die Streithähne dazu bewegen, sich gegenseitig anzuhören, die Sichtweisen der jeweils anderen Seite zu verstehen und gemeinsam »Win-win-Lösungen« zu finden. Der Mediator agiert als Unterstützer, ohne allerdings eigenständige Vorschläge einzubringen oder gar Partei für eine bestimmte Sichtweise zu ergreifen.

Bei der Lösung von Konflikten gilt es, die Interessen aller Beteiligten zu berücksichtigen

Dass man mit dieser »Kunst der Vermittlung« immense Kosten sparen kann, ist sicherlich ein Grund, warum auch in Deutschland immer mehr Unternehmen Wirtschaftsmediatoren für Vermittlungsgespräche einsetzen. Das Herausarbeiten der Interessen aller am Konflikt Beteiligten spielt dabei eine besondere Rolle. Das bekannte Beispiel zweier Menschen, die sich um eine Orange streiten, wobei der eine die Frucht behält und der andere leer ausgeht, zeigt die Schwierigkeit, vernünftige Kompromisse zu finden. Dabei sind Lösungen für beide Seiten durchaus realisierbar, falls die Interessen beider Seiten berücksichtigt werden. Im Falle der Orange kann das Teilen eine Möglichkeit sein, aber auch eine Einigung, die darin besteht, dass der eine nur die Schale behalten möchte (zum Backen oder als Bastelvorlage), der andere vor allem am Fruchtsaft interessiert ist. Man muss also erst einmal herausfinden, wozu jeder die Orange haben möchte. Und hier sind wir bei einem wesentlichen Punkt: In der Mediation geht es nicht um Recht-Haben-Wollen, sondern um das Benennen und Konkretisieren der Interessen aller Beteiligten. Hinzu kommt: Mediation als moderne Form der Streitschlichtung beruht auf dem *Prinzip der Freiwilligkeit*. Das bedeutet: Beide Parteien müssen bereit sein, sich auch ohne Gericht zu einigen, indem sie sich auf konstruktive Gespräche einlassen. Die Ansprüche an externe wie interne Streitschlichter sind hoch: Zum einen muss ein Mediator nicht nur neutral bleiben und sein Handwerk beherrschen, sondern auch mit seinen eigenen Emotionen umgehen können, denn nicht selten reagieren Gesprächspartner laut und aggressiv, weinen oder drohen. Außerdem muss er erkennen, auf welcher Stufe sich der Konflikt bewegt und welche Interventionen in welcher Phase sinnvoll sind.

Für Trainer können die Erkenntnisse und Vorgehensweisen der Streitschlichtung aus zwei Gründen wichtig sein:

- Trainer können selbst eine Mediationsausbildung machen, sich dadurch spezialisieren und ihr Kompetenzfeld erweitern.
- In einer konfliktreichen Seminarsituation können Trainer, die die Grundsätze der Mediation kennen, die Interessen der streitenden Teilnehmer aufdecken und dadurch zur Klärung des Konflikts beitragen.

Wie ich bereits in diesem Buch festgestellt habe, nimmt jede Seminarleitung mindestens zwei Rollen ein: Moderator und Referent. Auch wenn eine Gesprächsleitung nicht immer Konflikte moderieren muss, können Trainer in dieser Rolle durchaus gefordert sein. *Konfliktmoderation* ist immer dann sinnvoll, wenn Trainer während eines Seminars als Schlichter zwischen mindestens zwei Personen oder Teilgruppen auftreten müssen. Die individuelle Konfliktkompetenz eines Trainers ist dabei sehr wichtig und entscheidend. Einen persönlichen Streit zwischen verschiedenen Teilnehmern zu unterbinden gelingt vielleicht nicht immer – eine Konflikteskalation zu vermeiden liegt jedoch durchaus in der Verantwortung eines jeden Trainers, wie an vielen Fallbeispielen gezeigt wurde.

Trainer müssen oft als Konfliktmoderatoren agieren

Ein Seminar »lebt« nicht nur vom unterschiedlichen Wissensstand der Beteiligten, sondern auch von der Beziehungs- und Kontaktebene aller Personen. Sympathien und Antipathien werden manchmal öffentlich ausgetragen, und jeder Trainer tut gut daran, in solchen Fällen als Moderator im Sinne eines objektiven Gesprächsführers aufzutreten. *Konfliktmoderation im beruflichen Kontext* – beispielsweise auch als ergänzende Weiterbildungsmaßnahme nach einem Seminar – kann dann hilfreich sein, wenn eine Führungskraft Probleme mit Mitarbeitern durch Konfliktmoderation klären möchte. Ähnlich wie bei der Mediation hat der Konfliktmoderator die Aufgabe, die Beteiligten bei der Konfliktlösung zu unterstützen. Dabei sollte er sich an einigen generellen Leitlinien orientieren, um diese anspruchsvolle Aufgabe souverän bewältigen zu können.

Leitsätze für eine Konfliktmoderation

- Konkrete Auftragsvereinbarung formulieren.
- Konfliktthemen sammeln.
- Sichtweisen der Konfliktpartner klären.
- Konfliktlösungsideen gemeinsam entwickeln.
- Ideen gemeinsam bewerten.
- Regelungen aushandeln, verbindliche Absprachen treffen.

Doch nicht nur Moderatoren und Mediatoren kommen als Konfliktlöser in Betracht. Auch (externe) Coaches sind bei der Bewältigung beruflicher Krisen von Mitarbeitern und Führungskräften durchaus gefragt. Sie werden in der Regel dann aufgesucht, wenn es um die Klärung beruflicher Probleme und Konflikte geht. Ratsuchende, die sich für ein *Konfliktcoaching* entscheiden, möchten damit in der Regel drei Dinge erreichen:

- Lösungen für Konfliktfelder finden, in denen sie selbst involviert sind,
- Wachsamkeit gegenüber potenziellen Konfliktfeldern erlangen,
- eine gewisse Gelassenheit gegenüber Konflikten entwickeln.

Konfliktcoaching ist vor allem für Führungskräfte sinnvoll

Die Berliner Organisationsberaterin Dr. Astrid Schreyögg, die sich in ihrem Buch »Konfliktcoaching« mit dem Stufenmodell von Glasl auseinandersetzt, sieht Moderation nur für Konflikte geeignet, die sich innerhalb der ersten drei Eskalationsstufen bewegen. Je höher der Eskalationsgrad ansteigt, desto aussichtsreicher sind Formen wie Prozessbegleitung oder Mediation. Konfliktcoaching ist als Aufgabenfeld externer Berater vor allem dann gefragt, wenn es darum geht, Führungskräfte selbst in ihrer Rolle als Konfliktberater/Moderator aktiv zu unterstützen. Dazu schreibt Schreyögg: »Es ist nützlich, wenn sie (= die Führungskraft) schon im Vorfeld etwa in Seminaren einige Methodenkompetenzen erwirbt. Im Coaching lässt sich dann ›Feinarbeit‹ leisten, indem die Klienten gezielt auf die jeweiligen Sitzungen vorbereitet werden ... so lässt sich die Moderationssituationen in allen ihren Phasen und mit möglichst vielen Eventualitäten vorab phantasieren.« (Schreyögg 2002, S. 122f)

Trainer und Berater, die als Konfliktmoderatoren oder Konfliktcoaches agieren, sie sind oft mit »sprachlichen Fouls« der Beteiligten konfrontiert. Dazu zählen Kränkungen und verbale Attacken ebenso wie Klischees und Vorurteile. Ein erfahrener Trainer oder Coach kann diese Sprachwaffen entschärfen. Eine Möglichkeit besteht darin, Konfliktmetaphern und Konfliktgeschichten einzusetzen. Darüber wird im nächsten Abschnitt zu lesen sein.

Storytelling: Der Einsatz von Konfliktgeschichten und Konfliktmetaphern

Kurzgeschichten oder Metaphern machen Konflikte »bildhaft«

Die psychologische Wirkung von Geschichten ist unumstritten. Märchen und Volkssagen überliefern Bilder von vergangenen, gegenwärtigen oder zukünftigen Welten und können anregen, über die eigene Biografie nachzudenken. Das Wiederaufleben des Geschichtenerzählens hat auch den Trainingsmarkt erfasst. Die Kraft des Erzählens – das so genannte »Storytelling« – wird genutzt, um Gruppenprozesse in Seminaren und Unternehmen zu unterstützen. Dabei soll der Trainer nicht in die Rolle einer modernen Märchenfee schlüpfen, sondern Storytelling als zusätzliche Methode nutzen, um Blockaden und Widerstände bei den Teilnehmern anzusprechen. Seminarleiter können nämlich in Schwierigkeiten geraten, wenn sie Teilnehmern unverblümt ihre Meinung sagen. Andererseits ist gerade ein Trainer für Wahrhaftigkeit im Seminar verantwortlich und sollte Offenheit und Ehrlichkeit auch gegenüber der Gruppe »vorleben«. Storytelling ist in solchen Fällen eine gute Möglichkeit. Schwierige, konfliktreiche Situationen werden in eine Geschichte gepackt, statt sie in eigenen Worten zu beschreiben. Dabei können zweierlei Arten von Storytelling unterschieden werden:

- *Märchen, Mythen, Fabeln, Gleichnisse oder Anekdoten* dienen der kurzweiligen Unterhaltung, können berufliche (oder auch private) prekäre Situationen erhellen und als Ideengeber für Konfliktlösungen genutzt werden.
- *Erfahrungsberichte von Mitarbeitern und Führungskräften* können als Kraft- und Ideenquelle für aktuelle Konflikte im Unternehmen genutzt werden. Auch Metaphern können wichtige Anregungen bieten und Lernprozesse in Gang setzen.

Wer als Trainer Storytelling als Seminarmethode einsetzen möchte, sollte vor allem zwei Punkte bedenken:

- Die Geschichten sollten kurz sein.
- Die Geschichten sollten zum Kontext der jeweiligen Situation passen.

Dazu ein Beispiel, das ich in einem Rhetorik-Training einsetzte. Ein Teilnehmer, ein durchaus routinierter Redner, war sehr selbstbewusst und gab den weniger erfahrenen Seminarmitgliedern zu verstehen, dass es im Seminar vor allem um seine eigene Bestätigung geht. Daraufhin entschied ich mich folgende orientalische Geschichte zu erzählen:

> »Der Mullah, ein Prediger, kam in einen Saal, um zu sprechen. Der Saal war leer bis auf einen jungen Stallmeister, der in der ersten Reihe saß. Der Mullah überlegte sich: Soll ich sprechen oder es lieber bleiben lassen? Schließlich fragte er den Stallmeister. Dieser antwortet: Herr, ich bin ein einfacher Mann, davon verstehe ich nichts. Aber wenn ich in einen Stall komme und sehe, dass alle Pferde weggelaufen sind und nur ein einziges dageblieben ist, werde ich es trotzdem füttern. Der Mullah nahm sich dies zu Herzen und begann seine Predigt. Er sprach über zwei Stunden lang. Danach fühlte er sich glücklich und erleichtert und wollte sich bestätigen lassen, wie gut seine Rede war. Als er den Stallmeister fragte, wie ihm seine Predigt gefallen habe, meinte dieser: Ich habe bereits gesagt, dass ich ein einfacher Mann bin und von so etwas nicht viel verstehe. Ich würde auch ein einziges Pferd füttern, das im Stall steht, aber ich würde ihm nicht alles Futter geben, das für alle Pferde gedacht war.« (Peseschkian 2003, S. 133)

Dieses Gleichnis führte dazu, dass der besagte Teilnehmer zunächst unwirsch reagierte, sich im Verlauf des Seminars immer stärker zurücknahm, allerdings in der Schlussrunde sagte, dass ihn die Geschichte sehr zum Nachdenken bewegt hätte. Erzählungen liefern nicht immer einen Knalleffekt im Sinne einer schnellen Erkenntnis. Manchmal wirken sie erst Stunden oder Tage später.

Übrigens: Wer sich für lehrreiche Kurzgeschichten interessiert, findet im Buch von Detlev Blenk nachdenkliche und vergnügliche Beispiele für den Einsatz in Trainings und Seminaren (siehe Literaturverzeichnis). Jedoch müssen es nicht immer Shortstorys sein, um Teilnehmer bei der Bewältigung von Problemen oder Konflikten zu unterstützen. Auch Konfliktmetaphern können eine gute Hilfe sein. Im Folgenden verweise ich auf einen Fragenkatalog, der im Fachbereich Psychologie der Universität Hamburg (Dr. Redlich) entwickelt wurde, um Gespräche zwischen Trainer beziehungsweise zwischen Coach und Kunden/Klienten »bildhaft« zu machen:

Fragen zur Erkundung von Klientenmetaphern

Wenn der Teilnehmer selbst eine Metapher nennt, kann der Trainer fragen:
»Sie sprachen von ... welches Bild haben Sie dabei vor Augen?«
»Könnten Sie die Szene näher beschreiben?«

Zur näheren Erkundung des Bildes kann der Trainer zum Beispiel sagen:
»Beschreiben Sie die verschiedenen Aspekte der Szene!«
»Was sagen/hören/tun andere Personen in Ihrem Bild?«
»Was hören/riechen/fühlen/berühren Sie?«
»Was führte zu dieser Situation?«
»Was geschah vorher?«
»Was geschieht als Nächstes?«

Wenn keine Metapher genannt wird, kann der Trainer/Coach fragen:
»Fällt Ihnen ein Bild oder eine Metapher ein, die diese Situation näher beschreiben könnte?«
»Könnten Sie eine Metapher dafür finden?«

Der Trainer/Coach kann mit der Problemsituation des Teilnehmers/Klienten eine Verbindung herstellen, indem er etwa fragt:
»Welche Parallelen sehen Sie zwischen Ihrem Bild von ... und Ihrer aktuellen Situation?«
»Wie könnte die Veränderung Ihres Bildes zu Ihrer aktuellen Situation passen?«

Auch die Frage nach der Veränderung des metaphorischen Bildes ist legitim:
»Wenn Sie das Bild irgendwie ändern könnten, wie würden Sie es ändern?«
»Was würde Ihr Kollege an diesem Bild ändern?«

Konflikte aus Sicht der Lern- und Kreativitätsforschung

Einige bekannte Namen (s. Literaturverzeichnis und Internetlinks):

- Prof. Dr. Frederik Vester: Vernetztes Denken
- Dr. Georgi Lozanov: Suggestopädie
- Dr. Edward de Bono: Sechs-Hüte-Methode

Konflikte zu lösen ist meist schwierig, manchmal auch langwierig. Oft reichen die üblichen Lösungswege nicht, um Konflikte und Krisen auf Dauer erfolgreich zu bewältigen. Dann braucht es neben kommunikativen Kompetenzen vor allem kreative Fähigkeiten. Zwischen dem Thema »Konflikt« und dem Thema »Kreativität« besteht ein enger Zusammenhang. Wenn wir Konflikte analysieren, wird meist offensichtlich, wie intensiv die Streitparteien auf ihren jeweiligen »Wahrheiten« beharren. Einen Perspektivenwechsel vorzunehmen und den Konflikt von verschiedenen Seiten zu betrachten, um dadurch zu neuen Lösungen zu kommen, ist leider immer noch nicht selbstverständlich. Um bewusst und gezielt Wege aus der Routine zu gehen, können entweder Kreativtechniken (= Methoden der Ideenfindung) oder lernfördernde Methoden (beispielsweise Suggestopädie) hilfreich sein. Nachfolgend drei Beispiele.

Denken, Lernen, Vergessen

»Wir leben in einer Welt, deren ineinander greifende Abläufe für unseren menschlichen Geist schon immer schwer zu begreifen waren ... was wir brauchen ist eine neue Sicht der Wirklichkeit: die Einsicht, dass vieles zusammenhängt, was wir getrennt sehen« – mit diesen und ähnlichen Worten hat der Autor Frederic Vester mehr als drei Jahrzehnte lang auf die globalen Probleme und Vernetzungen hingewiesen. Vester, der 1969 in Biochemie habilitierte, wurde vor allem in den 70er-Jahren einer breiten Öffentlichkeit als Vordenker der Umweltbewegung bekannt. Er prägte dabei maßgeblich einen Begriff, der heute vielfältig verwendet wird: vernetztes Denken.

Die Kernprobleme der gegenwärtigen und künftigen Zivilisationsgesellschaften waren für den Professor für angewandte Ökonomie nur dann zu bewältigen, wenn die Systemzusammenhänge von Natur, Technik, Wirtschaft und Gesellschaft erkannt werden. Vester und seine Mitarbeiter entwickelten eine Vielzahl von Methoden und Bewertungen, die insgesamt als »Sensitivitätsmodell« zusammengefasst wurden und in vielen Bereichen Berücksichtigung fanden (zum Beispiel Zukunft des Autos oder Ballungsgebiete in der Krise).

Im Weiterbildungsbereich besteht Vesters Verdienst vor allem darin, dass er parallel zu seinen wissenschaftlichen Forschungen stets auch an der »spielerischen« Vermittlung seiner Erkenntnisse interessiert war. Dies zeigen Wanderausstellungen (»Unsere Welt – ein vernetztes System«), Fernsehserien (»Phänomen Stress«), Bestseller-Bücher (»Denken, Lernen, Vergessen«) oder Spiele wie »Ökolopoly«. Er hat damit auch in Deutschland einen entscheidenden Anteil an der Entwicklung von so genannten Planspielen, die viele Trainer und Berater in ihrer Arbeit einsetzen. Planspiele etablieren sich seit vielen Jahren als fester Bestandteil einer kreativen Lernkultur, die Arbeit und Spielen integriert. In der Fort- und Weiterbildung von Führungskräften nehmen neben Brett- und Kartenspielen zunehmend auch technische Simulationen als Unternehmensplanspiele eine bedeutende Rolle ein. Software-Tools wie das Planspiel »Global Manager« stellen betriebliche Prozesse virtuell dar, zeigen Vernetzungen auf und verlangen von Führungskräften kreative Lösungen bei schwierigen Entscheidungsprozessen.

Denken, Lernen, Vergessen (Auszüge)

»Regel 2: Sinnvolles Curriculum: Lernstoff, dessen Nutzanwendung weder aus seiner Beziehung zur Wirklichkeit noch aus vorhergehenden Lerninhalten einsehbar ist, wird bereits schlecht im Gedächtnis verankert ... Reihenfolge und Aufbau eines Themas ... sind daher nach realen Lernzielen und nach ihrer Verständnisfolge zu gliedern und nicht nach historischen oder fachsystematischen Gesichtspunkten.«

»Regel 6: Interferenzen vermeiden: Zusatzwahrnehmungen ähnlichen Inhalts stören oft das Abrufen der im Ultrakurzzeit-Gedächtnis kreisenden Erstinformation ... Besser ist es, die Erstinformation zunächst im Kurzzeit-Gedächtnis abzurufen, d.h. an bekannte Gedächtnisinhalten zu verankern, und dann erst ›Variationen über das Thema‹ anzubieten.«

»Regel 11: Verknüpfung mit der Realität: Den Lerninhalt möglichst viel mit realen Begebenheiten verbinden, sodass er ... vernetzt verankert wird. Werden reale Erlebnisse angesprochen, so wird der Lerninhalt trotz zusätzlicher Information eingängiger (Aufnahme als ›Muster‹ statt als ›lineare Folge‹). (Vester, Denken, Lernen, Vergessen, S. 141ff.)

Die Lernbiologie hat wichtige Erkenntnisse über Lerntypen geliefert

Menschen, die in Aus- und Fortbildungen tätig sind, können jedoch von Vesters Forschungen vor allem in einem Punkt profitieren: seinen Erkenntnissen bezüglich der Lernbiologie und der Einordnung von Personen in verschiedene Lerntypen. Trainern kann dieses Wissen sowohl bei der Konzeption von Seminaren als auch während eines Trainings wichtige Hilfestellungen bieten. In seinem Besteller »Denken, Lernen, Vergessen« nennt Vester 13 Regeln, um Konflikte in Seminar und Training zu vermeiden beziehungsweise zu reduzieren.

Damit gibt der Forscher grundsätzliche Hinweise auf den Umgang mit Lernstoff und dessen Aufbereitung im Seminar. Viele Trainer machen immer wieder die Erfahrung, dass die Missachtung der genannten Regeln zu erheblichen Schwierigkeiten mit der Gruppe oder mit einzelnen Teilnehmern führen kann. Ein Trainer erzählte dazu folgenden Erfahrungsbericht:

> »Vor kurzem führte ich ein Seminar zum Thema ›Personalbeurteilung‹ in einer Sparkasse durch. Vor mir saßen Geschäftsstellenleiter, die sich fast alle anfangs aktiv einbrachten, dann aber ließ sichtlich ihre Motivation nach. Irgendwann fuhr mich ein Teilnehmer genervt an: Sie preisen uns ja das Thema an, als wenn Sie uns ein neues Auto verkaufen müssten. Mich interessiert vielmehr meine eigene Beurteilung, denn auch ich muss als Führungskraft meinem Vorstand Rede und Antwort stehen.«

Der Lernstoff sollte sich stets an den Erfahrungen und Bedürfnissen der Zielgruppe orientieren

Erst durch diese Bemerkung sei ihm klar geworden, so der Kollege, dass er in der Vorbereitung zum Seminar eine wichtige Alltagserfahrung seiner Seminargruppe komplett vergessen hatte: die Tatsache, dass auch Führungskräfte beurteilt werden. Im konkreten Fall bot der Trainer der Gruppe auch an, sich zusätzlich zur Mitarbeiterbeurteilung mit den Fallstricken des eigenen Führungsstils zu beschäftigen. Das Feedback am Ende des Seminars bestätigte den Eindruck, dass ein »Curriculum« dann sinnvoll ist, wenn es einen starken Praxisbezug zum Berufsalltag der Teilnehmer herstellt.

Lernen mit allen Sinnen: Suggestopädie

Der Begriff hat zunächst nichts mit »suggerieren« zu tun, sondern wird abgeleitet vom englischen Verb »to suggest« (vorschlagen, empfehlen, zu etwas anregen). Personen, die an suggestopädischen Kursen teilnehmen, sollen eine Fülle von Anregungen erhalten, wie sie ihre eigenen Lernleistungen nach und nach verbessern können. Suggestopädie wurde als Lernmethode in den 60er-Jahren des 20. Jahrhunderts von dem bulgarischen Neurologen Georgi

Lozanov in Sofia entwickelt. Bei seinen Reisen nach Indien fiel dem Arzt auf, dass Fakire und Yogis sich auch bei geistigen Höchstleistungen körperlich und mental entspannen konnten.

Forschungen haben mittlerweile den Erfolg dieser Methode bestätigt. Ihre Effektivität zeigte sich zunächst beim Erlernen von Fremdsprachen (daher wird Suggestopädie häufig als »Superlearning« bezeichnet). Erst in den letzten 20 Jahren fanden suggestopädische Elemente verstärkt Beachtung bei Weiterbildungsthemen wie Führung, Verkauf oder Kundenorientierung. Der kreative Ansatz besteht im Wesentlichen darin, dass beim Lernen beide Gehirnhälften gleichermaßen gefordert werden. Ein wesentliches Element sind dabei die so genannten Anker. Das sind Gegenstände oder Musiksequenzen, die den Lerninhalt nachhaltig im Kopf verankern sollen. Durch den Einsatz von Sprache, Musik, Spiel und körperlicher Bewegung sowie einem gezielten Wechsel von Konzentration und Entspannung (so genannter suggestopädischer Kreislauf) werden optimale Lernbedingungen geschaffen. Neben der Gestaltung von Lernprozessen spielt das Erkennen der verschiedenen Lerntypen im Seminar eine entscheidende Rolle.

Je nach bevorzugter Lernweise werden der visuelle, der auditive und der kinästhetische Lerntyp unterschieden.

Der visuelle Lerntyp: Dieser Lerntyp ist ein Mensch, der vor allem durch sehen, betrachten oder Sich-Bilder-Machen lernt. Er bevorzugt anschauliche Präsentationen. Von Vorträgen ohne Visualisierung profitiert er nur wenig.

Was ist für diesen Lerntyp hilfreich? Bücher, Skizzen, Diagramme, Lernposter, Videos, Mind Maps, Lernkarteien.

Der auditive Lerntyp: Der auditive Lerntyp lernt vor allem Gehörtes. Er lernt durch verbale Belehrung von Seiten anderer oder seiner selbst. In Vorträgen und Seminaren profitiert er vor allem durch das Zuhören oder durch das Sprechen.

Was ist für diesen Lerntyp hilfreich? Gespräch, Dialog, Diskussion, Geschichten erzählen, Musik, Klänge, Lernkassetten, Vorlesungen.

Der kinästhetische Lerntyp: Dieser Lerntyp lernt vor allem durch Tun, durch Erfahrung, durch unmittelbare Beteiligung. Er braucht Aktion beim Lernen, will etwas tun oder spielen. Lernen ist für ihn mit Bewegung verbunden, still sitzen eine Qual. Auch Schreiben ist o.k.

Was ist für diesen Lerntyp hilfreich? Stehen und Umhergehen beim Lernen, Anfassen und Hantieren mit Dingen, Experimentieren, Learning by Doing, Notizen machen, Gestik und Mimik des Lehrers, Lernkarten sortieren, Lernen in der Gruppe.

(Nach: www.suggestopaedie.de)

Da Suggestopädie ein multisensorisches Methoden- und Medienangebot beinhaltet, unterstützt sie diese unterschiedlichen Lerntypen und verringert die Blockaden und Widerstände der Teilnehmer. Die Methode führt so insgesamt zur Reduktion von Konfliktfeldern im Seminarverlauf – auch wenn die Skepsis und Kritik gegenüber kreativen Spielelementen anfänglich durchaus groß sein kann. Hierzu ein Beispiel eines Suggestopädie-Trainers:

> »Ich führte für ein großes Kaufhaus ein Seminar zum Thema Kundenorientierung durch. Ich habe den teilnehmenden Servicemitarbeitern von Beginn an klargemacht, dass ich zwar das theoretische Rüstzeug mit ihnen auch auf Flipchart erarbeiten könnte, ich sie jedoch gerne auch in andere Lernwelten entführen möchte. Manche waren dann skeptisch, vor allem als ich anfing, Übungen mit kleinen Gegenständen, Brettspielen und Musik-CDs zu entwickeln. Zwei oder drei Personen sagten gleich, dass sie das kindisch fänden und nicht mitmachen wollen. Ich gab zu verstehen, dass ich das akzeptieren würde, aber dass sie bitte im Raum bleiben sollten. Dann passierte etwas, was ich schon oft erlebt habe und mich wieder darin bestätigt hat, dass Lernen mit allen Sinnen ansteckend ist. Bei einer Übung ›Wie fühlt sich ein Kunde, wenn er lange warten muss?‹ drückte ich einem Teilnehmer, der den Verkäufer spielte, eine Sanduhr in die Hand, ein Teilnehmer in der Rolle des Kunden durfte Zarah Leanders Chanson ›Ich steh im Regen‹ mitsingen. Das Lied lief im Hintergrund. Zwei bis drei Minuten nach der Übung herrschte absolute Stille im Seminarraum. Anschließend analysierten die Teilnehmer wie das Warten des Kunden auf sie gewirkt hat. Und auf einmal wurden auch die Skeptiker neugierig und waren bereit mitzumachen.«

Nicht jeder Teilnehmer ist für interaktive Methoden zu begeistern

Diese Schilderung zeigt, dass die Umsetzung ganzheitlichen Lernens stets ein gewisses Risiko birgt. Es wird wohl immer Teilnehmer geben, denen interaktive Seminare generell zu spielerisch, zu locker, zu spaßig sind. Das betrifft im Übrigen nicht nur suggestopädische Methoden, sondern alle Lernformen, die auf eine abwechslungsreiche Prozessgestaltung Wert legen. Daher lautet mein Tipp: Zeigen Sie immer wieder Ihren Kunden und Teilnehmern, dass Lernen lebendig, kurzweilig, kreativ und dennoch nachhaltig sein kann. Es ist dabei völlig normal, auf Personen zu treffen, die dies ablehnen. Überlegen Sie sich vor einem Seminar kluge Sätze, wie Sie mögliche Skeptiker bei der Stange halten können. Denn wie das genannte Fallbeispiel verdeutlicht, kann sich Ablehnung durchaus in Unterstützung wandeln.

Die Sechs-Hüte-Methode

Dr. Edward de Bono gilt als einer der bedeutenden Vertreter der Kreativforschung, dessen Einsichten auch im Trainingsbereich vermittelt werden. De Bono prägte den Begriff »Laterales Denken«, ein Wort, das vor einigen Jahren im Oxford English Dictionary aufgenommen wurde. Laterales Denken, so de Bono, ist eine besondere Art, den Verstand zu gebrauchen und sich einem Problem oder einem Konflikt zu nähern. Herkömmmliche, logisch-analytische Gedankengänge (de Bono nennt dies »vertikales Denken«) erfolgen Schritt für Schritt nach dem Motto: Auf A folgt B, dann C usw. Die Gültigkeit der jeweiligen Schlussfolgerung wird entweder bestätigt oder verworfen. Laterale Überlegungen hingegen bauen nicht zwingend aufeinander auf. Sie sind assoziativ, spontan, sprunghaft und produzieren oftmals »verrückte« Ideen (s. Literaturverzeichnis, Pink 2001). Denkprozesse sind Gewohnheitsprozesse. Daher ist de Bono davon überzeugt, dass laterales Denken neue Sichtweisen hervorbringt beziehungsweise herkömmliche Problemlösungen ergänzt. Um das bislang noch wenig trainierte »lateral thinking« zu ermöglichen, sind bestimmte Techniken hilfreich. Eine ist die »Sechs-Hüte-Methode«. Die Theorie dieser »Denkhüte« entwickelte der Kreativforscher bereits in den 60er-Jahren. In Europa erfolgte der Durchbruch dieser kreativen Methode jedoch erst in den 90er-Jahren.

Worum geht es dabei? Das *Grundprinzip* beruht auf folgendem Modell: Jeder Person stehen verschiedene »Hüte« zur Verfügung, die symbolhaft eine bestimmte Denkrichtung vertreten (pessimistisch, optimistisch, kreativ usw.). Jeder Hut trägt zudem eine andere Farbe. Die Farben symbolisieren die jeweilige Denkrichtung. Damit die Zahl der verschiedenen Denkvorgänge überschaubar bleibt, aber dennoch vielseitig ist, wählte de Bono sechs Hüte.

Das Sechs-Hüte-Modell

Weiß:	Fakten, Zahlen, Informationen
Rot:	Emotionen und Gefühle, Intuition
Schwarz:	Negative Argumente, Killerphrasen
Gelb:	Optimismus, konstruktive Vorschläge
Grün:	Kreativität, neue Ideen
Blau:	Moderation, auch Entscheidung

Wenn sich nun ein Team einer Fragestellung oder auch einem Konflikt gegenübersieht, können die Mitglieder systematisch das Thema aus verschiedenen Richtungen betrachten. Wenn sich zum Beispiel alle Teilnehmer den roten Hut aufsetzen, teilen alle erst einmal ihre Einsichten zu dieser Denkschablone mit. Hier ist also Platz für Emotionen, Gefühle. Dann wird vielleicht der Faktenhut aufgesetzt. Er trägt die Farbe weiß, und alle sind nun aufgefordert, nüchterne Informationen und Zahlen für das Problem zu liefern. Wichtig dabei ist: Die Reihenfolge der Hüte kann zwar beliebig gewählt werden, doch ist *paralleles Denken* gefragt. Das heißt: Alle denken eine bestimmte Zeit mit einer bestimmten Hutfarbe. Als Durchschnittszeit einer »Hut-Runde« sollten fünf bis zehn Minuten zur Verfügung gestellt werden.

Der Kreativforscher konnte nachweisen, dass seine Hüte-Strategie die herkömmlichen Sitzungen und Meetings in Unternehmen und Organisationen maßgeblich beeinflussen kann – im positiven Sinne: mehr Zeitersparnis, konzentrierte Diskussionen, schnelle Ergebnisse. So senkte IBM die Sitzungszeit um angeblich 75 Prozent, auch Unternehmen wir NTT in Japan oder Du Pont in den USA arbeiten nach de Bonos Prinzipien. Da kein Hut vernachlässigt werden darf, ist auch die grüne Farbe der Kreativität gefragt, zu der sich alle äußern müssen. Jammern allein geht also nicht, nur Fakten erläutern auch nicht – ohne kreative Einfälle findet keine Sitzung statt. Die ewigen Nörgler oder Nein-Sager können zwar ihre Sichtweisen unter dem schwarzen Hut vortragen, sind jedoch gezwungen, ihre übliche Denkweise zu verlassen und auch andere Denkoptionen einzunehmen.

Wie können nun Trainer in Seminaren die Sechs-Hüte-Methode zur Konfliktlösung nutzen? Ein Beispiel aus meiner Seminarpraxis:

In einer Inhouse-Schulung bei einer Werbeagentur zum Thema Präsentation kam es zu einem Streit zwischen Projektleitern und Mitarbeitern. Die Projektleiter warfen ihren Kollegen und Kolleginnen vor, unkreative Ideen zu produzieren, welche sie in dieser Form niemals ihren Firmenkunden präsentieren könnten. Die Mitarbeiter waren entsprechend gekränkt. Ein Wort gab das andere, und an eine Fortsetzung der geplanten Seminarinhalte war nicht mehr zu denken. Ich bat um eine kurze Unterbrechung mit dem Hinweis, dass ich nach der Pause der Gruppe einen spannenden und ungewöhnlichen Vorschlag machen würde, um die Wogen zu glätten. Die Teilnehmer reagierten zunächst ablehnend, willigten dann allerdings ein, als ich verdeutlichen konnte, dass dabei die Emotionen aller Anwesenden berücksichtigt und nicht unter den Teppich gekehrt werden.
Mein weiteres Vorgehen umfasste folgende Schritte: Ich stellte die Sechs-Hüte-Technik vor, erläuterte die wichtigsten Grundprinzipien und Ziele und forderte dann die Gruppe auf, ihre Zusammenarbeit unter den verschiedenen Hut-Perspektiven zu betrachten. Da ich keine realen farbigen

Statt Hüte können auch farbige Moderationskarten, Stifte oder Schnüre in den entsprechenden Farben verwendet werden

Hüte in meinem Seminarkoffer hatte, bekam jeder Teilnehmer Moderationskarten in den passenden Farben weiß, rot, schwarz, gelb, grün und blau. Ich als Moderatorin setzte zunächst den »blauen Hut« auf und achtete darauf, dass die Diskutanten alle zehn Minuten die Farbe wechselten und dabei stets parallel diskutierten. Das heißt: Wenn ich beispielsweise dazu aufforderte, dass alle unter dem »roten Hut« denken sollten, wurden nur emotionale Aspekte der Teamarbeit geäußert und diskutiert. Nach 40 Minuten intensiver Diskussion waren alle überrascht, wie effizient es sich mit farbigen Hüten diskutieren lässt und vor allem wie gut sie sich für Konfliktgespräche eignen. Die Tatsache, dass niemand ausschließlich auf seiner Lieblingsposition beharren kann – etwa nur (weißes) Faktenwissen liefern oder nur (schwarz) schimpfen kann –, sondern parallel mit anderen sechsmal seine Perspektive ändern muss, schärft den Blick für verschiedene Lösungsoptionen. Der »grüne Hut« sorgt zusätzlich dafür, dass übliche Verhaltensmuster überdacht werden.

Die Sechs-Hüte-Methode eignet sich auch zur individuellen Konfliktbewältigung

Wichtig ist: Kreativtechniken wie die »Sechs-Hüte« sind kein nettes Spielchen, um mal schnell einen Seminarkonflikt zu lösen. Wenn Sie als Trainer dieses Konfliktinstrumentarium einsetzen möchten, sollten Sie auf jeden Fall hinreichende Erfahrungen mit dieser Methode gesammelt haben, um den Konfliktpartnern gute Anleitungen geben zu können und sie während der Problemklärung zu begleiten. Übrigens: Manche Trainer sehen in der Hüte-Strategie auch ein wirksames *individuelles* Frustrationsbewältigungs-Programm: »Das bewusste Wechseln der Hüte stellt für mich eine zentrale Konfliktbewältigung dar. Vor allem, wenn Seminare schlecht gelaufen sind, hilft mir die Anwendung der sechs Hüte, nicht Opfer meiner Gefühle zu bleiben, sondern aktiv und konstruktiv zu überlegen, was das Gute an der Situation war und wie ich im Nachhinein noch kreativ damit umgehen kann«, so ein Trainerkollege.

Der Körper als Medium im Seminar

Einige bekannte Namen:

- Alexander Lowen: Bioenergetik
- Jakob Moreno: Psychodrama
- Kurt Levin: Gruppendynamik
- Laura und Fritz Pearls: Gestalttherapie

Reiki, Yoga, Rolfing, Atemtherapie, Aqua-Flow, Feldenkrais, Alexander-Technik, Rebirthing, Eutonie, Bioenergetik, Gestalttherapie und viele Methoden mehr: Das wachsende Interesse an Körpertherapien scheint mehr zu sein als nur ein Trend im Bereich der Selbsterfahrung. Viele Trainer sehen sich bemüßigt, »Körperelemente« in ihre Trainings und Seminare einzufügen, um damit das ganzheitliche Lernen zu unterstützen. Ich selbst verfolge diese Entwicklung mit gemischten Gefühlen. Einerseits nutze ich selbst den Körper als Medium bei meinen Seminaren und habe die Erfahrung gemacht, dass gut ausgebildete Körpertherapeuten manche Trainingseinheiten sinnvoll ergänzen können, zum Beispiel Rhetorikseminare mit gezielten Atem- und Stimmübungen. Andererseits stimmte ich Klinischen Psychotherapeuten wie Colin Goldner zu, die vor bestimmten Körper-Psycho-Trends warnen. Fest steht jedoch: Ohne Körperarbeit sind gute Seminare kaum möglich, jedoch braucht es dazu nicht zwingend eine körpertherapeutische Trainerausbildung. Denn so wenig wie Seminare und Workshops eine Therapie ersetzen können, so wenig sollte sich ein Trainer »just for fun« als Körpertherapeut während einer Weiterbildungsmaßnahme engagieren. Doch bevor ich mich dem »Körper im Seminar« zuwende, hier ein kurzer Einblick in Bioenergetik und Psychodrama:

Trainer sollten in einem Seminar auch den Körper als Lernmedium nutzen

Bioenergetik, Psychodrama und Gruppendynamik

»Bioenergetik ist eine abenteuerliche Selbsterfahrung« – solche oder ähnliche Worte sind auf Websites von Bioenergetikern zu lesen. Bei der »Bioenergetischen Analyse« handelt es sich um ein Psychotherapiemodell, das die Psychoanalyse von Siegmund Freud mit der Charakteranalyse Wilhelm Reichs vereint und vor allem mit einem Namen verbunden wird: Alexander Lowen. Der Amerikaner Lowen, 1910 geboren, sieht sich auch heute noch als Reich-Schüler, der dessen Methode seit den 40er-Jahren des vergangenen Jahrhunderts weiterentwickelt(e). Ansatzpunkt der *Bioenergetik (oder Bioenergetische Analyse)* ist, den Körper des Klienten in die therapeutische Arbeit mit einzubeziehen. Die Formel lautet: Je lebendiger man ist, desto mehr Energie hat man, und je mehr Energie sich in Bewegung und Ausdruck umsetzen kann, desto besser kann man auch verschiedene Lebenssituationen bewältigen. Der Körperausdruck wird dabei mit der Biografie des Klienten/Patienten sowie seinen psychischen Problemen in Verbindung gebracht. Es geht darum, den Körper bewusst wahrzunehmen und Blockaden und Verfestigungen zu verstehen. Ziel dabei ist es, durch verschiedene Übungen neue motorische Erfahrungen und gegebenenfalls neue Ausdrucksformen zu finden, die sich positiv auf die Psyche auswirken. Ausgebildete Bioenergetiker setzten dabei auf die verbale Aufarbeitung schmerzlicher oder traumatischer Erfahrung in Kombination mit körperlichen Interventionen.

Bioenergetik erlebt wie viele Therapierichtungen immer wieder Veränderungen und Variationen. So haben zahlreiche Bioenergetische Analytiker das Lowensche Konzept um gruppendynamische Aspekte erweitert und damit das Modell für die Arbeit mit Gruppen und Teams angepasst. Wikipedia, die freie Internet-Enzyklopädie, schreibt dazu »Ziel der Bioenergetischen AnalytikerInnen ist es, Impulse zu Entwicklungs- und Veränderungsprozessen von Personen, Teams und Organisationen ressourcenorientiert zu setzen und zielorientiert zu begleiten sowie methodische Kenntnisse zu vermitteln.« Da Veränderungen stets mit Problemen, Konflikten und Krisen einhergehen, können in Management-Trainings wie auch in Coachingsituationen sicherlich die Methoden der Bionergetik hilfreich sein – vorausgesetzt, Trainer und Berater sind dazu ausreichend qualifiziert. Allerdings können in einer Seminarsituation lediglich körperliche Blockaden verdeutlicht und gemildert werden, traumatische Erfahrungen können sicherlich nur im längerfristigen Rahmen einer Bioenergetischen Analyse bearbeitet werden. Schauen wir uns ein Beispiel an, wie bioenergetische Elemente in einem Seminar wirksam eingesetzt werden können.

Körperübungen können Blockaden verdeutlichen

Stellen Sie sich vor, Sie befinden sich in einem Seminar zum Thema Rhetorik und Stressbewältigung. Der Trainer, ein Psychologe mit bioenergetischer Ausbildung, hat bereits zwei Tage mit der Gruppe intensiv gearbeitet. Nun möchte er den einzelnen Teilnehmern ihr individuelles Stressprofil verdeutlichen. Er nutzt dabei die Erkenntnisse der Bioenergie, um einerseits (chronische) körperliche Spannungsmuster zu zeigen und gleichzeitig dazu Anti-Stress-Tipps zu entwickeln. So kann er beispielsweise einen Teilnehmer, der während einer Rhetorikübung enorm »unter Strom steht«, darauf aufmerksam machen, wie unsicher sein Stand ist und wie kraftlos sein Auftritt wirkt – trotz guter Wortwahl. Abhilfe können hier bioenergetische Rückenübungen bieten, die jedoch der Teilnehmer nicht nur während des Workshops, sondern möglichst regelmäßig in seinen Alltag integrieren sollte. Im besagten Fall sollte der Redner vor jedem Auftritt sich stehend an eine Wand lehnen, den Rücken fest dagegen drücken und dann langsam an der Wand herunterrutschen bis in die Kniehocke. Nun geht es darum, einige Minuten in dieser Position zu verweilen und dabei immer wieder den Rücken langsam, doch kraftvoll an die Wand zu drücken. Dabei langsam und bewusst ein- und ausatmen. Beim Einsatz bioenergetischer Übungen im Seminar geht es vor allem darum, in »guten Kontakt« mit dem eigenen Körper zu kommen, um Belastungen rechtzeitig zu spüren und dagegen angehen zu können.

Die Bioenergetik stellt die traditionelle Sichtweise auf den Kopf: Nicht der Geist kontrolliert den Körper, sondern der Körper managt die mentale Haltung. Die Analyse der Körpersprache kann daher in Seminaren durchaus hilfreich sein, um die Teilnehmer für nonverbale Blockaden zu sensibilisieren und ihnen neue Ressourcen zu eröffnen, um mit sich besser in Einklang zu sein.

Eine andere Form der Körperarbeit trägt den Namen »*Psychodrama*« – ein Begriff mit dem viele auch »Theaterspiel« verbinden. Stegreiftheater war eine weitverbreitete Theaterform Ende des 19. Jahrhunderts. Der österreichische Arzt Jakob Moreno (1889–1974) ließ sich dadurch inspirieren und fügte wesentliche Bühnenaspekte in seine Arbeit als Psychotherapeut ein. Seinen Patienten bot er Rollen an und ließ sie eigene Geschichten spielen. Zuschauer konnten zu Mitspielern werden und die Geschichte verändern oder als Feedbackgeber auftreten – dies alles unter Anleitung des Spielführers Moreno. Was sich wie ein absurdes Theaterstück anhört, wurde von Moreno als konstruktives Handeln begriffen. Die »Bühne« erlaubte seinen Protagonisten, Strukturen und Emotionen zu erkennen und sie spielerisch zu bewältigen – unter Mithilfe Außenstehender. Damit das »Psychodrama« gelingt und aus dem Drama eine konstruktive Lösung für die Betroffenen wird, braucht es allerdings Anleitung von außen.

Psychodrama ist eine besondere Form des Rollenspiels

Was auch immer Moreno mit seiner psychotherapeutischen Arbeit bewirkt haben mag, seine Arbeit wirkt heute in jedem Training oder Seminar nach, wenn Trainer so genannte *Rollenspiele* in das Lernprogramm integrieren. Fast jeder Seminarleiter hat sicherlich schon die Erfahrung gemacht, dass ein Rollenspiel eine komplexe Lernsituation darstellt, bei der vieles schiefgehen kann. Meiner Erfahrung nach werden sowohl bei der Vorbereitung von Rollenspielen als auch bei deren Auswertung erhebliche Fehler gemacht, was leider dazu führt, dass das Potenzial dieser Methode verpufft. Im »worst case« kann ein Rollenspiel in einer Seminargruppe sogar mehr Verwirrung als Klärung hervorrufen, wie auch Roger Schaller, ein Trainer und Psychodrama-Therapeut, in seinem Rollenspiel-Buch feststellt (s. Literaturverzeichnis). Besonders gefährlich wird es, wenn dem Trainer während des Spiels das didaktische Konzept entgleitet. Dazu folgendes Beispiel (s. Schaller 2001, S. 172ff.):

> In einer Supervisionssitzung stellt ein Kursleiter eine Konfliktsituation mit einem Teilnehmer szenisch dar. In einem entscheidenden Moment schlägt der Trainer einen Rollentausch zwischen den beiden Spielern vor. Als sich herausstellt, dass es dabei Schwierigkeiten gibt, fordert der Trainer dazu auf, wieder in die Ausgangsrollen zurückzukehren, und ergänzt dies zusätzlich mit dem Hinweis, dass die Rolle der Kursleitung von einem anderen Teilnehmer übernommen werden soll. Der »Schauspieler« wird also zum Beobachter und betrachtet von außen sein eigenes Fallbeispiel. Als der Trainer feststellt, dass der Verlauf des Rollenspiels den Kursleiter sehr bewegt, interveniert er ein weiteres Mal, indem er anmerkt: »Es scheint mir, dass Sie jetzt ganz woanders sind ...«

Die Qualität von Rollenspielen hängt von unterschiedlichen Faktoren ab

Schaller beschreibt, dass er hier als Trainer und Supervisor den Fehler gemacht hat, das Rollenspiel in eine Therapiesitzung verwandeln zu wollen. In der Tat liegt hier die Gefahr der Methode »Rollenspiel« – nämlich, dass der Trainer seine neutrale Position verlässt und durch eigene Betroffenheit falsche Fragen formuliert. Dies lässt sich am ehesten vermeiden, wenn die Seminarleitung Spielphasen konkret und präzise anleitet und den stattfindenden Lernprozess mit der Gruppe anschließend analysiert. Dabei ist der Einfluss des Trainers auf die Lernziele gering. Denn welche Qualität diese Rollenspielerfahrungen besitzen und welche Schlüsse daraus gezogen werden, entscheiden die Lernenden letztendlich selbst. Auf alle Fälle greifen Rollenspiele Lebenswelten von Teilnehmern auf, die es ihnen erlauben, innere und äußere Realitäten zu spiegeln und/oder neue Verhaltensweisen auszuprobieren. Daher werden sie wohl weiterhin als (Konfliktlösungs-)Methoden einen anerkannten Platz in Bildungsveranstaltungen einnehmen. Hier nochmals die wichtigsten Schritte, die Trainer beachten sollten, wenn sie sich für den Einsatz von Rollenspielen im Seminar entscheiden.

Acht Regeln für Rollenspiele

1. Vorbereitung (Technikcheck, falls Videoaufzeichnung, Änderung im Raum vornehmen, eventuell Masken für Spieler ...).
2. Verteilung der Rollen:
   a) festgelegte Rollen: Die Rollen, die Dialoge und die gesamte Handlung werden vorab festgelegt;
   b) improvisierte Rollen: Die Rollen werden frei von den Mitwirkenden gesprochen, ohne dass die einzelnen Dialoge festgelegt sind.
3. Einarbeiten in die Rollen (genügend Zeit einplanen).
4. Durchführung des Rollenspiels.
5. Beobachtung durch Nichtspieler und Trainer während des Ablaufs (Notizen).
6. Diskussion der Beobachtungen (klassische Feedback-Reihenfolge; zunächst die Schauspieler, dann die Beobachter, dann der Trainer).
7. Auswertung (eventuell mit Unterstützung von Checklisten).
8. Zusammenfassung der Ergebnisse, Folgen für die Praxis aufzeigen mit abschließenden Verhaltenstipps.

Die Gruppendynamik versucht Gesetzmäßigkeiten in Gruppen zu erfassen

Zum Schluss noch folgender Hinweis: Die heutigen Seminar-Rollenspiele stehen einerseits in der Tradition des Psychodramas, andererseits sind sie fester Bestandteil der »*Gruppendynamik*«, einer sozialwissenschaftlichen Forschungsrichtung, die von dem Psychologen Kurt Levin (1890–1947) begründet wurde. Bis heute ist das Gebiet der Gruppendynamik nicht klar umrissen, da es zahlreiche wissenschaftliche Disziplinen berührt wie Sozialpsychologie, Soziologie, Politologie, Psychiatrie, Sozialpädagogik und Wirtschaftspsychologie. Gruppendynamik ist also ein breites Feld, da sie sich mit allen Vorgängen und Verhaltensweisen in menschlichen Gruppen beschäftigt, diese analysiert und die Gesetzmäßigkeiten in Gruppen beschreibt. An den Erkenntnissen der Gruppendynamik – vor allem bezüglich Lern- und Rollenverhalten der Gruppenmitglieder sowie deren Verhalten bei Konflikten – orientieren sich bis heute zahlreiche Wissenschaftler (zum Beispiel Glasl oder Schulz von Thun) und entwickeln darauf aufbauend eigenständige Kommunikations- und Konfliktmodelle.

Für Trainer und Trainerinnen kann das Wissen über gruppendynamische Prozesse und körperzentrierte Methoden beziehungsweise Theorien in vielen Seminarsituationen hilfreich sein, um Konfliktpotenziale rascher zu erkennen und souveräner zu bewältigen. Gerade beim Einsatz von Rollenspielen sollten sie sich bewusst machen, dass die körperlichen Verhaltensweisen der Spieler die verbalen Kommunikationsprozesse stark mit beeinflussen. Viele berufliche Konfliktfälle werden dadurch im wahrsten Sinne des Wortes »greifbarer« und anschaulicher.

Körpersignale im Seminar

Viele Menschen sind empfindlich, wenn man ihnen auf »die Pelle rückt«. Nicht selten passiert es, dass sie erst nach einer gewissen Zeit anderen zugestehen, die persönliche Schutzzone zu betreten. Körpersprachler machen in diesem Zusammenhang immer wieder darauf aufmerksam, dass es zwar Minimaldistanzen und Höflichkeitsdistanzen gibt (zum Beispiel die berühmte Armeslänge als Distanzgröße), diese jedoch abhängig sind vom soziokulturellen Kontext, in dem sich Menschen bewegen.

Körperkontakt im Seminar ist eine heikle Angelegenheit. Vorausgesetzt, der Trainer selbst wirkt offen und unbekümmert und das Gros der Teilnehmer kennt keine Berührungsängste, können Anwärmspiele wie »Gordischer Knoten« oder »Marktplatz« durchaus für eine gewisse Lockerheit zu Seminarbeginn sorgen. Erfahrene Trainer setzen körperorientierte Übungen allerdings häufig erst in einer späteren Trainingsphase ein, zum Beispiel als Warming-up nach einer Kaffeepause oder sogar erst in der Abschiedsrunde. Denn unsere Körper sind mehr als nur Hüllen für unseren Geist und unsere Organe. Sie sind stets auch ein Kommunikationsmedium.

Ein Trainer sollte sich der Wirkung seiner Körpersprache bewusst sein

Die Arbeit mit dem Körper sollte auf jeden Fall aktivierend sein, Mut machen, Konzentrationsstörungen im Seminar ausgleichen und eine guten Atmosphäre herstellen oder verstärken. Dazu eine wichtige Frage: Wissen Sie überhaupt, wie Sie als Trainer oder Trainerin körperlich aussehen und wirken? Manche Leser werden jetzt vielleicht sagen: Klar, ich sehe mich doch morgens immer im Spiegel, ich weiß doch, wie ich aussehe, und meine positive Ausstrahlung wurde mir schon oft durch Teilnehmer bestätigt. Gut, wenn es so ist! Meine Frage zielt allerdings weiter, denn sie umfasst Themenfelder und Fragestellungen wie:

- Wohin mit den Händen, wenn ich als Trainer vor der Gruppe stehe und etwas erkläre?
- Wie sitze ich auf einem Stuhl? Nehme ich ihn ganz ein oder neige ich dazu, auf dem vorderen Rand zu sitzen?
- Wie bewegen Sie sich im Seminarraum? Gehen Sie oft hin und her, stehen Sie oft, sitzen Sie oft?
- Wic intensiv ist mein Blickkontakt zu allen Teilnehmern?
- Wie nahe gehe ich an meine Teilnehmer heran?
- Wie viel Nähe und Distanz strahle ich selbst aus?
- Wie laut und kräftig ist Ihre Stimme, wenn Sie entspannt sind oder im Seminar unter Druck geraten?

Von der *Körpersprache des Trainers* hängt es nämlich auch ab, wie lebendig oder tröge sich der Seminarverlauf gestaltet beziehungsweise wie konfliktbeladen das Training wird. Wenn Kursleiter wie Löwen im Käfig hektisch hin- und herlaufen und damit Unruhe ausstrahlen, kann dies durchaus den Unmut mancher Teilnehmer hervorrufen. Ähnliches gilt, wenn Trainer zwar guten Blickkontakt haben, dieser sich jedoch nur auf bestimmte Personen bezieht und dadurch ein Teil der Gruppe sich nicht an-gesehen und damit auch nicht an-gesprochen fühlt!

Auf einer Fortbildung konnte ich beispielsweise erleben, dass der Referent eine kleine, aber für ihn nachteilige Marotte pflegte: Er wandte seinen Kopf und seinen Blick stets ruckartig von rechts nach links, was dem Publikum (inklusive meiner Person) den Eindruck vermittelte, ein Tennisspiel zu beobachten. Die Folge: Schon in der Pause hatte der Referent seinen Spitznamen weg: »Ping-Pong«. Die Zuhörer amüsierten sich darüber, und ich bin mir sicher, dass viele Teilnehmer den hervorragenden inhaltlichen Ausführungen des Trainers nicht folgen konnten, weil sie durch dessen körperliche Marotte gedanklich abgelenkt wurden.

Videoaufzeichungen oder Feedback von Kollegen können helfen, die eigenen Körpersignale besser zu verstehen

Daher empfehle ich allen Trainern, sich hilfreiches Feedback zur individuellen Körpersprache einzuholen – entweder von Fachkollegen und/oder per Videokamera. Die Nachlässigkeit mancher Referenten in Bezug auf die eigene nonverbale Kommunikation führt dazu, dass sie unbewusst Konflikte schüren, die mit ein wenig mehr Körperbewusstsein vermeidbar wären. Dabei geht es nicht darum, sich bestimmte Marotten partout zu verbieten (was auch selten gelingt). Ein Erfolg ist sicherlich bereits, wenn bestimmte Schwächen selten gezeigt werden (beispielsweise nur hin und wieder mit gekreuzten Armen vor der Gruppe sitzen und nicht ständig die Arme verschränken).

Doch selbstverständlich kann der Trainer trotz sensibler und authentischer Körpersprache manche Konflikte im Seminar einfach nicht verhindern. Denn auch die Teilnehmer setzen durch ihre nonverbale Kommunikation deutliche Akzente. Trainer sollten daher den *Körper generell als Medium begreifen*, den man als »Werkzeug« im Seminar nutzen kann. Man kann ihn sogar bewusst zur Konfliktprophylaxe einsetzen, um Unlust und Ärger erst gar nicht entstehen zu lassen und Lernen mit allen Sinnen zu ermöglichen. Welche Übungen für Gruppen und konfliktgestresste Trainer hilfreich sind, wird nun Inhalt dieses letzten Kapitelabschnitts sein.

Übungen zur Konfliktprophylaxe und zur Entspannung bei Konflikten

»Wehrt den Anfängen« ist ein häufig benutzter Satz, um darauf aufmerksam zu machen, wie wichtig eine frühzeitige Intervention im Seminar ist, damit Konflikte nicht eskalieren. Dass Kursleiter durch den achtsamen Umgang mit Worten und durch klare Anweisungen Störungen rechtzeitig Einhalt gebieten können, ist an vielen Stellen dieses Buches deutlich geworden. Weniger beachtet wird von Trainern die Tatsache, dass Ermüdung, inneres Abschalten, Konzentrationsprobleme und Gereiztheit der Teilnehmer Konfliktpotenziale beinhalten. Abhilfe können hierbei *Bewegungspausen und Körperübungen schaffen, die als vorbeugende Maßnahmen zur Konfliktverhinderung* eingesetzt werden können. Und wenn Menschen entspannt lernen, nehmen sie nicht nur besser Informationen auf, sondern diese bleiben auch nachhaltiger im Gedächtnis haften. Daher sind gezielte Bewegungs- oder Entspannungsübungen nicht nur hinsichtlich der Konfliktbewältigung im Seminar, sondern für den Lernerfolg insgesamt wichtig und sinnvoll.

Bewegungspausen und Körperübungen können prohylaktisch wirken

Übungen für gestresste Seminargruppen

Es gibt es immer wieder Kollegen, die mir im Coaching berichten, dass sie mit Körperübungen »nichts am Hut haben«. Dennoch fühlen sie sich als professionelle Trainer verpflichtet, Seminarpausen mit aktivierenden Methoden zu verbinden oder ein gezieltes Warming-up ihren Teilnehmern anzubieten. Ich empfehle diesen Kollegen dabei zwei Wege zu verfolgen: einerseits, sich mit Übungen vertraut zu machen, die ihnen selbst guttun, und zusätzlich das Potenzial der Gruppe zu nutzen.

Zwei Beispiele aus meiner Seminarpraxis: Ich erinnere mich an eine schwangere Teilnehmerin, die vor Seminarbeginn konsequent Übungen durchführte und die Gruppe einlud, sie bei ihrer Morgengymnastik zu begleiten. Ich unterstützte ihren Vorschlag. Die Folge war, dass sieben von zehn Teilnehmern in den folgenden Tagen sich mit Yoga auf den Seminar-

> tag einstimmten. Ich als Trainerin habe mich dabei nicht herausgehalten, sondern aktiv mitgemacht. Am Schluss bedankte ich mich herzlich bei meiner »Co-Trainerin«, die dazu beigetragen hat, dass das Seminar ein großer Erfolg war. Denn so konnten alle entspannt und gleichzeitig konzentriert meinem Lernprogramm folgen.

> Einen ähnlichen Fall erlebte ich vor Jahren mit einem Teilnehmer, der zwei Jahre in China gelebt hatte und berichtete, wie sehr ihn die Masse von Menschen fasziniert hätte, die auf großen Plätzen gemeinsam Tai-Chi praktizierten. Ich plante mit ihm, an den drei Seminartagen jeweils vor dem Abendessen eine kurze Tai-Chi-Sequenz durchzuführen. Auch dieses Angebot wurde von der Mehrzahl der Teilnehmer sehr positiv aufgenommen.

Tipp: Nutzen Sie als Trainer das Know-how der Gruppenmitglieder zu Körperübungen.

Und welche können Sie selbst als Trainer durchführen, um aus einer müden Runde wieder aufgeweckte Teilnehmer zu machen und möglichen Konflikten vorzubeugen? – Im nächsten Abschnitt finden Sie dazu einige Anregungen.

Aktivierung und Vitalisierung

Wenn wir die Dramaturgie eines Seminarverlaufs analysieren, fällt auf, dass ein Trainer nach einer Kaffee- oder Mittagspause mit der Gruppe jedes Mal »neu« beginnt. Jede Pause ist eine Unterbrechung, nach der sich eine Gruppe neu zusammenfinden muss. Manchmal führt dies zu Störungen, wie mir ein Kollege berichtete:

> »Nach einer Pause war eine Gruppe wie ausgewechselt. Davor waren sie kommunikativ und brachten sich ein, nun hatte ich eine müde Truppe vor mir sitzen. Anfangs dachte ich, Ursache sei der neue Theorieblock, den ich nach der Pause präsentierte. Doch dann stellte ich durch Nachfragen fest, dass den Teilnehmern einfach noch der anstrengende Seminarvormittag in den Knochen steckte. Mir war klar, dass ich nicht einfach nach dem Motto »business as usual« weitermachen konnte. Ich befürchtete, dass dann die Müdigkeit in Unmut oder Arbeitsverweigerung umschlagen würde. Also entschied ich mich, eine kleine Bewegungsübung einzufügen – und das hat die Gruppe tatsächlich wieder aufnahmebereit gemacht.«

Übrigens: Trainer oder Trainerinnen sollten selbstverständlich bei allen Übungen mitmachen.

Übung Überkreuzbewegung

Dies ist eine Übung, die jeder Teilnehmer leicht nachvollziehen kann. Jeder marschiert zunächst auf der Stelle, etwa ein oder zwei Minuten lang. Danach soll jeder Teilnehmer sein Knie hochziehen und das Bein mit dem Ellbogen des gegenüberliegenden Arms zusammenbringen – das heißt linkes Bein trifft rechten Arm und umgekehrt. Diese Bewegung soll langsam und konzentriert durchgeführt werden, insgesamt sechs- oder achtmal.
Mit dieser Übung wird nachweisbar unser Denken stimuliert, denn sowohl die linke wie auch die rechte Hirnhälfte werden aktiviert.

Übung Wettermachen

Hier geht es darum mit den Armen, Händen und Fingern sowie Beinen und Knien verschiedene Wettergeräusche zu imitieren. Die Gruppe steht verstreut im Raum; alle sollten genügend Platz haben. Der Trainer begleitet die Übung etwa mit folgenden Worten, und alle machen mit: »Draußen scheint die Sonne und strahlt über das ganze Land (alle heben beide Arme in die Höhe und lassen sie langsam rechts und links wieder niedersinken, insgesamt dreimal hintereinander), allmählich wird die Luft schwül, eine dunkle Wolkenwand kommt immer näher (alle reißen die Augen auf und schütteln besorgt den Kopf); schon fallen die ersten Regentropfen (alle schnippen mit den Fingern), nun ist schon ein Donnern zu hören (alle stampfen kurz mit den Füßen auf den Boden), das immer stärker wird (alle trampeln nun immer schneller), nun gießt es wie aus Kübeln (alle klatschen mehrmals mit beiden Händen auf ihre Oberschenkel), der Regen wird immer heftiger (nochmalige Steigerung durch wiederholtes Klatschen auf die Schenkel), nun, siehe da: Der Regen lässt nach (Fingerschnippen), wir schütteln das Wasser ab (Arme und Beine ausschütteln) und betrachten mit Freude einen schönen Regenbogen, der sich am Himmel abzeichnet (alle malen nun langsam mit einer Hand einen Bogen in die Luft).«
Wer mag, kann dazu auch eine passende Musik-CD auflegen, die (leise) im Hintergrund mitläuft. Der Abschluss mit dem Regenbogen dient der Beruhigung, damit sich alle danach entspannt der Seminararbeit widmen können.

Auch *Yoga-Entspannungsübungen* können meiner Erfahrung nach einen Motivationsschub bewirken. Wenn beispielsweise gerade ein Konflikt im Seminar geklärt wurde und der Trainer die Gruppe wieder arbeitsfähig machen will oder wenn eine gespannte Stimmung herrscht, können Entspannungsübungen hilfreich sein. Viele Übungen des Hatha-Yoga (eine Bezeichnung für das reine Körperyoga im Gegensatz zu Meditation) tragen symbolhafte Bezeichnungen aus der Planeten- oder Tierwelt, etwa Gruß an die Sonne, das Krokodil, der Löwe oder die Heuschrecke. Alle Übungen sind durch langsame, fließende und weiche Bewegungen gekennzeichnet. Zur Aktivierung und Vitalisierung zu Beginn eines Seminars, während eines Trainings oder als Abschluss eines Seminartages kann folgende fernöstliche Gymnastik hilfreich sein.

Yoga-Übungen

Gruß an die Sonne
Die Teilnehmer stehen im Raum. Fordern Sie als Trainer dazu auf, dass alle locker stehen und gedanklich ihre Füße fest in den Boden verankern. Der Rücken sollte gerade sein, die Hände werden in Gebetshaltung vor der Brust gefaltet. Man atmet tief ein und aus. Beim Einatmen werden beide Arme nach oben über den Kopf gestreckt. Während die Arme nach hinten gehen, wird das Becken leicht nach vorne geschoben. Nun atmen alle aus und beugen sich aus dem Hüftgelenk nach unten. Die Beine und der Rücken sollten möglichst gerade bleiben. Wichtig: Alle Schritte geschehen langsam, nach und nach.

Das Krokodil
Bei dieser Yoga-Übung ist eine Unterlage erforderlich, weil die Teilnehmer auf dem Boden liegen. Während man entspannt liegt, werden beide Arme langsam in Schulterhöhe ausgebreitet und die Beine angewinkelt. Nun werden – ausatmend – die Beine nach links gesenkt und gleichzeitig der Kopf langsam nach rechts gedreht. Knie und Füße bleiben zusammen. Alle atmen ruhig und tief mehrmals in die Dehnung hinein. Anschließend kommt man wieder – diesmal einatmend – in die Mitte und legt Kopf und Beine nach der jeweils entgegengesetzten Seite ab.

Kooperation statt Konkurrenz

Unsere Gesellschaft ist konkurrenzorientiert. Nicht nur im Sport, auch im Berufsleben zeigt sich, dass wir häufig in Kategorien von Sieg und Niederlage denken. In einem Training kann es daher durchaus sinnvoll sein – vor allem, wenn Konfliktmanagement angesagt ist –, Konkurrenz in der Gruppe mit körperorientierten Übungen zu bearbeiten. Dabei geht es meist sehr konfliktträchtig zwischen den Teilnehmern zu, denn manche Übungen schüren bewusst den Kampfgeist oder die Aggression. Ich wähle für Konfliktmanagement-Seminare vor allem Aufgaben aus, die *Konfliktlösungen für beide Seiten als Gewinn* verdeutlichen.

Was passiert in aller Regel? Die Stimmung und das Verhalten der Teilnehmer ändern sich in den unterschiedlichen Phasen des Spiels und bei der anschließenden Analyse. Der Beginn des Spiels ist zunächst durch einen starken

Übung: Punkte sammeln

Auf dem Boden liegt ein roter Faden, deutlich visualisiert. Zwei Seminargruppen stehen sich gegenüber – getrennt durch die rote Linie. Die Personen, die sich gegenüberstehen, fassen sich an den Händen. Ziel der Übung ist nun, dass jeder Teilnehmer so viele Punkte wie möglich innerhalb von fünf Minuten sammeln soll. Das bedeutet: Jedes Mal, wenn es gelingt, die Hand des Partners über die Linie zu ziehen, gibt es einen Siegespunkt!

Wettkampfgeist geprägt. Beim Kampf mit dem Gegenüber versuchen die meisten Teilnehmer mit mehr oder weniger starkem körperlichem Einsatz die Hand des anderen über die Linie zu ziehen. Nach etwa drei Minuten beginnen einige (wenige) Paare ihre Strategie zu ändern: Sie diskutieren kurz miteinander und schieben dann ihre Hände gemeinsam über die rote Linie rasch hin und her. Nach fünf Minuten stellt sich heraus, dass sie die Gewinner sind, weil ihr kooperatives Verhalten beiden Seiten viele Punkte eingebracht hat.

Die Analyse dieser Übung offenbart *drei Einstellungen* der Teilnehmer, die sich nach und nach wandeln. Bei der Auflösung dieser Aufgabe äußern sich die meisten *zunächst enttäuscht* über das »dumme Ergebnis«. Sie vertreten die gängige Auffassung, dass bei einem Wettkampf jeder versucht, für sich selbst das Optimale herauszuholen und alleiniger Sieger zu werden. Während der weiteren Diskussion stimmt allerdings das Ergebnis viele Gruppenmitglieder *zunehmend nachdenklich.* Die Tatsache, dass sich einige Konfliktpaare über ein gemeinsames Vorgehen abstimmen konnten, sodass für beide Seiten eine »Win-win-Lösung« entstand, ist für viele noch ein ungewöhnliches, doch nachdenkenswertes Verhaltensmuster.

Nonverbale Übungen können Konkurrenz und Kooperation verdeutlichen

Das Gespräch mit den Teilnehmern, die sich kooperativ verhielten, verdeutlicht allen, dass es (wenige) Menschen gibt, die *die Einsicht* besitzen, dass Kooperation trotz Konkurrenz möglich ist. Für diese »seltenen Kooperationsexemplare« (so eine Teilnehmerstimme) ist es selbstverständlich, in Wettbewerb zu treten, ohne den anderen vernichten zu wollen. Sie setzten dennoch klar auf Sieg – nämlich den Sieg beider Lager.

Der Spagat von Konkurrenz hin zu Kooperation gelingt meiner Erfahrung nach dann am besten, wenn Trainer wissen, dass *Einstellungs- und Verhaltensänderungen* Zeit brauchen. Falls Teilnehmer – ausgehend von Wut und Enttäuschung – zu Nachdenklichkeit und Einsicht gebracht werden, hat eine Seminarleitung bereits viel bewirkt. Die Veränderung von Verhaltensmustern mittel- und langfristig zu erreichen gehört in den Bereich der Transfersicherung (siehe dazu viertes Kapitel).

Gute Atmosphäre

Typisch für Konflikte ist eine negative Stimmung. Selbst wenn schwierige Situationen während des Trainings geklärt oder gelöst wurden, kann noch eine gewisse Anspannung herrschen. In dieser Phase können Körperübungen dazu beitragen, die Stimmung aufzulockern. Wenn beispielsweise an der Konfliktlösung alle Teilnehmer engagiert mitgewirkt haben, empfehle ich die Übung »Schulterklopfen«.

Übung Schulterklopfen

Die Gruppe steht im Kreis zusammen, und zwar so dicht, dass sich die Schultern berühren. Nun fordert der Trainer (der selbstverständlich auch bei dieser Übung mitmacht) dazu auf, dass sich alle langsam nach rechts drehen. Die Folge: Alle stehen nun dicht Rücken an Rücken. Der Trainer hält die Situationsspannung, indem er sagt: »Nun heben alle langsam den rechten Arm.« Wenn auch dies geschehen ist, lautet die Anweisung: »Nun dürft ihr damit kräftig eurem Vordermann auf die Schulter klopfen!« Und dies geschieht auch. Alle lachen, freuen sich und sagen sich gegenseitig: »Das haben wir aber gut gemacht!«

Es kommt in Seminaren immer wieder vor, dass einzelne Personen über sich »hinauswachsen«. Sie äußern beispielsweise Ängste vor einem geplanten Rollenspiel oder anderen Übungen, doch bewältigen sie die Aufgaben mit Bravour. Oder sie bringen in einer kritischen Seminarsituation Lösungsvorschläge ein, an die keiner zuvor gedacht hat. In solchen Fällen kann die folgende Übung sinnvoll sein.

Übung Beifall nur für mich

Die Gruppe sitzt im Stuhlkreis. Ein Teilnehmer, der eine Angstsituation gut bewältigt oder als Erster eine schwierige Aufgabe/Übung gelöst hat oder zu einer Konfliktlösung beigetragen hat, geht in den Kreis. Alle anderen klatschen, trampeln, pfeifen und drücken damit ihre Zustimmung und ihren positiven Eindruck über die besagte Person aus. Die meisten Teilnehmer sind durch die nonverbale Zustimmung sehr gerührt und genießen es, Beifall zu bekommen.

Übrigens: Ich setze »Schulterklopfen« manchmal auch in der Abschlussphase eines Trainings ein, ebenso die Beifallsübung: Hier betritt jeder Teilnehmer nach und nach den Kreis, alle anderen klatschen. Somit wird abschließend das Engagement jedes Einzelnen im Seminar gewürdigt.

Übungen für gestresste Trainerinnen und Trainer

Viele Trainer stehen ständig unter »Strom«. Sie bereiten Seminare vor oder nach, verhandeln mit Kunden, präsentieren ihre Angebote, schreiben Fachartikel oder Bücher, halten Vorträge auf Messen und Kongressen und nehmen an Fortbildungen teil. Wenn sie viele Kundenaufträge haben, ist dies zwar erfreulich, doch dadurch wird der individuelle Stress in der Regel auch größer. Kommen noch private Probleme hinzu, stoßen selbst Trainer-Profis an ihre Leistungsgrenze. Stressabbau tut also Not, denn wie sonst kann ein Trainer Entspannung und Deeskalation im Konflikt authentisch vermitteln und vorleben? Die folgenden Anregungen umfassen persönliche Anti-Stress-Strategien sowie Tipps von Trainerkolleginnen und -kollegen.

Stressabbau vor Seminarbeginn: Mit Schwung in den Tag

Atem- und Stimmübungen vor Seminarbeginn tun auch Trainern gut

Unmittelbar vor einem Training ist der Stresspegel besonders hoch. Einerseits gilt es, den »körperlichen Pusch« zu nutzen, um mit Power ein Seminar starten zu können, andererseits sollten in dieser Phase vor allem zwei Faktoren besondere Berücksichtigung finden: Stimme und Atem. Die Stimme stellt für Trainer das wichtigste Gut dar, denn wer gut klingt, kommt in der Regel auch gut bei seinem Publikum an. Für die meisten ist es daher zu Recht eine Horrorvorstellung, wenn die eigene Stimme beispielsweise durch eine Erkältung stark beeinträchtigt ist. Da Reden und Atmen eng zusammenhängen, sollten Trainer – wie dies im Übrigen auch Therapeuten, Sprecherzieher und Schauspieler tun – mit gezielten Atem- und Sprechübungen Nervosität bekämpfen und sich auf die bevorstehende Arbeit im wahrsten Sinne des Wortes ein-stimmen. Wie kann dies aussehen (s. Übung auf der gegenüberliegenden Seite)?

Stressabbau während des Seminars: Kurze Erholung ist jederzeit möglich

Zunächst einmal gilt: Wenn Trainer sich an Entspannungs- und Konzentrationsübungen beteiligen und nicht nur der Gruppe Anweisung dazu geben, tut ihnen dies auch am eigenen Körper gut. Die oben erwähnten Übungen gelten also für Gruppen *und* Trainer. Dennoch gibt es immer wieder Situationen, in denen sich ein Seminarleiter ausschließlich um sich selbst kümmern muss. Ein Grund kann dafür sein, dass bestimmte Teilnehmer in ihm Aggressionen auslösen oder dass private Probleme ihn einholen (beispielsweise ein Verkehrs-

Übung Atmen

Nach dem Aufwachen zu Hause oder im Hotelbett können folgende Atemübungen echte Fitmacher sein. Übrigens: Falls Ihr Zimmer sich nicht an einer stark befahrenen Straße befindet, ist es natürlich immer sinnvoll, wenn Atemübungen bei offenem Fenster durchgeführt werden:

Übungen im Liegen
Legen Sie eine Hand auf den Bauch und erspüren Sie das Heben und Senken der Bauchmuskulatur bei der Atmung. Atmen Sie fünf- bis sechsmal konzentriert ein und aus. Anschließend legen Sie eine Hand auf Ihre Brust und achten auf die Volumenveränderung des Brustkorbes bei der Atmung. Auch dabei atmen Sie konzentriert fünf- bis sechsmal ein und aus.

Übungen im Sitzen oder Stehen
Knien Sie sich auf den Boden und setzen Sie sich auf Ihre Beine. Sitzen Sie aufrecht und atmen Sie so viel Luft wie nur möglich in Ihre Lungen ein. Dabei wird sich automatisch der Bauch vorwölben. Wenn nun die Lungen zum Bersten voll sind, verharren Sie fünf bis zehn Sekunden in diesem Zustand, dann atmen Sie langsam (wenn Sie möchten auch geräuschvoll) aus. Beugen Sie dabei den Oberkörper leicht nach unten und lassen Sie Ihre Arme locker hängen. Diesen Vorgang wiederholen Sie fünfmal.

Übung Stimme

Stimmtrainer weisen zu Recht darauf hin, dass die individuelle Stimme nicht angeboren, sondern erlernt ist und Stimmmängel durch effizientes Training behebbar sind. Fehler beim Ein- und Ausatmen können die Qualität der Stimme massiv beeinflussen. Und auch bei der Modulation werden viele Fehler gemacht. Um die Stimme morgens zu »ölen«, genügt bereits das Aussprechen verschiedener Stabreime – mal mit lauter, dann mit leiser Stimme. Hier eine kleine Auswahl von Alliterationen:

1. Wenn hinter Fliegen Fliegen fliegen, fliegen Fliegen Fliegen nach.
2. Kleine Kinder können keine Kirschkerne knacken.
3. Thomas trank tausend Tassen Tee, tausend Tassen Tee trank Thomas.
4. Der Zweck hat den Zweck, den Zweck zu bezwecken. Wenn der Zweck seinen Zweck nicht bezweckt, hat der Zweck keinen Zweck.

Sicherlich kennen Sie selbst weitere Reime, die sich zur Stimmreinigung eignen. Das Wichtigste ist dabei, den »eigenen Schweinehund« zu überwinden und diese Übungen auch tatsächlich durchzuführen. Sie benötigen dazu nur wenige Minuten.

Stress im Seminar lässt sich mit wenig Aufwand reduzieren

unfall in der Familie oder ein anvisierter Auftrag wird telefonisch gecancelt). »The Show must go on, auch bei massiven inneren Konflikten«, so sagte mir ein Trainer in einem Coaching. Während des Trainings kann es also lediglich Stressabbau in »kleinen Häppchen« geben, wie er dies ausdrückte. Dem stimme ich zu. Dennoch darf auch die Wirkung kurzer Erholungsphasen nicht unterschätzt werden. Hierzu zwei Anregungen:

Kurzer Körpercheck

In vielen Seminarsituationen hat der Trainer die Möglichkeit, sich wenige Minuten auf sich, seinen Körper und sein Verhalten zu konzentrieren. Denn nicht immer ist er als aktivierende Kraft gefragt. Während die Teilnehmer beispielsweise ein Rollenspiel vorbereiten, kann er einen kurzen, intensiven Körpercheck durchführen, um seine Anspannung zu spüren und sich zu ent-spannen. Beginnen Sie mit einer einfachen Übung – jetzt beim Lesen dieser Zeilen. Konzentrieren Sie sich auf Ihren rechten Arm. Spüren Sie ihn überhaupt? Wie halten Sie ihn? Liegt er auf Ihrem Schreibtisch auf? Hängt er lang gestreckt am Körper? Haben Sie ihn angewinkelt? Hält der rechte Arm einen Stift, ein Stück Papier? Wie schwer ist der Gegenstand? Spüren Sie für einen Moment nichts anderes als Ihren rechten Arm.
Diese Übung können Sie übrigens auf jedes Körperteil beziehen.

Pause nur für mich

Die Seminarpausen dienen der Regeneration, bieten aber auch Raum für Gespräche zwischen Teilnehmern und Kursleitung. Nicht selten muss ein Trainer in der Pause beraten oder kleine Konfliktfeuer zu löschen versuchen. Von Entspannung kann also nicht die Rede sein. Stressabbau kann jedoch gerade an diesem Punkt ansetzen. Trainer sollten sich vor allem dann, wenn sie ihre eigene Erschöpfung spüren, einen Freiraum gönnen. Nicht jede Kaffeepause oder jedes Mittagessen muss mit der Seminargruppe verbracht werden. Eine kurze Pause »nur für mich« kann wahre Wunder bewirken.

Stressabbau nach dem Seminar: Sich positiv auf den nächsten Tag einstimmen

Wenn ein Trainingstag vorbei ist, fällt meist die Anspannung nach und nach ab. Viele Seminarkollegen berichteten mir, dass es oft mehrere Stunden dauert, bis sich Körper und Geist vom Geschehen des vergangenen Tages verabschieden. Abhängen und Durchschnaufen nach einem Training ist einerseits eine Frage des persönlichen Geschmacks, andererseits birgt Entspannung auch Gefahr – vor allem, wenn Stressbewältigung überwiegend mit einem gesteigerten

Alkohol-, Tabletten oder Zigarettenkonsum stattfindet. Sinnvoller und sicherlich auch gesundheitsfördernder sind folgende Möglichkeiten:

- Nutzen Sie das Wellness-Angebot Ihres Tagungshotels. Mittlerweile sind fast alle Hotels mit Schwimmbad und Sauna, vielfach sogar mit einem Fitnessraum ausgestattet.
- Machen Sie einen Spaziergang oder joggen Sie eine Runde, falls Sie gerne laufen.
- Entspannen Sie sich in Ihrem Hotelzimmer mit Ihrer Lieblingsmusik (ich habe immer einige CDs in meinem Handgepäck) oder halten Sie ein kleines Nickerchen, um wieder fit zu werden.
- Und schließlich: Schließen Sie mental den Trainingstag ab. Reflektieren Sie den Tag anhand dreier Schwerpunkte (dies können Sie auch schriftlich durchführen): Was war gut? Was war weniger gut? Was kann ich morgen verbessern, verändern? Sollte das Seminar am nächsten Tag fortgeführt werden, ist diese Drei-Schritt-Strategie die beste mentale Vorbereitung, die Sie treffen können.

Langfristiger Stressabbau durch Veränderung von Konfliktmonologen

»Ich habe vor einigen Jahren meine Selbstgespräche als Konfliktpotenzial erkannt und bin immer noch dabei, meine inneren Monologe umzuprogrammieren«, sagte mir kürzlich ein Trainerkollege. Ich konnte ihm nur zustimmen, denn auch mir wurde im Laufe meiner Trainings- und Beratungstätigkeit bewusst, dass Stressabbau eine ständige Herausforderung ist, zumal sich Stress und Lernen nur bedingt vertragen. Hilfreiche Anti-Stress-Erkenntnisse, auch in Form von Checklisten, liefert mir dabei vor allem die *Rational-Emotive-Therapie (RET)* von Albert Ellis.

Zunächst: Was ist überhaupt RET? Unter RET ist ein Therapiekonzept zu verstehen, das einerseits den kognitiven Methoden (dem Verstand = ratio) sowie der Kontrolle über emotionale Reaktionen (emotions) eine gleichgewichtige Rolle zuspricht. Begründet wurde RET 1955 von dem amerikanischen Psychotherapeuten Albert Ellis, der nach einem ganzheitlichen, handlungsorientierten Therapieansatz suchte. Ähnlich wie die Transaktionsanalyse stellte Ellis die Arbeit mit unseren negativen Gedanken ins Zentrum seiner Forschungen. Er registrierte, dass es primär unsere Selbstgespräche sind, die negative Gefühle in uns auslösen, und gibt dazu die Anregung: »Differenziere zwischen dem,

»Ich liebe meine Arbeit und ich arbeite an meiner Liebe.« *(Albert Ellis)*

was in einer Situation tatsächlich geschieht, und dem, was du dabei erlebst.« Um mehr Klarheit über diese inneren Monologe zu bekommen, entwickelte Ellis verschiedene Checklisten mit hilfreichen Fragen (Ellis 2000). Ich schätze einen Teil seiner Fragen als konkrete Hilfestellung, um meinen inneren Konfliktgesprächen auf die Schliche zu kommen. Daher mein Tipp für Sie als Trainer: Notieren Sie einige Tage lang Ihre Selbstgespräche, die sich um Seminare drehen. Sie können dazu auch ein Diktiergerät nutzen und Ihre Gedanken aufnehmen. Der mittel- und langfristige Lernprozess liegt in der *schrittweisen Veränderung negativer Selbstgespräche*. Dazu folgendes Beispiel aus meiner Seminarpraxis:

> Vor vielen Jahren führte ich mit einem erfahrenen Trainer ein Kommunikationstraining durch. Die Abstimmung zwischen uns verlief nicht optimal. Ich hatte ihn einige Male im Seminar unterbrochen, weil ich dachte, dass nun mein Part an der Reihe wäre, und umgekehrt korrigierte er auch mich, wenn ich Anweisungen an die Gruppe gab. Obwohl wir nach dem Training ein klärendes Gespräch darüber führten, beschäftigte mich das unprofessionelle Verhalten von uns beiden sehr. Zunächst gab ich gedanklich dem Kollegen die alleinige Schuld für die Fehler im Seminar; später fing ich an, mich selbst für mein dummes Verhalten zu tadeln. In einer Supervision schilderte ich meinen Frust darüber. Der Supervisor bat mich, meine inneren Monologe möglichst wortgetreu aufzuschreiben und dies auch in ähnlichen belastenden Situationen zu wiederholen.

Anfangs sträubte ich mich dagegen, meine inneren Selbstgespräche auf einem Blatt Papier festzuhalten. Je öfter ich es jedoch tat, umso deutlicher wurde mir der Zusammenhang zwischen meiner inneren und äußeren Sprache. Ich suchte bewusst nach Wegen, um meine negativen Gedanken in eine konstruktive Richtung zu lenken. Die Analysen und Checklisten von Albert Ellis waren mir dabei (und sind es immer noch) eine gute Hilfestellung.

Denken Sie daran: Kommunikation beginnt im Kopf. Selbstmonologe nehmen unweigerlich Einfluss auf die Gespräche mit anderen. Durch eine verbesserte Selbstkommunikation können wir Schwierigkeiten mit uns selbst wie auch mit anderen angemessener bearbeiten und lösen. Die Folge: Wir gehen zuversichtlicher und selbstbewusster durchs Leben. Nach einem konfliktreichen Seminar ist die nachfolgende Checkliste eine gute Arbeitsgrundlage für jeden Trainer. Die Liste unterstützt Sie darin, Ihre inneren Monologe zu reflektieren und Wege zu finden, wie Sie künftig kritische Seminarsituationen konstruktiver bewältigen können.

Checkliste
Reflexion meiner Selbstgespräche als Anti-Stress-Programm

Was hat sich in der schwierigen Seminarsituation konkret abgespielt?

....

....

....

Was habe ich in der Situation gedacht? Welche Inhalte hatte mein Selbstgespräch?

....

....

Welche Wünsche oder Ansprüche an mich und andere Personen werden durch meine inneren Monologe erkennbar?

....

....

Welche Ansprüche davon sind realistisch und von welchen muss ich mich verabschieden?

....

....

Welche Sätze, welche Verhaltensweisen wären für künftige, ähnliche Situationen hilfreich?

....

....

....

Ausreichender Schlaf und Urlaub sind auch ein gutes Anti-Stress-Programm

Abschließende Anmerkung: Egal, für welches Anti-Stress-Programm sich Trainer entscheiden – mit sich im Reinen zu sein und gelassen mit Konflikten umzugehen ist nicht nur eine Frage der hier beschriebenen Techniken und Methoden. Wer auf seinen Körper hört und dessen Signale richtig interpretiert, wird feststellen, dass Energieschübe auch mit einfachen Mitteln zu erreichen sind. Dazu gehören ausreichender Schlaf und Urlaubszeiten zum Abhängen und Entspannen. Auch daran sollten Trainer denken, wenn es um individuelle Stressbewältigung geht.

Kapitel 6
Schnelle Hilfen für Trainer in Konfliktsituationen

Im sechsten Kapitel fasse ich nochmals das Wichtigste zusammen. Die Ergebnisse werden als Praxistipps übersichtlich dargestellt – und visualisiert durch Frage und Antwort. Literaturtipps und Internetlinks runden schließlich das Buch ab.

Frequently Asked Questions (FAQ)

Im Umgang mit Konflikten gibt es viele Verhaltensmöglichkeiten, in der Regel jedoch keine schnellen Lösungen. In diesem Buch ist dies an vielen Fallbeispielen gezeigt worden. Dennoch wünschen sich Trainerinnen und Trainer in schwierigen Situationen Hilfestellungen, auf die sie rasch zurückgreifen können. In meinen Train-the-Trainer-Trainings wird immer wieder von Kollegen der Wunsch geäußert, schnelle Klärungshilfen für typische Seminarprobleme zu erhalten. Im Folgenden habe ich daher einige häufig angesprochene Fragen zusammengestellt, auf die ich prägnante Antworten zu geben versuche.

Was kann ich als Trainer tun, wenn ich selbst mit Problemen und Konflikten über einen längeren Zeitraum belastet bin?
Konflikte können unsere Arbeitsfähigkeit und berufliche Motivation sehr beeinträchtigen. Vor allem private Probleme (Eheprobleme, Ärger mit den Kindern, Krankheit in der Familie, Schulden) können uns im Job nachhängen und verhindern, dass wir uns auf unsere beruflichen Aufgaben voll konzentrieren können. Dann lässt sich nur hoffen, dass man sich seines eigenen konfliktreichen Zustands bewusst wird. Denn eine der größten Herausforderungen ist es – zumindest *während* eines Seminars –, sich selbst nicht so wichtig zu nehmen. Denn ein Trainer muss wissen, dass er ein Seminar durchführt, um andere zu informieren und zu motivieren. Der Anspruch, seine Arbeit gut zu tun (Motto: Ich gebe mein Bestes), obwohl die eigene Kraft reduziert ist, ist zweifelsfrei eine große Leistung. Es kann Fälle geben, in denen dies nicht möglich ist. Dann empfehle ich, das Training in andere Hände zu geben.

Was kann ich als »Trainer-Neuling« tun, wenn ich bereits in meinen ersten Seminaren mit massiven Konflikten konfrontiert werde?
Schwimmen Sie, so gut Sie können! Versuchen Sie zu erkennen, wo die Ursachen des Problems oder des Konflikts liegen. Nur so kann es Ihnen gelingen, die nötige Souveränität zu wahren. Und noch ein Tipp: Wenn Ihnen alles über den Kopf wächst und Sie vor lauter Bäume den Wald nicht mehr sehen sollten, probieren Sie es mit einer Prise Humor. Sprechen Sie Ihre Unsicherheit offen

an, indem Sie beispielsweise sagen »Das ist jetzt mein drittes Seminar, und ich habe mir das Trainerleben einfacher vorgestellt. Obwohl ich mich auf mögliche Konfliktfelder eingestellt habe, stoße ich jetzt bei diesem Problem an meine Grenzen. Hat jemand von Ihnen eine Idee, wie wir jetzt mit dieser Situation umgehen können?« Solche Sätze wirken entwaffnend und zeigen dennoch Ihr Bemühen, sich der Situation zu stellen. Eventuell können Ihnen auch erfahrene Kollegen helfen, die Sie um Rat fragen können. Wichtig ist vor allem, dass Sie Ihr Bestes geben, denn darauf kommt es an!

Soll ich mich als Trainer in Seminarkonflikte, die mich nicht persönlich betreffen, überhaupt einmischen?

Wie so oft kommt es auf den Kontext an, aber auch auf Ihr Interesse an der jeweiligen Konfliktsituation. Die Fragen lauten also: In welchem Zusammenhang tritt ein Konflikt auf? Wer ist daran beteiligt? Wer ist davon betroffen? Welches Interesse verfolgen diejenigen, die sich einmischen? Wenn sich beispielsweise zwei Teilnehmer persönlich angreifen, dann *müssen* Sie als Trainer zum Wohle und zum Schutz aller Gruppenmitglieder dieses Problem zu bewältigen versuchen. Ansonsten wird es zum Brandherd, der kaum noch zu löschen ist. Entscheidend ist die Arbeitsfähigkeit der Gruppe und jedes Einzelnen, Sie als Trainer inbegriffen. Diese zu erhalten und zu schützen ist Ihr Job.

Ist es überhaupt sinnvoll, sich als Trainer mit Konflikten zu beschäftigen, wenn man weder das Thema »Konfliktmanagement« trainiert noch bisher in schwierige Seminarsituationen gekommen ist?

Auch wenn manche Trainerkollegen von Konflikten im Berufsleben bisher verschont wurden, kann man davon ausgehen, dass dies kein Dauerzustand bleibt – leider! Denn überwiegend besteht das Trainerleben aus einer mehr oder weniger intensiven Abfolge von Problemen und Konflikten. Daher ist es angebracht, sich zumindest mental damit auseinanderzusetzen. Denn Fakt ist: Wer seine Wahrnehmungsfähigkeit und Intuition stärkt, wird einerseits auch mehr Konfliktpotenzial erkennen, andererseits auch besser Konflikte bewältigen können. Außerdem ist es ein schönes Erfolgserlebnis, wenn man als Trainer oder Trainerin professionell in einer schwierigen Situation agieren konnte.

Mit welchen Problemen und Konflikten muss ich in Seminargruppen immer rechnen?

Übertragungen, Vorurteile, Klischees, Angst vor Blamage, Leistungsdruck, Konzentrationsprobleme – das sind nur einige von vielen Fallstricken, die in Seminargruppen stets präsent sind. Aber nicht jedes Problem muss zu einem

Konflikt werden, und nicht jeder latente Konflikt wird offen ausgetragen. Für uns als Trainer bedeutet dies: Seien wir wachsam, falls das Verdeckte zutage tritt, schüren wir aber umgekehrt auch nicht jeden Konfliktherd. Konzentrieren wir uns stattdessen auf das Seminarthema und darauf, die Teilnehmer für das Thema zu begeistern und zum Mitmachen zu bewegen.

Ist es wichtig, mir über die Wirkung meiner Körpersprache in Konfliktsituationen bewusst zu sein?

Ja. Auch wenn Körpersprache komplex ist und vielfach unbewusst abläuft, sollten Sie während eines Seminars hin und wieder auf Ihre körpersprachlichen Signale achten. Dazu sind bestimmte Fragen hilfreich: Wie stehe oder sitze ich im Moment? Wie sind meine Kopfhaltung und meine Gestik und Mimik? Wie ist mein Blickkontakt zur Gruppe? Je besser Sie Ihre Körpersprache verstehen und sich deren Wirkung bewusst sind, desto gezielter können Sie kritische Situationen auch nonverbal beeinflussen. Auch die aufmerksame Beobachtung von Co-Trainern und der beiderseitige Austausch darüber können hilfreich sein, um Rückschlüsse auf die persönliche Ausstrahlung zu ziehen.

Ist es hilfreich, vor Seminarbeginn möglichst viele Informationen über »schwierige Teilnehmer« vom Auftraggeber zu erfahren?

Jeder Trainer beantwortet diese Frage anders. Sicherlich schätzen es die meisten Kollegen, bestimmte Vorinformationen von Kunden zu erhalten. Dies kann beispielsweise dann angesagt sein, wenn eine bestimmte Teilnehmer-Konstellation zu erheblichen Konflikten im Seminar führen kann. Mein persönliche Position lautet: Ich erfrage in der Regel lediglich Namen, Alter, Beruf und Position in der Firma und bilde mir dann im Training selbst einen Eindruck über die anwesenden Teilnehmer. Der Nachteil: Mir fehlen dadurch wichtige, hilfreiche Informationen. Der Vorteil: Ich nehme objektiver wahr und werde umgekehrt auch als neutrale, kritische Trainerin und Beraterin betrachtet. Welche Haltung zur oben gestellten Frage letztendlich die »beste« ist, weiß wohl niemand. Hier müssen Trainer und Auftraggeber gemeinsam abwägen.

Wie viele (Konflikt-)Methoden soll ich als Trainer beherrschen?

Hier eine Zahl zu nennen wäre wohl grotesk. Die Anzahl von Seminarbüchern, die verschiedene Interventionsmethoden vorstellen, ist groß. Allerdings lässt sich in der Praxis feststellen, dass ein Trainer dann erfolgreicher intervenieren kann, wenn er ein gewisses Methoden-Repertoire sich nicht nur angelesen hat, sondern auch bereits mehrfach eingesetzt hat. Meine Erfahrung ist: Im Laufe der Jahre wird das eigene Methoden-Know-how größer, man erfindet auch eigenständige Varianten bestimmter Techniken oder entwickelt gar neue Methoden, die nur für bestimmte Zielgruppen bestimmt sind. Im Literaturverzeichnis finden sich entsprechende Fachbücher.

Welche Verhaltensweisen sind für Trainer in »brenzligen« Seminarsituationen immer hilfreich?
Im zweiten Kapitel wurde intensiv zu dieser Frage Stellung bezogen, und viele Anregungen wurden gegeben. Generell lässt sich sagen, dass ein stimmiges Seminar sich aus der Analyse der Situation und eines angemessenen situativen Verhaltens ergibt. Das Wichtigste ist dabei, dass Sie als Trainer das leben sollten, was Sie verbal vermitteln. Dazu gehören für mich folgende Regeln:

- Bleibe als Trainer sachlich und ausgleichend im Sinne von »moderat«.
- Stelle Fragen, um das Verhalten anderer nachvollziehen zu können.
- Trenne Person und Sache.
- Beschreibe deine Eindrücke und die Wirkung auf dich, ohne zu bewerten.

Trainerkollegen haben mir zusätzlich noch ihre persönlichen Anstrengungen verraten, die sie unternehmen, um zu deeskalieren:

Weitere Tipps zur Deeskalation

- Bestandsaufnahme machen, IST-Zustand klären (Auftrag und Rollen verdeutlichen).
- Blitzlicht durchführen, Stimmung abfragen.
- Seminarablauf unterbrechen und eigene Konfliktwahrnehmung schildern.
- Abstimmen lassen (Mehrheitsentscheidung).
- Pause machen, um kurz Abstand zum Geschehen zu gewinnen.
- Pause machen und das Gespräch mit dem Konfliktpartner suchen.
- An das Fairplay aller appellieren, eventuell Grundregeln der Zusammenarbeit gemeinsam formulieren und im Seminarraum visualisieren.
- Als Trainer selbst Änderungsvorschläge zum Seminarablauf machen und umgekehrt Vorschläge aus der Gruppe aufnehmen.
- Als Trainer sich gedanklich wie emotional auf die Meta-Ebene begeben (ein Kollege nennt diesen Vorgang »auf den Balkon gehen«).
- Dritte informieren und sich Rat suchen (zum Beispiel Auftraggeber).

Soll man als Trainer auf Emotionsausbrüche verzichten?
Nein. Die Frage ist nur, um welche Emotionen handelt es sich und mit welchen Worten werden sie begleitet. Trainer dürfen durchaus Emotionen zeigen (Freude, Trauer, Erstaunen). Doch ist niemandem geholfen, wenn Sie als

Trainer permanent zum Ausdruck bringen, dass Sie die vielen Probleme Ihrer Teilnehmer verstehen können. Ihre Aufgabe besteht darin, eine Seminargruppe anzuleiten und Unterstützung zu geben. Ebenso wünschenswert ist es jedoch auch, sich ein gewisses Maß an Spontaneität zu bewahren. Wer als Trainer oder Trainerin eine offene, ehrliche Haltung zeigt und Emotionen ins Spiel bringt, wird dadurch stets das Risiko tragen, angreifbar zu sein. Vor allem dann, wenn es Teilnehmer gibt, die sich einen »starken Mann« oder »eine starke Frau« als Seminarleitung wünschen (Stichwort: Übertragungen). Hier gilt es, eine gute Balance zwischen natürlicher Autorität und der Seminarrolle als Trainer zu finden. Dies ist und bleibt eine ständige Herausforderung.

Wie kann ein Trainer lernen, objektiver zu sein?
In diesem Buch war schon häufiger von der »moderaten« Rolle die Rede, die ein Trainer oder eine Trainerin einnehmen sollte. Ein Weg dahin besteht aus drei Schritten:

- Erst beobachten,
- dann beschreiben,
- schließlich bewerten.

Ein Beispiel: Sie schildern einem Trainerkollegen eine Seminarsituation, die Sie kürzlich erlebt haben und die Sie sehr empört hat. Sie reden und reden, der Bekannte nickt, stimmt Ihnen zu, stellt vielleicht Fragen. Hätten Sie das Gespräch mit der Kamera aufgenommen, würden Sie sicherlich feststellen, dass Ihre Beobachtungen und Beschreibungen mit Bewertungen überfrachtet waren.

Mein Tipp: Verzichten Sie nicht auf eine subjektive Bewertung. Sie werden jedoch eine Objektivierung Ihrer Sichtweise erreichen, wenn Sie diese zeitversetzt durchführen, getreu dem Motto: Kritik findet später statt. Schildern Sie erst Ihre Beobachtung, beschreiben Sie die Personen und den Sachverhalt und bewerten Sie abschließend. Wer Kritik zeitversetzt ausübt, kann Abstand von seinen Emotionen gewinnen und die Situation objektiver bewerten.

Konfliktfaktor Zeit: Was tun bei Zeitdruck im Seminar?
Zeitdruck entsteht meist in der Mitte des Seminars und fast immer am Schluss einer Veranstaltung. Viele Trainer erleben dies als konfliktreiche Situation, da sie häufig mit einer gewissen Unruhe verbunden ist – beispielsweise wenn Teilnehmer signalisieren, dass sie vorzeitig das Seminar verlassen müssen.

Wichtig dabei ist, als Trainer selbst die Ruhe zu bewahren und nicht hektisch zu agieren. Die eigene Unruhe kann sich sonst schnell auf andere übertragen. Signalisieren Sie, dass das Seminar bald zu Ende ist und dass es auf alle Fälle eine kurze Abschiedsrunde geben wird. Das bedeutet aber auch, dass Sie als Trainer kurze, prägnante Schlusssequenzen kennen müssen und bei Zeitdruck bewusst auf eine ausgiebige Endrunde verzichten. Wird die Zeit hingegen *während* des Seminarverlaufs knapp, dann straffen Sie entweder als Trainer die Inhalte, indem Sie mehr Inputs ins Plenum geben (zum Beispiel Kurzreferate halten), oder treffen Sie gemeinsam mit der Gruppe eine Entscheidung, welches Thema Vorrang genießen sollte. Damit vermeiden Sie Streit und unnötige Auseinandersetzungen.

Stimmt die Formel: Zeitlich verkürzte Seminare – bedeutet wenige oder keine Konflikte?

Ein Kollege sagte mir vor einigen Wochen, dass er kurze Workshops zwar aus Honorargründen problematisch findet, er aber kaum noch Konflikte erlebt. Auf meine Nachfrage, ob er das positiv oder negativ bewerte, meinte er ohne zu zögern: »Weniger Konflikte zu erleben ist doch prima!«

Mich hat diese Aussage nachdenklich gemacht. Auf den ersten Blick ist es erleichternd, wenn Konfliktsituationen selten auftreten. Es ist allerdings wahrscheinlich, dass eine kurze Seminardauer (drei/vier Stunden oder ein Tag) dazu führt, dass Konflikte erst gar nicht entstehen, da Teilnehmer und Trainer weniger Zeit zusammen verbringen. Zwischenmenschliche Reibeflächen treten kaum auf; Erwachsene wahren leichter die Fassung, »reißen sich zusammen« und sprechen meist Störungen nicht sofort an. Und umgekehrt legt vielleicht ein Trainer in der kurzen Zeit, die ihm zur Verfügung steht, vor allem Wert auf die Lerninhalte und lässt die eine oder andere kritische Bemerkung kommentarlos im Raum stehen. Für Trainer bedeutet eine »Konfliktarmut« im Seminar stets auch ein Weniger an Herausforderung. Denn nur, wer Konflikte er-lebt und durch-lebt, kann an Konflikten wachsen und zu ihrer Lösung beitragen. Die Erfahrung, dass man als Trainer an der Klärung oder Lösung schwieriger Fragen mitgewirkt hat, ist unbezahlbar. Daher wünsche ich sogar allen Trainern Konflikte.

Was kann ich tun, wenn ich Konflikte mit dem Co-Trainer habe?

Überwinden Sie sich und sprechen Sie Ihren Unmut aus. Wenn Sie dies nicht tun, besteht die Gefahr, dass Ihr Ärger Sie übermannt und Sie vor der Gruppe einen Streit mit dem Kollegen provozieren. Nutzen Sie die Pause, um mit Ihrem Tandempartner die Situation zu klären und gegebenenfalls den Ablauf des Trainings zu ändern oder eine neue Arbeitsaufteilung vorzunehmen (siehe dazu drittes Kapitel). Ideal ist natürlich, wenn ein Trainerduo sich bereits gut kennt und aufeinander eingespielt ist und im Vorfeld des Seminars eine klare Aufgabenteilung stattgefunden hat. Falls dann doch unverhofft während des Trainings Probleme auftreten, kann es nur eines geben: Klärende Gespräche unmittelbar führen!

Wenn ein Seminar schlecht gelaufen ist: Wie kann ich als Trainer mit meinem Frust umgehen?

Es gibt zahlreiche Möglichkeiten, dem eigenen Unmut Raum zu geben. Meiner Erfahrung nach hat jeder Trainer seine persönlichen Frustbewältigungsstrategien. Was für den einen hilfreich ist, kann anderen völlig absurd oder fremd erscheinen. Nachfolgend eine kleine Auflistung verschiedener »Anti-Frust-Tools«, die Trainerkollegen mit Erfolg anwenden:

- Mit Außenstehenden sprechen (Fachkollegen, Lebensgefährten).
- Sport treiben, um sich abzureagieren.
- Bei der Heimreise im Auto rumbrüllen.
- Bewusst einige Tage verstreichen lassen und sich dann fragen, warum alles so war, wie es war, und was man hätte selbst verbessern können.
- Schriftliche Notizen anfertigen – versehen mit einer Plus-Spalte (was war gut?), einer Minus-Spalte (was war weniger gut?) und einem Blick in die Zukunft (was kann ich verbessern?).
- Kreativmethoden anwenden, zum Beispiel die Sechs-Hüte-Methode von Edward de Bono, um den persönlichen Frust aus verschiedenen Perspektiven zu betrachten.

Was sollte ich im Umgang mit Auftraggebern beachten, um Konflikte zu vermeiden?

Im vierten Kapitel habe ich dazu ausführlich Stellung genommen. Dazu gehören beispielsweise klare Absprachen und Verträge, die Auswertung von Resonanzbogen und Transfersicherungsmaßnahmen. Wichtig finde ich zudem, dass viele Trainer bei ihrer Angebotserstellung den Sprachduktus ihrer (potenziellen) Kunden beachten sollten. Jedes Unternehmen und jede Branche pflegt eine eigene Kultur. Dazu gehören bestimmte firmeninterne Fachkürzel, formelle und informelle Hierarchien und gewisse Eigenarten in der Kommunikation mit externen Trainern und Beratern. Meine Erfahrungen kann ich dabei auf folgende Punkte reduzieren: Lerne deinen Auftraggeber kennen, damit du auch zielgruppenspezifische Angebote erstellen kannst, und entwickele ein unverwechselbares Profil, damit du auch als eigenständiger Trainer mit speziellen Schwerpunkten wahrgenommen wirst.

Wie kann ein professionelles Beschwerdemanagement gegenüber Tagungshotels aussehen?

Leider gibt es immer wieder Anlässe für Seminarleiter, sich an der Rezeption, beim Service oder auch bei der Hoteldirektion zu beschweren. Das lässt sich nicht immer vermeiden, ist aber gleichzeitig auch eine gute Übung für Konfliktmanagement in eigener Sache. Wie bei jeder Kritik, so gilt hier gleichermaßen: Äußern Sie sich sachlich und in einem angemessenen Tonfall. Unterlassen Sie verletztende Worte gegenüber dem Tagungspersonal, denn mit verbalen Schlägen »unterhalb der Gürtellinie« verlieren Sie nicht nur Ihre Souveränität, sondern auch die Achtung Ihrer Mitmenschen. Denken Sie daran, dass das oberste Ziel bei Beschwerden nicht ist, Dampf abzulassen, sondern eine schnelle Lösung für ein Problem zu finden. Wenn beide Seiten – Hotel wie Trainer – ihre Interessen, Vorstellungen und Wünsche klar kommunizieren, steht einer raschen Konfliktlösung nichts im Wege.

Trainieren Frauen anders als ihre männlichen Kollegen?

Die Seminarinhalte sind konzeptionell sicherlich vergleichbar, in der Durchführung zeigen sich jedoch durchaus Unterschiede in der Rhetorik beider Geschlechter. Sozialwissenschaftliche Untersuchungen zeigten einige Differenzen im Kommunikationsverhalten von Frauen und Männern. Typische männliche und weibliche Gesten und Körperhaltungen sind uns zwar bekannt – etwa breitbeinig stehen (Mann) oder häufiges Lächeln (Frauen) –, sie werden jedoch unterschiedlich interpretiert und gesellschaftlich akzeptiert. So werden Dominanzhaltungen, die man Männern zubilligt, bei Frauen nicht gerne gesehen. Und umgekehrt wirkt feminines Verhalten bei Männern auf viele Menschen fremd oder sogar abstoßend. Was die Rhetorik betrifft, so verwenden Frauen in Gesprächen öfter einschränkende Formulierungen als Männer (Konjunktive oder Füllworte wie vielleicht, eventuell, könnte es nicht sein, dass ...). Sie nehmen jedoch atmosphärische Störungen in Gesprächen intensiver wahr (siehe drittes Kapitel). Einige Trainerinnen haben mir bestätigt, dass sie gezielt darauf achten, vage Formulierungen zu vermeiden, da ihnen dies vielfach als Zeichen von Unsicherheit und Inkompetenz ausgelegt wurde. Auch die Selbstbehauptung gegenüber einem männlichen Co-Trainer ist für Trainerinnen durchaus ein Thema. »So sehr ich auch meinen Kollegen schätze, ich muss ihn oft darauf hinweisen, meine Sensitivität insbesondere gegenüber den Anliegen von Teilnehmerinnen ernst zu nehmen«, so eine Seminarleiterin.

Welche Fortbildungen sollten Trainer durchlaufen, um mit Konflikten besser umgehen zu können?

Wenn ich Kollegen und Kolleginnnen coache, ist dies eine der häufigsten Fragen. Meiner Meinung nach gibt es drei Möglichkeiten, um sich als Trainer diesbezüglich zu qualifizieren:

- Fachliche Weiterbildungen, um das individuelle Fachwissen immer auf dem neusten Stand zu halten.
- Psychologische Fortbildungen in Menschenführung und Gruppenprozessen, um die eigene Arbeit zu reflektieren und neue Anregungen für die Trainings- und Beratungsarbeit zu bekommen.
- Fortbildungen, die sich mit aktivierenden Lernmethoden, kreativem Denken, Konfliktmanagement beschäftigen

Zudem habe ich die Erfahrung gemacht, dass es Trainern leichter fällt, Konflikte zu erkennen und anzugehen, wenn sie sich ihrer inneren Konflikte bewusst sind und Selbsterfahrungsprozesse am eigenen Körper und an der eigenen Psyche erfahren haben.

Gibt es Tabus für Trainer?

Es gibt zwar keine »Bibel«, in der Trainer nachlesen können, was in ihrem Berufsstand als moralisch integer angesehen oder als ethische Regel gelten kann. Allerdings gibt es Erfahrungswerte und einen bestimmten »common sense«, an denen sich Trainer und Berater messen lassen sollten (siehe dazu Internetlinks, beispielsweise www.forumwerteorientierung.de). Als Selbstverständlichkeiten, gegen die man nicht verstoßen sollte, betrachte ich vor allem folgende Punkte:

- Diskretion gegenüber Dritten bezüglich des Kundenanliegens.
- Respekt und Fairness gegenüber allen Seminarteilnehmern.

Was sind die positiven Seiten eines Konfliktes?

Folgende Punkte möchte ich herausstellen: Konflikte können Positionen klären beziehungsweise Verwicklungen lösen. Missverständnisse werden deutlich und oftmals auch ausgeräumt und last but not least: Neue Ideen und Lösungen werden angestoßen, entwickelt und ausprobiert.

Was ist unter dem Begriff »Streitkultur« zu verstehen?

Im fünften Kapitel wurde bereits erwähnt, dass eine konstruktive Konfliktlösung ein positives Verständnis von Streit voraussetzt. Der Begriff »Streitkultur« bringt dies deutlich zum Ausdruck. Streitkultur ist Bestandteil eines Demokratieverständnisses, das die Bildung von Sprachkompetenz, das Erarbeiten von Argumenten, die Suche nach Alternativen und das gegenseitige Zuhören fördert. Im Ringen um die Wahrheit geht es nicht darum, wer recht hat, sondern darum, möglichst viele Interessen zu kennen, sie zu würdigen und über Kommunikation zu einer einvernehmlichen Entscheidung zu kommen. Im rhetorischen Stilmittel der Debatte wird man einer Streitkultur wohl am ehesten gerecht.

Was ist der Unterschied zwischen Konfliktmoderation und Konfliktcoaching?

Ein Trainer sollte auf alle Fälle ein guter Konfliktmoderator in einer Seminarsituation sein, dazu muss er nicht zwingend als Konfliktcoach tätig sein. Konfliktmoderation ist immer dann angesagt, wenn ein Trainer während eines Seminars als Schlichter zwischen mindestens zwei Personen oder Teilgruppen auftreten muss. Konfliktcoaching hingegen ist eine Variante in der Einzel- oder Teamberatung und wird vor allem in der Arbeit mit Führungskräften einsetzt. Führungskräfte wenden sich an Berater und Coaches, um Konflikte mit Mitarbeitern zu klären oder sich in Krisensituationen professionelle Unterstützung zu suchen (zum Beispiel bei Unternehmensfusionen oder Nachfolgeregelungen im Betrieb).

Schlussbemerkung

Wer sich auf der Seminarbühne bewegt und aktiv auf dem Weiterbildungsmarkt mitmischt, wird immer wieder in Konflikte mit Teilnehmern und Kollegen geraten oder in Auseinandersetzungen mit Auftraggebern und Tagungspersonal verwickelt werden. Trainer müssen sich dabei als konfliktkompetent erweisen. Dies erfordert eine differenzierte Situationsanalyse, die Berücksichtigung der unterschiedlichen Interessen der Konfliktpartner und die Entwicklung verschiedener Lösungsoptionen. Das Optimum ist und bleibt eine *Konfliktlösung*, die alle Seiten befriedigt. Die Tatsache allerdings, dass wir Konflikte nicht immer lösen können, sollte uns jedoch nicht entmutigen, vielmehr sensibel dafür machen, was in einem Konflikt *dennoch* möglich ist. Realisierbar ist auf jeden Fall eine *Konfliktklärung*. Das Klären widerstreitender Positionen kann Eskalationen verhindern und ist somit ein wichtiger Erfolgsschritt. Für mich persönlich ist der Spruch »Es gibt nichts Gutes, außer man tut es« ein hilfreicher Appell, um mich mit Konflikten konstruktiv auseinanderzusetzen. Ich wünsche Ihnen, liebe Leserinnen und Leser, viel Erfolg bei der Klärung und Lösung schwieriger Situationen und hoffe, dass dieses Buch Ihnen ein hilfreicher Ratgeber ist.

Literaturverzeichnis

Alt, Jürgen A.: Richtig argumentieren: Oder wie man in Diskussionen Recht behält. München ^{6}2004

Amler, Wolfgang/Knörzer, Wolfgang: Fit in 5 Minuten. Heidelberg 1999

Berne, Eric: Spiele der Erwachsenen. Psychologie der menschlichen Beziehungen. Reinbek bei Hamburg ^{5}2005

Besser, Ralf: Transfer: Damit Seminare Früchte tragen. Strategien, Übungen und Methoden, die eine konkrete Umsetzung in die Praxis sichern. Weinheim und Basel ^{3}2004

Beyer, Günther: Mehr lernen und leisten ohne Streß. Weil der Stadt 1979

Birkenbihl, Michael: Train-the-Trainer, Arbeitshandbuch für Ausbilder und Dozenten, Landsberg/Lech ^{18}2005

Blenk, Detlev: Inhalte auf den Punkt gebracht. 125 Kurzgeschichten für Seminare und Trainings. Weinheim und Basel ^{2}2006

Boiger, Annette/Lüdemann, Imke: Transfergespräche. Hamburg 2003 (Materialien des Fachbereichs Psychologie der Universität Hamburg)

Bono, Edward de: Laterales Denken. Düsseldorf/Wien 1992

Cohn, Ruth: Von der Psychoanalyse zur Themenzentrierten Interaktion. Stuttgart ^{15}2005

Canetti, Elias: Masse und Macht. Frankfurt/M. ^{30}2006

Droit, Roger-Pol: Fünf Minuten Ewigkeit. 101 philosophische Alltagsexperimente. München 2004

Dulabaum, Nina L.: Mediation: Das ABC. Die Kunst, in Konflikten erfolgreich zu vermitteln. Weinheim und Basel ^{4}2003

Ellis, Albert: Training der Gefühle. Wie Sie sich hartnäckig weigern, unglücklich zu sein. Landsberg/L. 2000

English, Fanita: Transaktionsanalyse. Gefühle und Ersatzgefühle in Beziehungen, Hamburg ^{7}2001

Erny, Hansjörg/Käch, Rudi: Klar und einfach kommunizieren. Ein praktischer Leitfaden für KMU. Muri bei Bern 2005

Galtung, Johan: Strukturelle Gewalt. Beiträge zur Friedens- und Konfliktforschung. Reinbek bei Hamburg 1975

Gäde, Ernst-Georg u.a.: Sitzungen effektiv leiten und kreativ gestalten. Ein Arbeitsbuch für Leiterinnen und Leiter von Konferenzen. Mainz ^{4}2001

Geißler, Karlheinz A.: Anfangssituationen. Was man tun und besser lassen sollte. Weinheim und Basel ^{10}2005

Geißler, Karlheinz A.: Schlusssituationen. Die Suche nach dem guten Ende. Weinheim und Basel ^{10}2005

Gill, Lucy: So kommen Sie mit jedem klar. Die 3-Stufen-Lösung für Konflikte mit Chefs und Kollegen. München 2002

Glasl, Friedrich: Konfliktmanagement. Ein Handbuch für Führungskräfte, Beraterinnen und Berater. Bern/Stuttgart [8]2004

Goldner, Colin: Psycho: Therapien zwischen Seriosität und Scharlatanerie. Augsburg 1997

Gommerlich, Florian u.a.: Mut zur Auseinandersetzung: Konfliktgespräche. Niedernhausen 1999

Gordon, Thomas: Managerkonferenz. Effektives Führungstraining. München 1989

Haeske, Udo: Konflikte im Arbeitsleben. Mit Mediation und Coaching zur Lösungsfindung. München 2003

Herzlieb, Heinz-Jürgen: Konflikte lösen. Konfliktpotenziale erkennen – In Konfliktsituationen souverän agieren. Berlin 2004

Hoefler, Angelika: Sorge dich nicht – schwebe! Wie Sie durch Positives Denken kein Bein mehr auf die Erde kriegen. Bielefeld 1998

Hufer, Klaus-Peter: Argumentationstraining gegen Stammtischparolen. Materialien und Anleitungen für Bildungsarbeit und Selbstlernen. Schwalbach/Taunus [3]2001

Juli, Dietmar u.a.: Streßverhalten ändern lernen. Reinbek bei Hamburg 1978

Kellner, Hedwig: Konflikte verstehen, verhindern, lösen. Konfliktmanagement für Führungskräfte. München 2000

Kindler, Herbert S.: Konflikte konstruktiv lösen. Wien 1994

Klein, Hans-Michael/Kresse, Albrecht: Psychologie – Vorsprung im Job. Die Gesetze der Psychologie verstehen und anwenden. Menschen psychologisch beeinflussen. Sich vor Manipulationstechniken schützen. Berlin 2005

Knigge, Adolph Freiherr von: Über den Umgang mit Menschen. Stuttgart 1999

Kostka, Claudia: Coachingtechniken. Sieben Techniken zur Entwicklung von Führungsqualität. München, Wien [2]2002

Langosch, Ingo: Weiterbildung. Planen – Gestalten – Kontrollieren. Stuttgart 1993

Legros, Waltraud: Was die Wörter erzählen. Eine kleine etymologische Fundgrube. München [6]2003

Lelord, Francois/André, Christophe: Der ganz normale Wahnsinn. Vom Umgang mit schwierigen Menschen. Köln [4]2005

Lipp, Ulrich/Will, Hermann: Das große Workshop-Buch. Konzeption, Inszenierung und Moderation von Klausuren, Besprechungen und Seminaren. Weinheim und Basel [7]2004

Lowen, Alexander: Körperausdruck und Persönlichkeit. Grundlagen und Praxis der Bioenergetik. München [4]1991

Loschky, Eva: Gut klingen – gut ankommen. Effektives Stimmtraining mit der Loschky-Methode®. München 2005

Luft, Joseph: Einführung in die Gruppendynamik. Frankfurt/M. 1989

Maleh, Carole: Open Space: Effektiv arbeiten mit großen Gruppen. Ein Handbuch für Anwender, Entscheider und Berater. Weinheim und Basel [2]2001

Meier, Dave: Accelerated Learning. Das Handbuch zum schnellen und effektiven Lernen in Gruppen. Bonn 2004

Neuberger, Oswald: Personalentwicklung. Stuttgart 1994

Olbert, Hans: Trainingsverträge – Beratungsverträge. Grundlagen der Vertragsgestaltung und Musterverträge. Bonn [2]2005

Pawlowski, Klaus u.a: Konstruktiv Gespräche führen. Fähigkeiten aktivieren, Ziele verfolgen, Lösungen finden. München [4]2005

Peseschkian, Nossrat: Der Kaufmann und der Papagei. Orientalische Geschichten in der Positiven Psychotherapie. Frankfurt/M. [28]2003

Peseschkian, Nossrat/Boessmann, Udo: Angst und Depression im Alltag. Eine Anleitung zu Selbsthilfe und positiver Psychotherapie. Frankfurt/M. [5]1998

Pink, Ruth: Kommunikation ist mehr als nur reden. Ein Ratgeber nicht nur für Frauen. Stuttgart 2001

Pink, Ruth: Bewusst kreativ. Ausbrechen aus der Routine. Leistungskick statt Leistungsknick. Die besten Kreativitätstechniken für mehr Erfolg im Beruf. Regensburg/Düsseldorf/Berlin 2001

Pink, Ruth: Souveräne Gesprächsführung und Moderation. Kritikgespräche, Mitarbeiter-Coaching, Konfliktlösungen, Meetings, Präsentationen. Frankfurt/New York 2002

Pusch, Luise F.: Die Frau ist nicht der Rede wert. Aufsätze, Reden und Glossen. Frankfurt/M. [2]1999

Redlich, Alexander: KonfliktModeration. Handlungsstrategien für alle, die mit Gruppen arbeiten. Mit vier Fallbeispielen. Hamburg [6]2004

Rosenberg, Marshall B.: Konflikte lösen durch gewaltfreie Kommunikation, Freiburg [6]2005

Schaller, Roger: Das große Rollenspiel-Buch. Grundtechniken, Anwendungsformen, Praxisbeispiele. Weinheim und Basel [2]2006

Schleichert, Hubert: Wie man mit Fundamentalisten diskutiert, ohne den Verstand zu verlieren. Anleitung zum subversiven Denken. München [5]2005

Schreyögg, Astrid: Konfliktcoaching. Anleitung für den Coach. Frankfurt/M. 2002

Schulz von Thun, Friedemann: Miteinander reden. Band 1–3, Reinbek bei Hamburg 1981

Schulz von Thun, Friedemann: Miteinander reden. Kommunikationspsychologie für Führungskräfte. Reinbek bei Hamburg 2000

Schulz von Thun, Friedemann/Stegemann, Wibke (Hrsg): Das innere Team in Aktion. Praktische Arbeit mit dem Modell. Reinbek bei Hamburg 2004

Schulz von Thun, Friedemann: Vom Umgang mit schwierigen Teilnehmern. Unveröffentlichtes Manuskript, Universität Hamburg 1993

Schwarz, Gerhard: Konfliktmanagement. Sechs Grundmodelle der Konfliktlösung, Wiesbaden 1990

Simmons, Anette: Mit guten Geschichten Menschen gewinnen. Der Story-Faktor. München 2004

Sollmann, Ulrich: Management by Körper. Körpersprache, Bioenergetik, Stressbewältigung. Zürich 2002

Tannen, Deborah: Du kannst mich einfach nicht verstehen. Warum Männer und Frauen aneinander vorbeireden. München 1998

Tausch, Reinhard: Hilfen bei Stress und Belastung. Was wir für unsere Gesundheit tun können. Reinbek b. Hamburg [13]2004

Thomann, Christoph/Schulz von Thun, Friedemann: Klärungshilfe. Reinbek bei Hamburg 1988

Trömel-Plötz, Senta: Frauensprache: Sprache der Veränderung. Frankfurt/M. 1996

Tucholsky, Kurt: Sprache ist eine Waffe. Sprachglossen. Reinbek bei Hamburg [10]2001

Vester, Frederic: Denken, Lernen, Vergessen. Was geht in unserem Kopf vor, wie lernt das Gehirn, und wann lässt es uns im Stich? München 1998

Vester, Frederic: Die Kunst vernetzt zu denken. Ideen und Werkzeuge für einen neuen Umgang mit Komplexität. München 2005

Wallenwein, Gudrun: Spiele: Der Punkt auf dem i. Kreative Übungen zum Lernen mit Spaß. Weinheim und Basel [5]2003

Weidenmann, Bernd: Gesprächs- und Vortragstechnik. Für alle Trainer, Lehrer, Kursleiter und Dozenten. Weinheim und Basel [4]2006

Weidenmann, Bernd: Handbuch Active Training. Die besten Methoden für lebendige Seminare. Weinheim und Basel 2006

Weisbach, Christian-Rainer/Ehresmann, Simone: Reden und Verstandenwerden. Ein Lese- und Übungsbuch. Frankfurt/M. [2]1987

Wieck, Wilfried: Männer lassen lieben. Die Sucht nach der Frau. Frankfurt/Main [12]2003

Will, Herrmann: Mini-Handbuch Vortrag und Präsentation, Weinheim und Basel [6]2006

Wrede, Britt: So finden Sie den richtigen Coach. Mit professioneller Unterstützung zu beruflichem und privatem Erfolg. Frankfurt/New York 2000

Zwerenz, Gerhard: Nicht alles gefallen lassen, Frankfurt/M. 1972

Internetlinks

Das Internet wandelt sich täglich. Die hier aufgeführten Domainadressen sollen Ihnen als Anregung dienen, sich mit dem Thema Konfliktmanagement auch online zu beschäftigen. Für die Inhalte dieser Links sowie deren Aktualität sind weder Autorin noch Verlag verantwortlich.

www.beltz.de
Psychologie, Pädagogik und Weiterbildung sind die thematischen Schwerpunkte des renommierten Beltz Verlags. Auf der Homepage erhält man einen guten Überblick über die Zeitschriften und Fachbücher des Verlags.

www.bdvt.de
Website des Bundesverbandes deutscher Verkaufsförderer und Trainer. Der BDVT definiert Qualitätsstandards für Trainer und bietet selbst Weiterbildungen für Mitglieder wie Interessenten an.

www.cnvc.org
Englischsprachige Homepage des »Centers for Nonviolent Communication« und dessen Gründer und Mediators Marshall Rosenberg.

www.frederic-vester.de
Auf der Homepage des 2003 verstorbenen Biophysikers Professor Dr. Frederic Vester finden sich Hinweise auf Workshops, Fachveröffentlichungen und Planspiele. Das gesamte Leistungsangebot der Vester GmbH wird seit Vesters Tod vom Malik Management Zentrum in St. Gallen fortgeführt.

www.friedenspaedagogik.de
Die Website des Tübinger Instituts für Friedenspädagogik bietet hilfreiche Informationen und aktuelle Publikationen unter anderem zu Fragen der Friedenserziehung sowie zu Methoden der Bildungsarbeit.

www.forumwerteorientierung.de
Dem Forum für Werteorientierung in der Weiterbildung e.V. gehören zahlreiche Verbände und Organisationen an. Auf ihrer Homepage veröffentlichen sie einen Berufskodex für Erwachsenenbildner, der auch ethische Regeln umfasst.

www.genderblog.de
Weblogs sind Websites die regelmäßig, oft sogar täglich, aktualisiert werden. In diesem Blog diskutieren Männer und Frauen kontrovers über die Themen Genderpolitik, Frauen- und Genderforschung.

www.kreativblog.de
Konfliktlösung braucht oft kreative Wege. Der Kreativblog ist ein Wissensportal rund um das Thema Kreativität und Innovation. Er wird betrieben von den beiden Managementtrainern Ruth Pink und Jürgen Stock.

www.mwonline.de
Interessante Homepage rund um das Thema Personalwesen und Weiterbildung. Eine Fundgrube für Trainer und Berater, die auf der Suche nach Seminarmethoden und Fachbüchern sind.

www.pro-streitkultur.de
Pro Streitkultur ist eine pädagogische Fachstelle für konstruktive Konfliktaustragung. Hier werden konstruktive Streitmodelle für Kinder, Jugendliche und Erwachsene entwickelt.

www.ruthpink.de
Meine Homepage – hier kann man sich über meine Weiterbildungsthemen sowie über meine Fachbücher näher informieren.

www.schulz-von-thun.de
Auf der Seite des Hamburger Professors Dr. Friedemann Schulz von Thun werden seine Kommunikationsmodelle vorgestellt sowie Tipps für deren Anwendung in der beruflichen Praxis gegeben.

www.suggestopaedie.de
Diese Website gibt einen Überblick über die Arbeitsweisen der Suggestopädie-Methode und stellt verschiedene Aus- und Fortbildungsmöglichkeiten vor.

www.telekanzlei.de
Hierbei handelt es sich zunächst um eine Rechtsberatung mit Anwaltsservice, die zusätzlich ein Schiedsgericht ins Leben gerufen hat, um beispielsweise Streitigkeiten zwischen Trainern und Auftraggebern außergerichtlich zu schlichten.

Danksagung

An erster Stelle geht mein Dank an Ingeborg Sachsenmeier, der Lektorin des Beltz Verlags, für ihre professionellen Ratschläge. Außerdem waren für mich die intensiven Gespräche mit Kolleginnen und Kollegen hilfreich, die bereit waren, mir ihre Konflikte zu schildern. Stellvertretend für viele Interviewpartner möchte ich mich dabei vor allem bei vier Trainerinnen beziehungsweise Trainern ganz herzlich bedanken: Elke Amberg, Karin Böcking, Ulrich Sollmann und Jürgen Stock. Und meinem Partner Georg Ledig gebührt ein dickes Lob, weil er mich in allen Buchphasen durch sein Feedback unterstützt hat.

Bildnachweis

S. 3
Björn Holm/Baaske Cartoons, Müllheim

S. 9, 37
Kai Felmy/Baaske Cartoons, Müllheim

S. 85, 119, 205
Jules Stauber/Baaske Cartoons, Müllheim

S. 159
Klaus Puth/Baaske Cartoons, Müllheim

S. 24, 31, 75, 76, 77, 87, 96, 194
Ulrike Rath, Aachen

Marginalien-Abbildungen
Florian Mitgutsch, München